KB264302

히트 광고를 만드는
소비자 조사와 플래닝 전략

TRUTH, LIES & ADVERTISING

히트 광고를 만드는 소비자 조사와 플래닝 전략

대중의 마음을 움직이는 광고 개발의 비밀

존 스틸 JON STEEL 지음 | 오명열 옮김

김앤김
북스

히트 광고를 만드는 소비자 조사와 플래닝 전략

개정판 1쇄 발행 • 2010년 5월 19일

지은이 • 존 스틸
옮긴이 • 오명열
펴낸이 • 김건수

펴낸곳 • 김앤김북스
출판등록 • 2001년 2월 9일(제12-302호)
서울시 중구 수하동 40-2번지 우석빌딩 903호
전화 (02) 773-5133 | 팩스 (02) 773-5134
E-mail : knk@knkbooks.com

ISBN 978-89-89566-50-2   03320

* 『진실, 거짓 & 광고』의 개정판입니다.

소비자는 바보가 아니다.
그녀는 당신의 아내이다.

데이비드 오길비

7장_ 뜻밖의 발견

"got milk?"

감사의 말

참고문헌

『히트 광고를 만드는 소비자 조사와 플래닝 전략』의 한국어판 서문을 쓰게 되어 매우 기쁘게 생각합니다.

미국 샌프란시스코에 소재한 Goodby, Silverstein & Partners에서 일했던 필자의 경험에서 나온 사례들을 중심으로 미국의 독자들을 대상으로 집필했지만, 그동안 필자의 책이 훨씬 더 폭넓은 독자층을 갖고 있다는 사실을 알게 되었습니다. 폴란드, 헝가리, 중국, 일본과 같은 다양한 나라의 광고 및 마케팅 전문가들이 이 책에 보내준 지대한 관심에 그저 놀랍고 감사할 따름입니다.

세계 곳곳에서 많은 분들이 이 책을 읽는 이유는 책에 포함된 사례와 관찰들이 보편적으로 적용 가능해서이기도 하겠지만, 아마도 플래닝 업무에 대해서 처음으로 유일하게 쓰여진 책이기 때문일 것입니다. '장님 나라에서는 애꾸눈이 왕이 될 수 있다'는 옛 속담과 같은 맥락이 아닐까 싶습니다.

한국에 잠시 머무는 동안, 저는 제가 만난 사람들의 열정과 한국 기업의 성장에 대한 헌신—사업의 성장뿐만 아니라 구성원들을 성장시키려는 그 의지와 헌신에 깊은 인상을 받았습니다.

한국의 광고대행사들은 깊은 관심과 개방적인 태도로 플래닝 업무를 좀더 현명하고 효과적인 광고를 창조하는 데 이용했고, 이는 앞서 말한 열정과 헌신이라는 기업문화가 있었기에 가능하다고 생각합니다. 이 책이 한국의 광고대행사와 고객사에게 플래닝의 철학과 실행 모두를 소개하는데 도움이 되기를 바랍니다.

『히트 광고를 만드는 소비자 조사와 플래닝 전략』은 리서치와 크리에이티브 분야의 실무자들이 활동하고 있는 '플래닝 업무'라는 특정 분야에 국한된 내용은 아닙니다. 사실 저의 의도는 광고와 커뮤니케이션에 대한 내용도 함께 다루어 보다 포괄적인 책을 쓰는 것이었습니다.

많은 플래너들이 플래닝 자체를 목적으로 여기는 듯합니다. 하지만 저는 플래닝은 목적을 위한 수단일 뿐이라고 생각합니다. 플래닝에 대해서 제대로 된 책을 쓰려면 플래닝을 효과적인 의사소통과 설득을 창조한다는 맥락에서 고려해야 합니다. 특히 플래닝 분야가 초기 단계에 있는 한국에서는 이 같은 폭넓은 관점이 유용할 것입니다.

마지막으로 이 책을 읽는 독자들이 플래너이건 혹은 광고계의 다른 직종이나 고객사 분들이건 간에 이 책이 도움이 되기를 바라며 행운을 기원합니다. 때때로 가장 위대한 전략적 사고와 창조적인 재능에도 행운이 필요할 때가 있으니까요.

불임의 광고

광고는 간직할 만한 가치가 있을까?
경제적 관점에서 볼 때 나는 대부분의 광고가 그럴만한 가치가 없다고 생각한다.
심미적 관점에서는 더더욱 그렇다. 광고는 생각이 없고 지루할 뿐 아니라
너무나 넘쳐나고 있다.

_하워드 고시지

30여 년 전, 샌프란시스코의 전설적인 광고인 하워드 고시지Howard Gossage는 『타임』지와의 인터뷰에서 광고에 대해 이렇게 말했다. "나는 광고업계의 어떤 인재first brain도 광고에 경의를 표하는 것을 본 적이 없습니다." 이후 고시지는 광고업계의 어느 누구도 자신의 말에 화를 내지 않는 것에 놀랐다. 그는 사람들이 자신의 의견에 동의하지만, 잃어버린 존경심을 되찾기 위한 어떤 행동을 하기에는 너무 게으르다는 쪽으로 결론 내렸다.

1992년, 갤럽Gallup에서는 미국 전역의 소비자를 대상으로 26개 직종에 대한 신뢰도를 조사했다. 1위는 응답자의 65퍼센트가 도덕성이 '매우 높은' 혹은 '높은' 직종이라고 답한 약사였으며, 성직자, 교수,

의사, 경찰이 근소한 차이로 그 뒤를 이었다. 언론인은 응답자 26퍼센트의 지지로 11위, 상원의원과 변호사가 각각 16위와 17위, 부동산 중개업자와 하원의원이 19위와 20위를 차지했다. 광고인은 단지 응답자 8퍼센트의 지지를 받아 25위를 차지했고, 맨 마지막 순위는 보험 설계사였다. 도덕성 평가에서 다행히 꼴찌를 면했다는 점에 대해, 나는 이 글을 읽는 모든 광고인들이 잠시 책 읽기를 멈추고 하늘을 우러러본 다음 보험 설계사의 존재에 감사하라고 제안하고 싶다.

미국에서 광고 일을 시작하던 첫해에 나는 우리가 제작한 광고를 극장에서 보여주면 어떻겠느냐는 순진한 제안을 한 적이 있었다. 그러자 동료들과 광고주 측 사람들은 어이없다는 표정을 지으며 이렇게 말했다. "그건 말도 안 돼요! 극장은 광고의 공격을 받지 않는 유일한 장소잖소. 우리는 광고를 피해 극장에 간 사람들의 기분을 상하게 하고 싶지 않소."

그 후 8년의 세월이 지나는 동안, 나는 그들이 왜 그런 반응을 보였는지 이해하게 되었다. 광고대행사에서 일하는 동안 나는 많은 나라들을 여행하며 다양한 계층의 사람들을 만나 이야기할 기회가 많았다. 그때마다 사람들은 광고가 생활의 모든 부분을 침범하고 있다고 한 목소리로 불평을 했다. TV와 라디오 프로그램은 광고로 인해 중간중간 끊기고, 잡지는 많은 지면을 차지한 광고 때문에 읽기가 힘들다. 우편함은 원하지 않는 광고 전단들로 넘쳐나고, 빌딩 외벽은 광고 이미지에 점령된 지 오래다. 텔레마케터에게 저녁식사 시간을 방해받는 경우도 흔한 일이다. 이처럼 광고에 둘러싸여 있는 현대인들에게 극장은 최후의 방어선이나 다름없었다.

1990년 『이코노미스트』지가 실시한 조사에 따르면, 미국인들은 모든 매체를 통해 하루 평균 3,000개의 광고 메시지에 노출된다는 결과가 나왔다. 나는 통계에서 쓰이는 평균이란 말에 회의적인 시각을 갖고 있다. 왜냐하면 평균으로만 따지면, 미국인들은 유방과 고환이 평균 하나씩밖에 없을 것이기 때문이다. 아무튼 현대인들이 광고를 많이 접하고 있다는 사실을 부인할 수는 없다. 다만 3,000개의 메시지는 조금 과장된 수치이며, 좀더 보수적인 조사 결과들의 경우 TV, 라디오, 잡지를 통해 대략 150개에서 300개 정도의 광고에 노출되고 있는 것으로 추정하고 있다.

한편, 정말 300개의 메시지를 보거나 들었다고 해도 내가 기억할 수 있는 것은 채 10개가 되지 않는다. 그리고 그 중에서도 내가 좋아하거나 나와 관련 있는 광고는 두세 개에 불과하다.

다른 사람들 역시 마찬가지다. 광고가 나오면 TV 채널은 자동으로 돌아가며, 라디오 광고는 소음으로 들린다. 잡지를 보는 사람들은 페이지를 무작위로 건너뛰기 때문에 그들에게 노출된 300개의 잠재적 메시지는 결국 증발해버리는 셈이다. 현대인들의 두뇌는 흥미롭거나 자신과 관련 있는 광고만을 골라내 몇 초 동안만 인식하도록 진화했으며, 그외의 광고들은 새롭게 발전한 두뇌 방어벽에 가로막혀 모든 메시지를 차단당하고 만다.

이처럼 광고가 사람들과 관계를 형성하지 못하는 까닭은, 주요 타겟으로 삼은 소비자를 제대로 겨냥하지 못해서가 아니라 광고의 접근 방식이 너무 뻔하고 지루하기 때문이다. 그런 광고를 남자에 비유한다면 매우 적은 정자 수를 가진 남자일 것이다.

나는 광고의 무용론을 주장하려는 게 절대 아니다. 실제로 광고 효과를 입증하는 증거들은 많이 있다. 매출 대비 광고 비율이 높은 기업들은 대개 그 업계 내에서 독보적인 위치를 차지하고 있으며, 수익률도 대체로 높은 편이다. 경기가 어려울 때 지속적으로 광고를 내보낸 기업은 광고 예산을 삭감했던 다른 기업들보다 더 크게 성장했다. 광고는 제품 자체의 브랜드를 구축하는데 도움을 주고, 브랜드는 기업의 가치를 높여준다. 따라서 그 기업은 시장 점유율과 수익률이 향상되고 다른 경쟁 업체의 시장 진입을 효과적으로 막을 수 있다. 나는 이 책 전부를 매출, 시장 점유율, 수익률 제고에 있어 광고의 효과성을 보여주는 사례들로 채울 수도 있었을 것이다.

효과적인 광고 사례의 역사를 살펴보면, 탁월한 전략적 통찰이나 차별화된 크리에이티브보다는 순전히 물량으로 승부해 성공을 거둔 사례도 많이 있다. 그런 경우 소비자는 과다한 예산을 들여 반복해서 나오는 광고에 마지못해 굴복한 셈이다. 그리고 광고주는 소비자가 그 광고 캠페인을 좋아하든 좋아하지 않든 전혀 전혀 신경 쓰지 않았다. 즉 광고주는 자신의 목적을 달성하고 투자한 만큼의 보상만 받으면 아무 문제가 없다고 생각했다.

절대적인 의미에서 보면 그러한 기업들이 틀렸다고 주장하기는 어렵다. 하지만 나의 주장은 절대적이기보다는 상대적이다. 이는 두 가지 측면과 관련이 있다. 우선 광고의 실행 환경이 바뀌었다는 점이다. 기업들은 매년, 매분기, 매달마다 매출과 수익을 증대시켜야 하는 중압감에 시달리고 있다. 그리고 오늘날 시장에서 쉽게 점유율을 높일 수 있는 영역은 더 이상 존재하지 않는다. 기업들은 유통, 판매, 수익, 소비자의 마음을 차지하기 위해 치열하게 싸워야 한다. 그런데 광고 매체와 광고 편수가 증가하면서 그것들을 차지하기가 점점 더 어려워지고 있다. 더욱이 순익에 대한 압박은 커지고 자금 여력은 줄어들고 있기 때문에 매년 기업들은 더 적은 비용으로 더 많은 것을 달성하도록 요구받고 있다.

숭어를 잡는 방법은 많다. 그 중에서 수류탄의 핀을 제거한 다음 강물에 던진 뒤, 어망으로 죽은 숭어를 떠내는 방법이 있다. 이것은 특별한 연습이나 기술이 필요하지 않다. 전통적으로 많은 기업이 그 방법을 써 왔다. 그런데 이제는 금적적인 제약 때문에 보다 능숙하고 영리한 방식으로 소비자를 끌어들이고, 소비자의 마음을 사로잡는 방법을 배워야 할 필요가 생겼다.

일부 광고인들에게는 이것이 아주 낯설게 느껴질 수 있지만, 다른 영리한 광고인들은 이미 몇 년 전에 그것을 깨달았다. 이들은 금전적인 제약 때문이 아니라 그들 스스로 업계의 관습적인 방법보다 더 뛰어나고 사려깊고 인간적인 광고 방법이 있다는 것을 느끼고 그것을 사용하게 되었다. 이는 앞서 제기한 두 번째 측면과 관련이 있다. 그 동안 광고 캠페인은 막대한 예산, 특별한 판매 제안USP과 반복 같은 투박한 도구들을 사용해왔다. 하지만 만약 그러한 광고 캠페인이 어디서나 접할 수 있을 뿐만 아니라 소비자들에게 차별성과 적실성이 있다면 얼마나 더 효과적일까? 그리고 동일한 목표를 얼마나 더 적은 비용으로 성취할 수 있을까?

관계 구축

1980년 '전미 광고대행사 연합'을 상대로 한 강연에서 빌 번벅^{Bill} Bernbach은 다음과 같이 말했다. "성공적인 크리에이티브 철학의 핵심에는 인간 본성, 즉 비록 그의 언어가 종종 무엇이 진정으로 그를 자극하는지 은폐할지라도 어떤 충동이 한 인간을 움직이는지, 어떤 본능이 그의 행동을 지배하는지에 대한 통찰만큼 강력한 것은 없다는 믿음이 있습니다. 만약 (한) 인간에 관한 이러한 것들을 안다면 당신은 그를 진정으로 감동시킬 수 있습니다."

이러한 생각이 바로 이 책의 핵심 주제이다. 가장 좋은 광고, 가장 효과적인 광고는 커뮤니케이션과 메시지를 개발하는 과정 모두에 소비자를 끌어들일 수 있어야 한다. 사실 이 말이 너무나 당연하게 들리겠지만, 실제로 나는 정말 그런 방식으로 광고를 만드는 광고주와 광고업자들을 거의 만나보지 못했다. 그리고 그들이 소비자들과 대화를 하거나 더 폭넓은 관계 속으로 끌어들이지 못하는 것은 광고의 작동 방식에 대한 낡고 기계론적인 철학과 소비자들이 접근하지 못하게 하는 프로세스 때문이다. 그 결과, 제품과 소비자 관계의 진실을 인식하지 못하는 광고는 마음으로부터 연결되지 못한다. 그리고 당연히 소비자의 인식과 행동에 변화를 가져올 수도 없다. 진실은 뻔히 거기에 있는데 광고주와 광고대행사는 그 진실을 볼 수 없거나, 보려고 하지 않는다. 임금님은 벌거벗었지만 아무도 그 사실을 모르고 있는 것이다.

1장 '쥐가 들어올 공간이 없다'는 광고주와 광고대행사들이 소비자와의 관계를 개발하는 것에 어려움을 느끼는 것에 대한 다소 철학적이고 구조적인 이유를 탐색한다. 많은 광고인이 광고에서 예술성과 상업성 간의 본질적인 갈등을 해결하기 어렵다고 생각하는 것처럼 보인다. 하지만 이것이 논란의 대상이 되어서는 안 된다. 광고의 최종 목표는 본래 상업적인 것이며, 예술성은 단지 그것을 달성하기 위한 수단일 뿐이기 때문이다, 그런데 안타깝게도 광고업에 종사하는 사람들이 모두 그렇게 생각하지는 않는다. 광고를 예술의 한 형태로 여기는 사람들은 소비자에 대해서도 '내가 만들면 그들은 따라올 것이다' 라는 식의 다소 거만한 태도를 취한다.(사실상 이는 '진정한' 예술가의 모습에 대한 다소 순진한 관점을 보여주는 것이기도 하다.) 그리고 이러한 태도가 관계 구축에 항상 도움이 되는 것은 아니다.

결국 광고를 순수 예술의 한 형태로 여기는 사람들은 소수이며, 그들은 광고의 방향을 결정하는 데 있어 최종적인 발언권을 거의 갖고 있지 않다. 그러한 책임은 과학을 정의하는 것과 유사하게 광고를 정의하는 다수의 소심한 사람들에게 주어지곤 한다. 하지만 광고를 과학으로 보는 관점은 소비자를 끌어들이려는 목표에 반하는 것이며, 또한 과학이 실질적으로 실행되는 방식에 대한 잘못된 가정에 근거를 두고 있다. 왜냐하면 과학 자체도 계속 변해왔기 때문이다. 지난 300년간 과학적 탐구의 특징으로 여겨졌던 관찰, 측정, 예측의 뉴턴식 접근법은 모든 현상을 설명하기에는 부족하다는 이유로 많은 과학자로부터 버림을 받고 있다. 양자론의 선구자들인 '새로운 과학자' 들의 과학에 대한 접근 방식이 앞서 내가 제시한 효과적인 광고의 정의와 더 잘 부합되는 측면이 있다. 그 접근 방식은 모든 정의의 토대로서 '관계' 에 초점을 맞추고, 불확실성과 위험을 제거하려 하기보다는 긍정적인 요소로서 포용한다.

2장 '조용한 파트너' 는 지금으로부터 3, 40년 전 광고에 대한 대중의 정서가 부정적이었던 미국과 그보다 훨씬 더 부정적이었던 영국의 모습을 간략히 살펴본다. 그렇지만 영국에서는 미국인 빌 번벅에 의해 촉발된 크리에이티브 혁명 덕분에, 그리고 '어카운트 플래닝'이라는 새로운 광고 전략이 등장하고 확산되면서 비교적 짧은 기간에 광고에 대한 대중의 태도가 획기적으로 변화하는 양상을 보였다.

광고대행사들에게 있어 어카운트 플래닝은 오늘날 많은 광고주와 광고대행사를 괴롭히는 고민을 해결하는 처방으로 여겨졌다. 왜냐하면 그것이 소비자와 의미 있는 관계를 창출하고 유지할 수 있게 하기 때문이다. 어카운트 플래너의 기본적인 역할은 광고를 개발하는 과정에 소비자를 파트너로 끌어들여 각 프로세스마다 그들의 의견을 활용하는 것이다. 즉 크리에이티브 아이디어를 위한 정보를 제공받고 때로는 영감을 얻기도 하며 최종 결과물인 광고 캠페인에 대한 조언과 검증을 받는다. 이 장에서는 어카운트 플래닝 전략을 소개하고 플래닝 기술의 응용을 설명하기 위한 기초로써 기본 원칙들을 설명한다.

한편, 많은 광고주와 광고대행사가 광고를 개발하는 과정에 소비자를 진정으로 끌어들이지 못하고 있다는 나의 주장에 대해서 자신들은 "조사를 많이 실시한다"면서 반발하는 회사들도 적지 않다. 3장 '맹목적 조사'는 조사를 실행하는 광고대행사들이 소비자를 끌어들이기는커녕, 오히려 조사 때문에 그들과 멀어지고 있음을 보여준다.

나는 광고 조사를 모조리 경멸하거나 폄하할 뜻은 없으며, 조사를 제대로 시행하기만 하면 그 가치와 효과가 상당하리라는 사실을 굳게 믿는다. 그렇지만 조사를 제대로 실행하지 못할 때는, 그 조사가 유용하지도 않고 오히려 역효과를 불러올 수도 있다는 점 또한 지적하려는 것이다. 이는 조사는 오직 광고 개발을 위한 목적으로 쓰여야만 한다고 믿는 낡은 뉴턴식 정의에서부터 이해하기 어렵고 쓸모 없는 조사, 그리고 그러한 조사에 대한 잘못된 해석과 정확하지 못한 적용에 이르기까지 다양하다.

4장 '양파 벗기기'는 광고 조사에 대한 플래너의 비전, 특히 광고주와 그들 고객 간의 관계를 촉진할 수 있는 조사를 구상하고 실행하는 방법을 제시한다. 광고 조사와 광고 캠페인을 이어주는 다리, 즉 크리에이티브 브리프에 관한 내용은 5장 '낚시꾼의 길잡이'에서 다룬다. 6장 '디모인의 10인의 주부들'은 미완 상태의 광고 아이디어를 '시험'하기 위해 일반적으로 행해지는 조사라는 까다로운 주제를 다룬다. 나중에 설명하겠지만, 나는 그러한 조사를 '크리에이티브 개발 조사'라고 부른다.

4, 5, 6장은 가장 넓은 의미에서 플래닝에 관한 것이며, 플래너의 기여가 가장 결정적인 광고 개발 과정들에 초점을 맞춘다. 즉 플래너는 문제에 대한 전략적 해결책을 찾고, 그 아이디어를 창의성을 자극하는 '브리프Brief'로 전환하고, 최종적으로 미완의 크리에이티브 아이디어를 발전시키는 방법을 찾는 데 있어 핵심적인 역할을 한다. 그렇지만 플래너가 그러한 과제들에 대해 혼자 책임을 지거나 질 수 있다고는 생각하지 않는다. 광고에서 최고의 해결책은 거의 예외 없이 광고주와 크리에이티브 담당자, 그리고 소비자들의 아이디어와 기술이 결합된 것이다. 플래너는 통찰력을 지닌 광고주와 유능한 크리에이티브 담당자가 광고를 더 좋게 만드는 방법을 찾지 못할 때 소비자의 의견을 들려주는 역할을 한다.

한편 최고의 광고 해결책은 조사의 창의성과 상식의 적용, 합리적 분석과 수평적 해석의 결합, 객관성보다는 주관성, 복잡성보다는 단순성의 우위, 그리고 서로 다른 관점들을 결합함으로써 창출된 긍정적 에너지를 보여주는 경향이 있다. 또한 강력하고 건설적인 요소로서 변화와 불확실성, 위험에 대한 찬양을 보여준다. 이러한 모든 사항들은 광고 캠페인을 개발하는 다양한 단계에서 논의된다.

나는 각 장의 논의를 전개하면서 내가 소속된 샌프란시스코의 광고 대행사 굿바이, 실버스타인 앤 파트너스Goodby, Silverstein & Partners에서 만든 광고 캠페인을 예로 들었다. 우리 자신의 광고를 선택한 것은 내가 그것의 사고 과정, 조사, 크리에이티브 개발 과정, 광고대행사와 광고주 그리고 각각의 사례에서 실제 일어났던 일들에 대해 잘 알고 있기 때문이다. 만약 다른 광고대행사의 작품을 언급했었다면 틀린 가정을 하는 실수를 범했을 것이다.

4, 5, 6장에서는 각기 다른 개발 단계에 있는 광고 사례들을 제시했지만, 7장 '뜻밖의 발견'에서는 캘리포니아 유가공 협회의 광고 "got milk?"에만 초점을 맞추었다. 처음 광고를 맡아 광고주에게 최초의 브리핑을 한 이후부터 3년 동안의 전 과정을 설명함으로써 이 책에서 다룬 여러 주제들을 종합하고자 하였다.

광고주와 그들이 타겟으로 삼은 개인들 간에 친밀한 관계가 형성될 수 있는 방식에 최대한의 관심을 집중시키기 위해, 이 책은 광고 제작과 관련된 광고대행사의 활동 부분에 초점을 맞추고 있다. 그래서 "got milk?" 캠페인을 제외하고는, 광고 캠페인의 평가와 결과라는 중요한 문제들을 상세히 논의하지 않았다.

아울러 광고 비용을 지불한 광고주가 광고 효과를 못 본 사례들은 논의에서 제외했다. 결국 이 책에 언급된 광고 캠페인 사례들은 나름대로 최소한의 목표를 달성했다고 볼 수 있다. 이들 광고 가운데 벨 헬멧, 캘리포니아 유가공 협회, 체비스 맥시칸 레스토랑, 포스터 팜스, 이스즈, 북부 캘리포니아 혼다 판매상, 노르웨이 크루즈 라인, 미국 마약퇴치 협회, 폴라로이드, 포르셰, 세가, 우넘Unum 광고 캠페인 등은 미국 마케팅 협회American Marketing Association로부터 광고 효과를 인정받아 에피상 그랑프리, 금메달 9개, 은메달 4개를 수상했다.

『애드위크Adweek』지의 앤드류 제프Andrew Jaffe, 존 와일리 앤 선스 John Wiley & Sons 출판사의 루스 밀즈Ruth Mills가 이 책에 대한 아이디어를 가지고 나를 처음 찾아와 어카운트 플래닝account planning에 관한 책을 쓸 생각이 있는지 물었다. 나는 플래닝 교재나 방법론에 관한 책을 쓰고 싶은 마음이 없었을 뿐만 아니라, 플래닝을 따로 떼어내 말하기도 어렵다는 점을 알고 있기 때문에 처음에는 주저했다. 그런데 이 책을 쓰게 된 이유는, 내가 광고를 개발하는 것을 좋아하고 플래닝은 단지 그 목적을 이루기 위한 수단이라는 점 때문이다.

결과적으로 이 책은 광고에 대한 책이면서 동시에 플래닝에 대한 책이고, 또한 인간 관계에 관한 책이다. 인간 관계는 성공적인 광고 커뮤니케이션의 기초일 뿐만 아니라 광고대행사와 광고주, 광고대행사 내의 서로 다른 부서와 개인들 간의 행복하고 생산적인 업무 관계의 토대이다. 훌륭한 광고는 단순하고 매력적이며 항상 무언가를 청중들의 상상에 맡겨 놓는다. 광고를 개발하는 과정은 즐거워야 한다. 이 책을 쓰면서 나는 그러한 특성들을 반영하고자 했다.

나는 이 책이 광고 제작 과정에서 플래닝의 역할과 특정 광고대행사가 어떻게 운영되는지 자세히 알고 싶어하는 광고 업계 사람들(광고대행사와 광고주), 그리고 광고 아이디어의 유래에 관해 단순히 호기심을 갖고 있는 광고 업계 밖에 있는 사람들에게 흥미가 있길 바란다.

그렇지만, 무엇보다도 두 그룹 모두 지금이야말로 많은 광고인들이 그들의 광고를 새로운 방식으로 바라보고, 변화를 받아들이며, 미래의 캠페인의 기초로서 고객들과 정직, 애정, 신뢰 관계를 창출하고 구축해야 할 때라는 나의 주장에 동의해주길 바란다. 만약 그렇다면, 우리는 다음과 같은 하워드 고시지의 꿈을 향해 한 발 더 나아갈 수 있을 것이다. "나는 광고가 수는 적지만 더 강력한 느낌을 주는, 더 나은 세상을 상상하기를 좋아한다. 누구나 그런 세상을 바랄 것이다."

여러분도 이러한 희망을 갖고 있다면 이 책을 계속 읽기 바란다.

쥐가 들어올 공간이 없다

광고 커뮤니케이션에서 소비자 참여의 실패

소비자는 바보가 아니다. 그녀는 당신의 아내이다.

—데이비드 오길비, 『어느 광고인의 고백』 중에서

관점

광고에 관한 책의 서두를 이렇게 시작하는 것이 이상해 보일지도 모르겠지만, 지리학을 공부한 나로서 지리에 관한 이야기로 이 책을 시작하고자 한다.

내가 지리학 시간에 배웠던 몇 가지 유용한 것들 중 하나는 '삼각측량'이라 불리는 항해 기법이다. 이 기법은 길을 잃은 사람이 지도와 나침반, 연필, 그리고 주변에 세 개의 지형지물만 있으면 지도에 자신의 위치를 정확히 표시할 수 있다는 것을 말한다. 이때 지형지물의 위치를 지도에서 찾을 수 있어야 하는데 그 방법은 간단하다. 우선 나침반을 이용해 지도의 방향을 잡은 뒤 실제 지형지물과 지도에 나온 지형지물을 일직선상에 놓고 선을 긋는다. 세 개의 지형지물을 선으로 연결하면 서로 교차하게 된다. 이때 선들이 한 점에서 교차하면 가장 이상적인데, 대부분 작은 삼각형을 이룰 것이다. 만일 선들이 한 점에서 교차했다면 그 점의 위치가 바로 자신이 서 있는 지도상의 정확한 위치다. 그리고 삼각형을 이루었다면 그 사람은 삼각형 속 어딘가에 있는 것이고, 자신의 위치를 찾는 문제는 쉽게 해결할 수 있다. 삼각 측량 기법은 교회의 탑이나 높은 언덕이 있는 지역에서 유용하게 쓰인다는 점에서 영국의 지리학과 학생들에게 유용한 기법이라고 할 수 있다. 반면 사막에서는 이 기법이 별로 유용하지 않은데, 바로 그 점이 내가 말하고자 하는 요지다.

삼각 측량을 하기 위해서는 세 개의 지형지물이 필요하다. 하지만 사막에는 마땅히 지형지물로 삼을 만한 것이 없다. 멀리 떨어진 지점에 산이 있다 해도 그것만으로는 소용 없다. 방향은 알 수 있지만 거리를 측정할 수 없기 때문이다. 물론 하나보다는 두 개의 지형지물이 있을 때가 낫지만, 여전히 오차가 생길 가능성이 있다.

대부분의 분야에서 해결책을 찾거나 진실을 밝혀낼 가능성은 관점의 수가 많을 때 더 높아진다. 1980년대 중반, 영국에서 제작한 광고를 보면 그 점을 더욱 생생히 알 수 있다(그림 1-1).

런던의 광고대행사 BMP가 『가디언The Guardian』지를 홍보하기 위해 제작한 이 광고는 거친 흑백 톤의 장면들로 이루어져 있으며, 광고라기보다는 다큐멘터리에 가깝다. 간단한 보이스 오버voice over 외에 한 마디 대사도 없는 이 광고는, 불량배처럼 보이는 한 남자가 어느 공장 지대의 보도를 따라 달리는 장면으로 시작한다. 거리 끝에서는 자동차가

〈그림 1-1〉 가디언 지: 관점

그 남자를 향해 조금은 위협적으로, 천천히 다가온다. 남자는 어떤 여자가 서 있는 계단을 빠르게 스쳐 지나간다. 순간 여자는 움찔한다. 이때 차분하고 사실적인 목소리가 들려온다. "하나의 관점에서 본 사건은 하나의 인상을 줍니다."

이제 같은 장면을 다른 각도에서 보여준다. 불량해 보이는 한 남자가 계단에 서 있는 어떤 여자를 스치며 달려간다. 남자는 가방을 든 한 노인을 향해 달려가고 있다. 노인은 그 남자가 자기를 덮치려는 줄 알고 가방을 들어올리며 방어 자세를 취한다. 이때 이런 목소리가 들려온다. "다른 관점에서 보면 상당히 다른 인상을 줍니다."

광고는 같은 장면에 대한 세 번째 관점을 보여준다. 이제 시선은 높은 빌딩 위에서 거리를 내려다보고 있다. 빌딩 옆으로 벽돌을 쌓아놓은 커다란 트레이가 올라가고, 노인은 그 사실을 전혀 모르고 있다. 그때 불량해 보이는 남자가 위험하게 흔들리는 트레이를 목격한다. 순간 남자는 빠르게 뛰어가기 시작한다. 이때 또다시 이런 목소리가 들린다. "사건을 진정으로 이해하려면 전체를 보아야 합니다." 벽돌이 보도 위에 와르르 쏟아지는 순간, 남자가 노인을 보호하기 위해 벽 쪽으로 노인을 밀친다. 그런 다음 화면이 검게 변하면서 신문의 이름이 적힌 광고 문구가 조용히 나타난다. "사건의 전체를 보여주는 신문, 가디언The Guardian, The whole picture."

이 광고를 제작한 BMP의 크리에이티브 디렉터 존 웹스터John Webster는 경범죄로 붙잡힌 어느 십대 소년에게서 법정에서 자신을 변호할 수 있는 문구를 써달라는 부탁을 받은 적이 있다고 한다. 그는 동료 카피라이터에게 부탁해서 문구를 써주긴 했지만, 그것이 소년에게 도움이 되었는지는 알 수 없다고 했다. 만일 그 문구가 소년의 죄를 가

가볍게 하는데 도움이 되었다면 광고 효과에 관한 독특한 논문이 쓰여어졌을지도 모르겠다.

『가디언』지의 광고 이야기는 '관점이 없이는 어느 것도 확실하지 않다'는 아이디어를 확대 적용한 흥미로운 사례다. 이는 저널리즘에도 해당되는 말이다. 당신이 수준 높은 추리소설을 읽거나 법정 드라마를 보든, 혹은 군대의 역사에 흥미를 갖고 있다면, 퓰리처상을 받는 기자나 사건을 해결하는 탐정, 재판에서 승소하는 변호사, 전쟁에서 승리하는 장군이 모두 삼각 측량과 비슷한 과정을 거친다는 사실을 공통적으로 발견하게 될 것이다. 한편 이와 같은 분석 방법이 성공적인 광고를 만들기 위해 반드시 필요하다는 것이 이 책의 전제 조건이다.

요컨대 광고에는 세 가지 관점이 포함되어야 한다. 광고주의 상업적 관점, 광고대행사의 크리에이티브 관점, 광고가 주요 타겟으로 삼고 있는 소비자의 관점이 그것이다. 가장 훌륭한 광고란 이 세 당사자와 세 가지 관점이 성공적으로 결합된 결과물이다. 그러나 이들 관점 중 어느 한 가지 관점이 다른 관점들을 희생시키고 지배적이 된다면, 광고 캠페인의 질적 수준과 효과성은 필연적으로 저하될 것이다.

점 연결하기

제프 굿바이Jeff Goodby는 내게 자신의 광고를 '최종 결과물'로 생각하지 않는다고 말한 적이 있다. 그가 만든 작품은 CF나 광고대행사의 벽에 걸린 아름다운 잡지 광고가 아니라, 그 광고를 보고 듣고 읽은 뒤 사람들의 머릿속에서 일어나는 작은 반응이라는 것이다. 제프 굿바이에게 광고는 단지 목적(사람들의 생각과 행동을 바꾸는 것)을 달성하기 위한 수단에 불과하다. 그는 광고대행사의 업무 대부분은 사람들의 머릿속에 들어가 그들이 무슨 생각을 하는지 알아내고, 어떻게 하면 그들에게 가장 큰 영향을 끼칠 수 있는지에 초점을 맞추어야 한다고 주장한다.

나는 이러한 정의를 좋아한다. 왜냐하면 그것이 앞에서 언급한 세 가지 관점 모두를 포착하고 있고, 또 각각의 역할을 분명히 제시하기 때문이다. 그 중에서 가장 중요한 것은 소비자의 관점인데, 그 이유는 소비자의 머릿속에서 실제 광고 효과가 발휘되기 때문이다. 따라서 광고를 제작하기 전에 소비자의 머릿속을 먼저 이해해야 하며, 소비자 조사는 메시지의 내용과 특성을 정의하게 될 숨은 진실을 밝혀내야 한다. 메시지 자체에 있어 크리에이티브의 역할은 소비자의 머릿속에 들어가서 바람직한 사고 과정과 의견이나 행동 변화를 위한 촉매제가 되는 것이다. 그리고 광고주의 상업적 관점은 소비자가 정확히 어떻게 행동하도록 요구되는지를 규정해준다.

하지만 그 과정이 순탄하게 전개되는 경우는 흔치 않다.

가장 효과적인 광고는 소비자를 서로 다른 두 가지 방식으로 끌어들인다. 우선 커뮤니케이션을 개발하는 과정에 소비자를 끌어들일 필요가 있다. 제품이 소비자의 생활에 어떤 도움을 주고, 또 소비자는 다양한 광고 메시지에 어떻게 반응하는지 이해하려면 소비자들의 감정, 습관, 동기, 불안, 선입견, 욕망 등을 모두 검토해야 한다. 정보와 영감을 얻기 위해 소비자의 마음을 탐구해야 한다는 점에 관해서는 이 책전체에 걸쳐 중점적으로 다룰 것이다. 특히 이 장에서는 많은 광고대행사와 광고주가 소비자와 연결고리를 형성하는 데 어려움을 겪는 철학적, 방법론적 장애물들을 짚어볼 예정이다. 몇몇 광고대행사는 소비자와 관계를 형성할 필요가 아예 없다거나 소비자와 이야기하지 않아도 그들에 대해 전부 알 수 있다고 자신 있게 큰소리친다. 또 어떤 광고주들은 소비자와 대화할 필요가 있다고 인정하면서도 방법론적인 문제에 부딪혀 소비자와 관계를 형성하는 데 실패한다.

소비자를 광고에 끌어들이는 또 다른 방법은 '커뮤니케이션' 자체에 소비자를 직접 포함시키는 것이다. 바꿔 말하면, 사람들에게 무엇을 생각하라고 광고가 직접 말해주는 방식이 아니라, 소비자가 스스로 광고의 의미를 판단하게 함으로써 더 큰 영향을 줄 수 있다는 뜻이다. 소비자는 스스로 광고를 해독함으로써 그 광고에 참여한다. 리치 실버스타인Rich Silverstein은 이를 우리가 어렸을 적에 즐겨 했던 점 연결하기 놀이에 비유했는데, 번호가 매겨진 점들을 순서대로 이으면 어떤 모양이 완성되는 놀이다. 실버스타인의 견해에 따르면, 광고는 마지막에 완성될 모양이 무엇이라고 미리 이야기할 필요가 없다는 것이다. 즉 몇 개의 점만 이어놓고, 나머지는 소비자가 스스로 이어가게 남겨둠으로써 소비자를 게임에 참여시키면 된다.

광고업계에서 소비자의 상상에 무언가를 남겨둔다는 개념은 일반적이지 않다. 클라우드 홉킨스Claude Hopkins의 『광고 과학Advertising Science』과 로서 리브스Rosser Reeves의 『광고의 실제Reality in Advertising』에 영향받은 광고인들은 광고의 주요 대상인 소비자를 매우 어리석다고 가정한다. 그리고 자신들이 전달하는 내용을 받아들이게 하려면 소비자에게 무슨 생각을 하라고 미리 일러준 다음, 같은 이야기를 큰 소리로 반복해서 들려주어야 한다고 생각한다.

하워드 고시지는 일방적인 주장만 내세우던 대부분의 광고에 반기를 든 최초의 인물이다. 그는 이미 40년 전에 광고의 원칙으로서 쌍방향 커뮤니케이션을 지지했으며, 소비자와 관계를 맺고 상호작용할 수 있는 광고를 제작했다.

고시지는 "광고는 권리가 아니라 특혜다"라고 주장했다. 이는 광고 대행사와 광고주가 광고에 관심을 보이는 소비자가 있다는 사실을 행운으로 받아들여야 한다는 나의 신념과도 일치한다. 나는 광고를 파티에서 만난 사람과 같은 존재라고 생각해왔다. 파티에서 누군가를 만나면 그 사람이 마음에 드는지를 재빨리 판단해야 한다. 마음에 들면 그 사람과 좀더 대화를 나눌 테고, 마음에 들지 않으면 적당히 그 자리를 피하려 할 것이다. 새로 알게 된 사람은 당신이 몰랐던 매우 중요한 정보를 알려줄지도 모른다. 반대로 그 사람의 이야기가 따분하거나 무례하다면 더 이상 듣고 싶지 않을 것이다. 광고도 마찬가지다. TV 광고는 30초, 잡지를 힐끔 훑어보는 시간은 불과 몇 초, 소비자가 광고 메시지에 관심을 기울이게 할 수 있는 시간은 그것이 전부다.

당신이라면 어떻게 하겠는가? 파티에서 낯선 사람을 만나 인간적인 매력과 관심을 느끼게 하는 방식은 광고에서도 마찬가지다. 자기 얘기만 쉬지 않고 늘어놓을 게 아니라 상대방에게 질문을 던져 관심을 보여야 한다.

고시지는 "때 지난 판매 그래프를 들여다보는 것보다 소비자들에 주목하는 것이 우리의 첫 번째 의무다"라고 말했는데, 광고업계 내의 사람들은 이 말을 이단으로 받아들였다. 이에 대해 그는 "세일즈맨들은 이 말을 잘 이해할 것이다. 그들은 소비자를 최우선으로 여기는 사람들이니까. 소비자에게 기쁨을 주지 못하면 물건을 팔 수 없기 때문이다"라고 덧붙였다. 이는 곧 사람들의 관심을 끌 수만 있다면 판매 곡선은 저절로 올라간다는 뜻이다.

고시지의 광고는 시대를 앞서갔고 매력적이었으며 효과가 있었다. '상호작용'이라는 말이 관심을 끌지 못했던 30년 전에 그는 이미 광고 효과를 측정하고, 소비자와 광고주 사이의 대화를 형성하기 위해 쿠폰 제를 도입했다. 고시지는 너무나 많은 광고들이 소비자에게 일방적으로 알려주기만 할 뿐 소비자 스스로 생각해볼 기회를 주지 않는다고 말하면서 '소비자 참여'라는 아이디어를 최초로 광고에 도입했다. 고시지는 다음과 같은 사키Saki의 단편소설 한 구절을 즐겨 인용하는 것으로 자신의 신념을 드러냈다.

치즈 미끼로 덫을 놓을 때는, 항상 쥐가 들어올 공간을 남겨 둬야 한다.

사랑, 돈, 돼지 그리고 맥주

우리 일상의 삶과 관계 속에서 어쩌면 광고에서 가장 중요한 교훈을 배울 수도 있다. 더 넓고 인간적인 맥락에서 성공적인 의사소통을 가능하게 하는 요소들은 모든 매체에서 광고를 효과 있게 하는 요소들과 정확히 일치한다.

나는 광고인이나 학생들을 대상으로 광고에 대해 이야기할 때면, 그들이 어렸을 적에 부모님에게 용돈을 타내거나 이성에게 데이트 신청을 해본 경험을 떠올려보라고 말한다. 그때 그들은 어떤 방식으로 문제에 접근했고, 또 효과가 있는 방식은 무엇이었을까?

대부분의 사람들은 자신의 의도를 간단하게 털어놓는 것이 목적 달성에 도움이 되지 않는다는 데 동의할 것이다. 또 부모님에게 용돈을 달라고 무작정 떼를 쓰거나 이성의 이름도 알기 전에 사랑한다고 고백하는 것은 실패할 게 뻔하다. 결국 성공 확률을 높일 수 있는 유일한 방법은 자신의 입장에서 벗어나 상대편의 입장이 되어보는 것이다. 그리고 이를 위해서는 상대가 중요하게 생각하는 것이 무엇인지 이해할 수 있어야 한다. 상대는 당신을 어떻게 생각할까? 부모님이 당장 지갑을 열지 않고 이성이 당신의 손을 뿌리치는 이유는 무엇일까? 그 문제를 해결하려면 어떤 말을 하고 무슨 행동을 해야 할까? 무엇보다 중요한 것은 당신의 부모님이 자발적으로 용돈을 주거나 당신이 반한 이성이 당신에게 관심을 갖게 하기 위해 어떤 말과 행동을 해야 하느냐는 것이다.

바로 그와 같은 전략을 제대로 이해하는 사람이라면 그는 광고업계에서도 뛰어난 실력을 발휘하며 화려한 경력을 쌓아갈 수 있을 것이다. 같은 논리로 이성과의 데이트에 관한 한 숙맥인 나는 아마 당장 자리를 내놓고 광고계를 떠나야 할지도 모른다.

몇 년 전 내가 하와이에서 만난 한 남자의 이야기도 그러한 예에 해당한다. 그 남자는 휴식이 필요할 때면 칼 한 자루를 들고 숲으로 멧돼지 사냥을 하러 간다고 했다.

그는 "멧돼지를 잡는 법을 배우려면 스스로 멧돼지가 되는 법을 익혀야 해요"라면서 멧돼지 사냥에는 전혀 관심 없는 나에게 이야기를 하기 시작했다. "당신은 멧돼지처럼 생각하고 멧돼지처럼 움직이고, 멧돼지처럼 안전과 위험을 직감할 수 있어야 해요." 그는 멧돼지를 쫓는 방법에 대해 설명했는데 짧게는 몇 시간, 길게는 이틀 동안이나 계속된 적도 있었다고 한다. 그는 예상과 달리 멧돼지를 공격할 절호의 찬스를 노리지 않고 오히려 멧돼지가 자신에게 덤벼들 때까지 기다린다고 했다. 그는 그것이 훨씬 더 힘들고 값진 경험이라 말했는데 나는 그 말이 진심이라고 믿었다.

레오 버넷Leo Burnett은 "소비자들 속으로 들어갈 수 없다면, 당신은 광고계에 있어서는 안 된다"라고 말한 적이 있다. 훌륭한 광고인이라면 소비자와의 관계에서 멧돼지 사냥꾼처럼 마지막에 격렬한 사투를 벌일 정도는 아니더라도, 그와 비슷한 정도의 직감을 갖추어야 한다. 다음 장에서는 직감이 매우 중요하기는 해도, 소비자들 속으로 들어가야 한다는 말이 반드시 자신의 취향과 의견을 소비자 집단에 투영하라는 뜻은 아니라는 점을 짚어볼 것이다.

나는 런던의 젊은 크리에이티브 팀을 상대로 맥주 광고 캠페인에 대해 브리핑을 한 적이 있다. 그들은 자신들이 맥주에 관한 한 모든 것을 알고 있으니 굳이 브리핑할 필요가 없다고 했다. 나는 그들이 맥주를 많이 마셔본 것은 의심하지 않았지만 맥주 브랜드와 맥주를 마시는 사람들에 대해 왜곡된 시각을 지니고 있지 않을까 하는 걱정이 들었다. 그래서 그들에게 물었다.

"마지막으로 맥주를 마신 장소가 어디죠?"

"목요일 밤, 소호Soho의 브라세리Brasserie에서 마셨습니다."

카피라이터가 대답했다.

"무슨 맥주를 마셨나요?"

"크로넨버그Kronenbourg 1664."

"잔으로 마셨나요, 아니면 병으로 마셨나요?"

"병으로 마셨습니다."

"몇 병이나 마셨죠?"

"서너 병 마셨어요."

내가 예상했던 대로였다. 그들은 주차장에 포르셰 자동차가 즐비한 고급 바에서 맥주를 마셨던 것이다. 멋진 정장 차림으로 뺨에 수차례 키스를 퍼부으며 프랑스산 프리미엄 라거 맥주를 병째 들고 상표가 보이도록 새끼 손가락을 길게 뻗은 채 천천히 그리고 품위 있게 맥주를 마셨을 게 뻔했다.

물론 그들의 말도 일리는 있다. 나는 시몬즈Simmonds 맥주도 다를 게 없다고 말했다. 시몬즈는 값싸고 비교적 도수가 약한 맥주로, 광산이나 철공소에서 힘든 일을 끝내고 나온 노동자들을 상대하는 웨일즈 노동자 클럽에서 팔았다. 그들에게는 쌓인 피로를 풀고 기분 전환하며 마실 수 있는 많은 양의 술이 제격이었다.(포커스그룹 면접 때, 나는 일을 마친 뒤 술집에 들러 15파인트나 되는 맥주를 너끈히 마셔대는 사람들을 만났다.) 혹시라도 크리에이티브 팀이 그런 술집에 들러 "크로넨버그 1664 한 병 주시오"라고 말했다가는 어떤 곤욕을 치를지 모를 일이다.

그래서 크리에이브 팀은 나의 브리핑을 받아들였고, 고맙게도 잘 따라주었다. 결국 라디오 대본과 방송 심의에서 사람의 본능을 자극하는 '꿀꺽' 소리가 다소 많았다는 점만 빼면 광고는 음주자들을 대체로 만족시켰다.

예술을 위한 예술

비슷한 시기에 나는 런던에서 열린 컨퍼런스에 참가했다. 그 컨퍼런스에서는 BMP의 크리에이티브 디렉터 존 웹스터(앞서 나온 『가디언』 광고의 제작자)가 광고대행사에 소속된 젊은 크리에이티브 담당자들을 대상으로 강연을 했다. 그는 긴 연설을 좋아하지 않아서 그의 광고 작품을 보여주기 전에 몇 마디 말만 했고, 이후 청중들에게 질문을 받았다. 촬영 기법과 제작에 관한 평가와 질문이 오고간 뒤, 한 청년이 말문을 열었다. "존, 방금 본 몇몇 작품들은 제가 본 광고 중에서 가장 훌륭합니다. 그런데 한 가지 이상한 점이 있어요. 대부분의 크리에이티브 담당자들은 제품 노출을 최대한 적게 하고, 로고 역시 최대한 작게 보여주려고 하는 데 반해 당신의 광고는 그와 정반대입니다. 당신 스스로 그렇게 의도하신 건가요, 아니면 광고주의 요구 때문인가요?"

존은 잠시 생각한 뒤 말했다. "크리에이티브 담당자 중에는 로고를 크게 넣고 브랜드 이름을 들려주라는 광고주 때문에 자신의 아이디어가 훼손된다고 불평하는 이들이 있습니다. 하지만 우리는 예술가가 아닙니다. 설령 자신은 그렇게 생각한다 해도 말이에요. 우리는 제품의 판매와 관련된 일을 하고 있습니다. 따라서 광고주한테 책임을 다해야죠. 저 역시 가능한 한 제품을 예술적으로 표현하려고 애씁니다. 하지만 광고와 제품이 서로 어울리지 못한다면 그 광고가 아무리 창의적이고 재미있다고 하더라도 그건 시간 낭비이자 광고주의 돈을 낭비하는 결과밖에 되지 않습니다."

그는 쓴웃음을 지으며 계속 말했다. "여러분 중에서 자신이 연예계에 종사한다고 생각하는 사람이 몇이나 되는지는 모르겠습니다. 만약 그렇게 생각한다면 당장 이 일을 집어치우고「더 투 로니스The Two Ronnies」같은 코미디 프로의 대본을 쓰는 편이 나을 겁니다."

광고대행사에서 내놓는 예술품은 목적을 위한 수단이다. 그리고 그 목적은 좋든 싫든 간에 본래부터 상업적이다. 예술적 요소는 광고를 더욱 두드러지게 하고, 기억하기 좋게 함으로써 대중에게 전달하는 메시지의 영향력을 최대화하려는 수단일 뿐이다. 하지만 그러기 위해서는 크리에이티브 담당자가 웹스터와 마찬가지로 예술적 요소와 상업적 요소가 서로 공생한다는 것을 알고 있어야 한다. 만약 어느 한 측면이 다른 측면을 희생시키고 지배하게 되면 그 둘은 공생 관계가 아닌 기생 관계에 가까우며, 장기적으로나 단기적으로 본래 의도한 효과를 의심받게 될 것이다.

1985년 5월, 로널드 레이건Ronald Reagan 대통령은 미국 예술훈장National Medal of Arts 수상자들에게 다음과 같이 말했다. "자유가 무르익은 오늘날의 세상에서 예술가와 그들을 후원하는 사람들은 상상하기조차 어려운 일들을 생각해내고 대담한 일을 성취할 수 있습니다. 끔찍한 실수를 저지를 수도 있고, 영예로운 축제를 벌일 수도 있습니다." 광고를 예술의 한 형태로 보는 사람들에게는 이 연설이 감미로운 음악처럼 들릴지 모른다.

넻넻 광고 작가들과 미술 책임자들, 또 일부 광고대행사들은 광고의 진정한 힘이 예술성에서 나온다고 믿고 있다. 그래서 진정으로 자유로운 창작은 규칙을 어기거나 대담해져도 된다고 생각한다. 그들은 가끔은 삼진 아웃을 당해도 언젠가는 기억에 남을 만투 홈런을 날릴 수 있으리라 믿는다. 그리고 가끔은 그 믿음이 실현되기도 한다.

하지만 그와 같은 생각에는 하나의 근본적인 문제점이 있다. 레이건이 말한 자유는 예술가만의 축제가 아니라 그들의 후원자들도 함께 즐긴 축제라는 점이다. 광고주로 불리는 광고의 '후원자'들이 수백만 달러의 광고 예산을 들여가며 모험을 시도하려고 하지는 않을 것이다. 온몸에 문신을 새기고 코걸이까지 한 20대의 "믿어보세요, 대박일 겁니다" 하는 말만 듣고서 기업의 마케팅 예산, 시장 점유율, 이윤, 주가, 그리고 자신의 자리 모두를 걸고 모험할 확률은 매우 낮다. 만약 내가 1억 달러의 광고 예산 책임자라면, 나 역시 그들과 똑같은 생각을 할 것이다.

창작자가 완벽한 자유를 누려야만 예술이 가장 강력한 힘을 발휘할 수 있다면서 미켈란젤로, 스티븐 스필버그, 존 레논 같은 이름을 거론하는 경우가 종종 있다. 오늘날 광고 캠페인을 제작할 때처럼 여러 가지 장애 요소가 있다면 과연 미켈란젤로가 「시스티나 성당」 같은 영광스러운 작품을 완성할 수 있었을까? 마케팅 관계자들이 관여했을 때 「쉰들러 리스트」라는 위대한 영화가 탄생할 수 있었을까? 또 비틀즈의 「서전트 페퍼Sergeant Pepper」 음반이 심의를 통과할 수 있었을까?

사실 이런 식의 비교는 공정하지 않다. 예술, 영화, 음악은 사람들이 선택할 수 있다. 하지만 광고는 선택할 수 있는 게 아니다. 관중은 순수 예술을 스스로 취사선택하지만, 광고는 관중을 찾아내어 억지로 끌어와야 한다. 그런 다음에도 하고 싶은 이야기를 들려줄 시간이 별로 없는 것이 현실이다. 스필버그는 관객을 끌어들일 수 있는 시간이 많이 있고 시스티나 성당을 짓는 데 시간이 문제되지는 않았다. 그렇다면 정말로 순수 예술이 존재하는 걸까? 당시 교황이 미켈란젤로에게 "자네는 천재적인 예술가니까 놀라운 걸 만들어보게" 하면서 비용과 시간은 물론 주제에 대해서도 아무런 제약을 두지 않았다고 상상할 수 있는가? 스필버그 감독이 「쥬라기 공원」에 이어 3시간짜리 홀로코스트 영화를 만들겠다고 발표했을 때 유니버설 영화사 간부들의 반응이 어땠을지 상상해보라. 또 그가 흑백 영화를 찍고 싶다고 했을 때 다른 사람들의 반응이 어땠을지 상상해보라. 어쩌면 진정한 예술가들이 살고 있는 정원의 잔디 색은 우리가 알고 있는 초록색이 아닐지도 모른다.

광고대행사의 크리에이티브 담당자들이 자신을 사업가라기보다 예술가로 생각한다고 해서 그리 놀랄 일은 아니다. 사실상 많은 이들이 예술적 배경을 거쳤고, 그들의 속내를 들여다보면 광고대행사의 크리에이터보다는 그림을 그리거나 조각을 하면서, 혹은 시나리오나 소설을 쓰면서 여생을 보내고 싶어할지도 모른다. 그들 중에는 광고업계에서 일하면서 안정과 높은 보수를 보장받는 대가로 자신이 바라는 가치 있는 일을 포기한 것에 대해 자괴감을 느끼는 이들도 있다. 한편 현실적인 사람들 중에는 광고업계에서 경력을 쌓는 것이 더 나은 미래를 위한 일시적 과정이라며 입술을 깨물고 자신을 북돋는가 하면, 광고를 예술적, 문학적 야심의 표출구로 활용하려는 이들도 있다.

데이비드 오길비David Ogilvy는 『오길비의 광고론Ogilvy on Advertising』이라는 저서에서 "광고계 주변부의 시끄러운 정신병자들", 즉 일부 소수민족에게나 통할 법한 유머를 구사하고 지나칠 정도로 예술에 집착하거나 천재인 체하는 이들을 비난했다. 또 상품 판매에 아무런 도움이 되지 않는 순수 예술 형태의 광고만 제작하는 이들에 대해서도 악평을 늘어놓았다. 그리고 자신 역시 초창기에는 허위적 자만에 빠진 적이 있었지만 점차 '광고의 상업적 역할'의 중요성을 깨달았다고 고백하고 있다.

광고업계에서 개별 광고에 점수를 주는 제도를 도입하면서 광고 창작가들은 또 다른 문제에 직면하게 되었다. 매년 수많은 시상식들이 가장 기발한 광고를 뽑고, 또 가장 두드러진 새로운 캠페인을 만든 개인과 팀을 축하한다. 시상식 무대에 오를 경우, 그들은 더 좋은 일거리와 금전적 보상을 얻고, 혹은 더 좋은 광고대행사로 이직할 기회가 생길지도 모른다. 그래도 크리에이티브 담당자들 중 일부는 외부의 유혹에 흔들리지 않고 작품의 '예술적 본모습'을 유지하려고 애쓴다. 한편 그들은 타의에 의해 강요된 것들 중에서 소비자의 의견이라는 것도 예술적 본모습을 훼손하는 한 요인으로밖에 여기지 않는다. 만일 그들이 양보할 경우, 그들은 자신이 소비자와 타협했거나 자신의 출세를 위해 굴복한 것이라고 생각한다.

안타깝게도 광고주들은 광고대행사에서 욕심 내는 상패에는 관심이 없다. 그래도 상패는 광고주로 하여금 실력 있는 크리에이티브 인재들을 식별할 수 있게 한다는 점에서 혜택을 주는 셈이다. 광고대행사의 우수한 크리에이티브 인재들이 자신의 작품으로 상을 받으면, 자신이 상을 받지 못할 수 있는 다른 곳으로 가기를 원하지 않을 것이다. 한편, 만약 그들이 더 좋은 광고대행사로 옮겨간다면 외부의 재능 있는 크리에이티브 인력들이 상을 받은 광고대행사에서 일하려고 찾아올 것이다. 요컨대 시상 제도는 광고대행사 내의 크리에이티브 인력 풀을 건강하고 생산적으로 유지하게 해준다.

또 다른 중요한 요소는 칸Cannes이나 원쇼One Show의 심사위원의 주목을 끄는 예술성이나 창조성이 광고의 청중에게도 똑같이 매력적으로 보일 수 있다는 점이다. 매년 칸 광고 축제에서 레오 버넷Leo Burnett의 도널드 건Donald Gunn은 전 세계의 광고들 중에서 최고 크리에이티브 상을 받을 작품을 발표하는데, 수상 작품들은 크리에이티브적 요소와 실제 시장에서 거둔 성과를 모두 고려한 것이다. 이 책에서 다루어질 다른 광고들 역시 그 두 가지 요소에서 모두 뛰어난 작품들이다.

나는 광고의 예술성이 중요한 요소가 아니라고 말할 뜻은 전혀 없다. 광고의 진정한 마법은 예술성에서 나오기 때문이다. 다만 예술성 하나만으로는 충분하지 않은데, 예술성이 전략적인 측면과 상업적인 측면을 억누를 경우 소비자를 설득하는데 도움이 되기는커녕, 오히려 장애가 될 수 있다는 점을 말하고자 하는 것이다.

리치 실버스타인은 자신이 광고에 대한 관심을 유지하면서 항상 도전할 수 있는 것은 바로 예술성과 상업성이 공존하는 광고의 특성 때문이라고 말했다. 그리고 예술 작품을 만드는 일보다 판매할 수 있는 예술 작품을 만드는 일이 훨씬 어렵다고 했다. 그 점에 대한 철학적, 방법론적 문제는 뒤에서 자세히 다룰 것이다.

과학과 예술의 대립

어쩌면 광고계에 좌절한 예술가가 넘쳐나는 것에 대한 반응으로 또는 '아이디어' 글쓰기, 예술적 방향, 인간 관계 등에 내재된 불확실성에 대한 자연스런 반발로서 광고를 주관적이고 직관적인 기교라기보다는 논리적이고 합리적인 학문으로 규정하려는 이론이 나타났다. 즉 과학의 영역에서 적용하는 동일한 기준과 방법론에 따라 광고의 과정과 결과물이 정의되고 평가되고 측정되고 예측될 수 있다고 보는 것이다.

1923년에 출간된 『광고 과학Advertising Science』의 제1장에서 저자 클라우드 홉킨스Claude Hopkins는 다음과 같이 말했다. "어떤 면에서 광고가 과학의 수준에 도달한 시대가 왔다. 확고한 원리 원칙에 바탕을 두고 논리적인 정확성을 기하게 된 것이다. 이해할 수 있는 범위 내에서 원인과 결과도 분석한다. 절차를 정확하게 검증하고 수립하는 방법도 개발되었다. 이제 가장 효과적인 방식이 어떤 것인지 알고, 그 원칙에 따라 행동할 수 있게 되었다." "한때 도박으로 여겨졌던 광고가 이제 가장 안전한 벤처 사업의 하나로 자리잡았다. 높은 성과를 거둘 가능성에 비해 이토록 위험부담이 낮은 사업은 찾아보기 어려울 것이다."

80여 년의 세월이 흐른 현재까지도 그러한 원칙은 기업의 마케팅 부서 내에서 현저하게 나타나고 있다. 그밖에도 광고대행사의 어카운트 부문, 조사 부서, 광고주와 광고대행사가 자신들의 광고 개발과 평가에 도움을 받기 위해 협력하는 다수의 독립적인 조사기관도 마찬가지다.

'과학으로서의 광고'를 신봉하는 사람들은 자신들의 존재 이유가 광고대행사, 특히 크리에이티브 부서에 원칙, 예측 가능성, 책임성을 부과하는 것이라고 생각한다. 그들의 이력서는 매우 화려하다(MBA는 기본이고, 마케팅, 광고학, 통계학, 심리학 분야의 석박사 출신들이 즐비하다). 막강한 장비로 무장하고 95퍼센트의 신뢰도 수준으로 광고 반응 모델, 브랜드 인지와 효과 수치, 표준 자료와 상관성을 따지는 등의 방식이 광고의 모든 단계에 막대한 영향력을 발휘하게 된 것이다. 분명한 사례와 수치, 계획에 맞서서, 기발한 직감과 '믿어보세요'라는 문구를 들이대는 방식은 더 이상 설득력을 갖기 어려워졌다.

이후 광고에서 조사의 중요한 역할에 대해 언급하겠지만, 광고를 과학으로 간주하는 태도, 즉 전적으로 사실에 의존해서 만들고 측정하고, 심지어 예측할 수 있다는 생각은 매우 위험한 발상이다. 광고는 사람의 마음과 마찬가지로 본질적으로 과학적 분석을 배격한다. 한편 과학적 원칙을 지지하는 사람들은 '과학자'가 과학을 실험하듯이 오직 과학에 바탕을 둔 철학적 기반과 논의만을 전개함으로써, 앞서 말한 많은 '예술가'들과 마찬가지로 매우 잘못된 관점을 드러낸다.

과학적인 방법

내가 처음 물리 수업을 들었을 때, 베리 선생님은 '과학의 연구 방법'에 대해 많은 이야기를 해주었다. 같은 날, 화학을 담당하는 엑크로이드 선생님은 고약한 냄새가 나는 실험실에서 첫 수업을 진행했다. 그다음 한 주 동안은 생물을 담당하는 설 선생님이 초파리를 대상으로 과학이 어떤 것인지 보여주기도 했다.

세 선생님은 모두 과학의 정의에 대해서 같은 생각을 지닌 듯했다. 당시 나는 과학적 연구 방법에 대해 과학자는 사실을 매우 중요하게 생각하며 아주 객관적인 자료를 수집하고 분석한다고 생각했다. 감정은 과학적 연구에 아무런 영향을 줄 수 없는 것이었다. 과학자는 냉정하게 관찰하고 측정해서 결론을 내리며, 그 결론에서 규칙을 발견하는 사람들이었다. 그것은 예술을 가르치고 배우는 사람들의 생각이나 방법과는 확실히 달랐으며, 과학 선생님들은 예술에는 원리와 정확성, 법칙이 부족하다고 말했다. 우리는 "과학은 절대적이고 반박할 수 없는 사실들을 다룬다"라고 배웠다.

학교에서 배운 과학은 그것이 옳다는 믿음을 심어주었다. 물리학, 화학, 생물학에는 옳고 그름, 흑과 백만이 존재할 뿐 중간 지대가 존재한다는 어떤 증거도 찾을 수 없었다. 우리는 스스로 어떤 해석도 하지 못하면서 천편일률로 그 규칙을 머릿속에 담아야 했고, 문제를 정확히 해결하려면 아주 당연하다는 듯이 그러한 규칙들을 적용했다.

(이 시점에서 한 가지 고백할 것이 있다. 나는 지난 300년간 인류를 위해 많은 공헌을 해온 과학의 철학적인 면과 방법론을 비평할 자격이 없다. 나는 물리학, 화학, 생물학에서 일찌감치 손을 뗐으며, 따라서 지금부터 말하려는 나의 생각은 과학자들과는 반대 위치에 선 문외한의 관점임을 미리 밝혀둔다.)

과학의 연구 방법은 17세기에 뉴턴이나 데카르트 같은 이들이 세상이 어떻게 돌아가는지 다루었던 모델에 기초를 두고 있다. 즉 그들의 접근 방법은 물체와 물리적 체계 등의 연구 대상은 각 부분으로 분해하고 결합할 수 있다는 믿음에 기반을 두고 있다. 따라서 어떤 대상의 전체적인 기능을 이해하려면 그 대상을 나누어 각각의 전체에 대한 공헌과 작용을 이해해야만 한다고 가정한다. 이러한 개념은 '기계론적 모델'이라고 불리며, 마거릿 휘틀리Margaret Wheatley는 『리더십과 뉴 사이언스Leadership and the New Science』라는 훌륭한 저서에서 "물질주의와 환원주의의 특성을 지닌 것으로……사물을 구성하는 기본적인 벽돌 조각과도 같으며……관계보다는 사물 자체에 중점을 둔 것이다"라고 그 개념을 묘사했다.

이런 부류의 과학에서 모든 사물들은 제자리가 있다. 즉 모든 사물들은 제각각 떨어져 있으며, 법칙에 따라 모든 것이 이루어진다. 그 법칙을 알면 모든 것을 예측할 수 있다. 그것은 객관적이고 단순하며 질서정연하다. 또 각 구성 부분이 서로 대응하므로 통제하기도 쉽다. 결국 그와 같은 통제에 대한 환상을 지닌 뉴턴주의자들에게 우주는 매력적인 곳으로 보였고, 그들은 과학의 영역이 아닌 곳에서도 과학의 원칙을 적용하려 했다.

어떤 기업의 조직표를 보면 기업을 구성하는 각 요소들이 인원별, 부문별, 책임별, 문제점별로 나뉘어 수많은 선과 상자들이 가지를 뻗고 있다. 이 요소들을 세분화하면 할수록 전체를 더 잘 지배할 수 있다고 믿는 것처럼 보일 정도다. 그들은 기계를 구성하는 각 요소들의 경계를 나누듯 우리 삶의 모든 부분에 경계를 긋고 역할, 책임, 권한, 소유, 능력, 안전, 위험 등을 규정한다.

광고도 예외가 아니다. 광고 개발에도 과학적인 도구를 써서 광고 대행사를 각 '영역'으로 구분한다. 그리고 광고의 목표 대상인 소비자를 제품 사용자, 비사용자, 가끔 사용하는 사람, 많이 사용하는 사람, 믿는 사람, 믿지 않는 사람, 가구 소득 2만 5,000달러 이하, 2만 5,000달러에서 5만 5,000달러, 5만 달러 이상, 개척자, 초기 수용자, 초기 대중 시장, 타겟 대중 시장 등으로 구분해 잘 정돈된 구획 속에 집어넣는다. 광고 캠페인을 실행 단위별로 분석하고 각 실행 단위의 영향력, 인지도, 브랜드 연관성, 이해도와 설득력을 따진다. 배경 음악은 어떠한가? 그림은 어떠한가? 주인공은? 주인공 이외의 인물들은? 대사는? 성우의 목소리는? 끝맺는 말은? 한편 이러한 질문들을 던진 다음 각 요소에 대한 평가를 수치로 나타냄으로써 숫자가 큰 힘을 지니게 된다.

방송에 광고를 내보내기 전에 미리 그 반응을 조사함으로써 이제 광고는 초단위로 소비자의 시선을 끌기에 이르렀다. 광고가 흥미로우면 숫자판에서 높은 숫자를 누르고, 그렇지 않으면 낮은 숫자를 누른다. 이러한 방식으로 조사자들은 광고가 처음 10초 동안은 효과가 있고, 그 다음 5초는 좀더 손을 봐야 한다든지, 그 다음 10초는 시청자의 호감도가 매우 높고, 마지막 5초는 평균보다 매우 낮다는 결론을 내린다. 만약 광고의 66.66퍼센트 이상이 호감을 주거나 그 이상이면 크리에이티브 담당의 노력이 좋은 평가를 받을 수 있다. 반면 33.33퍼센트는 또 다른 식의 평가를 받을 것이다. 광고에서 이처럼 과학적 수단을 활용하여 예술, 영감, 본능, 직관, 마술, 또는 행운의 요소들은 측정하거나 예측할 수 없고 쉽게 반복할 수도 없다는 점에서 아예 간과하기 쉽다.

3장에서 상세히 다룰 위와 같은 조사법은 나무의 개수를 세는 데는 적절하지만 숲의 존재는 전혀 감지하지 못하는 방식이다. 조사자는 사람과 사람의 생각을 깔끔한 작은 상자 안에 담는 데만 열중할 뿐 그 둘 사이의 연관관계를 잊어버리고 있다. 또 소비자를 끌어들이기는커녕, 오히려 소비자에게 거리감을 느끼게 하거나 아예 소비자를 배제해버리는 결과를 낳는다.

1990년 런던 애드맵 광고 세미나ADMAP/campaign Seminar에서 발표된 영국 IPA의 연구 책임자 찰스 섀넌Charles Channon의 논문은 효과성과 효율성의 개념을 분명히 구분하는 것이 매우 중요하다고 밝히고 있다. 전자는 '올바른 일을 하는 것'으로 정의할 수 있으며, 후자는 '올바른 방식으로 일하는 것'을 뜻한다. 내가 보기에 광고계는 효과를 지나치게 강조하면서, 실제로 일할 때는 효율만 따지고 있다. 섀넌의 말을 빌리면 "의사결정이 어렵고 불확실성이 난무하는 현실을 그들의 업적이 명확하게 드러나는 지표로 손쉽게 전환하고, 그 지표에만 의존해 위험부담을 줄이려고 한다." 즉 올바르게 일할 생각은 하지 않고 그저 실수만 피하려 하는 것이다.

지나치게 효율만 따질 때 나타날 수 있는 폐해에 대해 알아보자.

1930년대 스탈린 체제하의 구소련에서는 산업 생산력을 증대시키기 위해 모든 공장에 생산 목표를 제시했다. 그 목표를 달성하지 못할 경우 가혹한 처벌을 받았는데, 감옥에 끌려가 목숨을 잃는 수도 있었다. 당시 못을 생산하던 한 공장은 하루 생산량의 두 배가 넘는 못을 생산하라는 매우 힘든 과제를 부여받았다. 그런데 목표 달성 조건이 못의 생산 개수가 아니라 무게를 기준으로 삼았다. 결국 이 공장은 수량은 적은 대신 무게가 더 나가는 큰 못을 생산함으로써 목표를 달성했다. 길이가 3미터나 되는 그 못은 아무짝에도 쓸모가 없었지만, 정부 측에서 제시한 생산 목표는 성공적으로 달성했다. 이 같은 사례는 효율적이기는 하지만 효과는 없는 경우이다.

로버트 M. 퍼시그Robert M. Pirsig는 『선Zen과 오토바이 정비 기술』이라는 책에서 다음과 같이 말했다. "전통적인 과학적 연구 방법은 아무리 좋게 보아도 때늦은 지혜일 뿐이다. 그것은 단지 지나온 과거를 보는 데만 유용하다." 과학 분야에서 위대한 발전을 이루어낸 사람들의 경력을 얼핏 보더라도 그들이 전통적 방법을 완전히 무시함으로써 새로운 발견을 이루어냈음을 알 수 있다.

예를 들어, 프랜시스 크릭Francis Crick과 함께 DNA의 구조를 발견하여 1962년에 노벨상을 받은 제임스 왓슨은 『이중 나선The Double Helix』이라는 저서에서 다음과 같이 말했다. "과학은 일반인들이 상상하는 것처럼 직선형이거나 논리적으로 전개되는 경우가 거의 없다. 과학의 발걸음은 대부분 개인적인 특성과 그가 속한 문화적 전통이 큰 비중을 차지하는 매우 인간적인 사건들로 이루어진다."

알버트 아인슈타인은 "위대한 과학자는 항상 위대한 예술가다"라고 말했다. 그리고 자신이 업적을 달성하는 데 있어 한정된 재능보다는 공상과 직관이 더 중요한 역할을 했다고 말했다.

핵물리학자 로버트 오펜하이머Robert Oppenheimer는 1954년 강의에서, 과학적 발견의 경계면에 과학과 예술이 만나는 지점이 있다고 말했다. "과학인과 예술인은 모두 신비의 가장자리에 살고 있으며, 또 그것에 둘러싸여 있다. 그들은 위대한 업적을 달성하기 위해 낯선 것과 낯익은 것을 조화시키고 부분과 전체 사이에서 균형을 잡으며, 총체적인 혼란 속에서 부분적인 질서를 창출하기 위해 노력하고 있다."

왓슨, 아인슈타인, 오펜하이머 외에도 위대한 업적을 달성한 수많은 과학자들은 자신들의 업적과 혁신을 매우 비과학적인 것으로 묘사했다. 왓슨의 '인간적인 사건', 아인슈타인의 '공상' 과 '직관', 오펜하이머의 '조화' 라는 용어가 많은 광고 조사 책임자들을 혼란스럽게 만들고 있다. 왜냐하면 그 용어들은 예측이 불가능하다는 의미를 함축하고 있는데, 광고업계에 종사하는 가짜 과학자들은 위대한 진보는 대부분 무질서 상태에서 이루어진다는 수많은 증거에도 불구하고 완전한 질서 상태를 선호하기 때문이다. 그들 역시 새로운 발견과 독창성을 좋아한다. 하지만 그것이 역사적인 선례에 따르고 규범과 기준을 충족시키며, 적당한 시기에 나타나고 아무도 놀라게 하지 않을 때만 그렇다. 지금까지 광고는 늘 그런 식이었다. 위대한 과학자들이 광고업자들처럼 일하지 않았다는 점에 대해 우리는 신에게 감사해야 할 것이다.

위대한 과학자들이 그들처럼 일했다면 아마 우리는 아직까지 동굴 속에서 살고 있을지도 모른다. 또 나는 동굴 벽에 숯으로 이 글을 쓰고 있을 것이다.

새로운 과학, 새로운 모델, 새로운 광고

나는 뉴턴주의자들의 모델과 그것의 기계론적 접근이 완전히 틀렸다고 주장하려는 것이 아니라 그것이 모든 것을 적절하게 설명할 수 없고, 부적절한 적용 사례들이 있다는 점을 말하려는 것이다.

20세기 초, 과학자들은 원자보다 낮은 차원의 세계를 탐구하기 시작하면서 뉴턴의 법칙으로 설명할 수 없는 신기한 사실들을 발견했고, 그것을 설명할 수 있는 '새로운 과학'이 필요하다고 생각했다. 그 후 등장한 양자역학 이론은 매우 복잡하고 무시무시한 것으로 여겨졌다(양자이론의 창시자 중 한 사람인 닐스 보어Niels Bohr는 "양자이론에 충격받지 않는 사람은 그것을 제대로 이해하지 못한 사람이다"라고 말했다). 양자역학과는 아무 상관이 없지만 광고 역시 마찬가지다.

양자이론이 탄생하던 시기의 상황은 오늘날 많은 광고인과 광고대행사들이 처한 상황과 똑같다. 수십 년간 광고 캠페인의 발전을 이끌어 온 모델과 방법론은 이제 더 이상 통하지 않게 되었다. 현대인들은 광고를 좋아하지도 않고, 신뢰하지도 않는다. 광고 조사는 목표 대상인 소비자의 사고방식과 행동을 설명하는데 필요한 연결고리를 찾아내지 못하고 있으며, 소비자를 변화시킬 만한 커뮤니케이션도 제대로 수행하지 못하고 있다. 소비자들은 광고 조사와 광고를 수동적으로 대하고 있으며, 소비자를 끌어들이려는 노력은 소비자를 참여시키기보다는 일방적인 메시지를 전달하는 데 그쳤다. 광고인들은 실험용 쥐를 해부하듯 아이디어들을 모두 해체해서 이해하려고 했다. 하지만 그것을 살아 숨쉬는 온전한 생명체로 되살리지는 못했다

광고의 새로운 모델은 소비자는 선천적으로 복잡하고 감성적이고

예측 불가능한 존재이며, 다른 사람과의 관계, 그들의 주변을 둘러싼 것들(브랜드, 제품 광고를 포함)과의 관계가 광고 자체보다 더 중요하다는 인식에 바탕을 두어야 한다. 철학과 방법론적인 변화가 필요한 것은 바로 그 때문이다.

마거릿 휘틀리는 『리더십과 뉴 사이언스』에서 '새로운 과학'에 대해 다음과 같이 말했다.

> 겉으로 보기에 별개인 부분들 간에 존재하는 관계에 중요한 가치를 부여하는 전체론적 흐름이 대세가 되어가고 있다. 시스템 연구가인 도넬라 미도우스는 이러한 초점의 전환을 포착하고 있는 수피교의 가르침을 다음과 같이 인용한다. "당신은 1을 이해하고 있으므로 2도 이해할 수 있을 거라고 생각한다. 1 더하기 1은 2가 되니까 말이다. 하지만 그러기 위해서는 먼저 '더하기'를 이해해야 한다." 이러한 관점에서 시스템을 볼 때, 우리는 전적으로 새로운 세계로 들어가게 된다. 그것은 연결의 세계이고 단순히 원인과 결과로 환원될 수 없는 현상의 세계이며, 끊임없이 변화하는 역동적 과정의 세계이다.

과학자들이 양자이론을 구체적으로 어떻게 적용하는지에 관한 과학적 논의는 접어두고, 이 책이 바탕을 두고 있는 광고에 관한 철학과 그 실천 방안이 서로 어떻게 존립하는지에 대해 중점을 두고자 한다.

만약 양자이론을 광고에 적용할 수 있다면, 광고 메시지의 목표 대상인 수용자들이 광고에서 보여주고 말하는 것에 직접 반응하기보다는 그외의 다른 많은 요소들에 영향받는다는 점을 깨닫게 될 것이다. 즉 그들이 어떤 장소에 있고, 누구와 함께 있으며, 그때 기분이 어땠는지 따위의 '관계' 요소들이 광고 메시지를 받아들이고 해석하는 개인에게 영향을 준다는 것이다.

개인이 처한 환경은 광고 커뮤니케이션뿐만 아니라 조사를 실시할 때도 고려해야 할 중요한 요소다. 양자물리학자들은 환경이 조사 결과에 영향을 준다는 점과 실험을 실시할 당시의 단순한 행동조차도 상황에 영향을 미친다는 점을 증명했다. 광고에서 순수하게 객관적인 조사란 있을 수 없다. 이 책의 나머지 부분에서 더 많은 지면을 할애하여 논의하겠지만, 광고업자들이 가장 객관적이라고 생각하는 계량적이고 원칙적이며 반복 가능한 접근법의 조사가 실제로는 진실에 가까이 다가가기보다는 오히려 진실에서 더 멀어지는 반응을 이끌어낸다는 점을 깨닫는다면 의외일까? 한편 주관적이고 신뢰성도 낮으며 계획하기도 까다로운 정성조사를 적절한 환경에서 적절한 방법으로 실행할 경우, 진실에 가까운 반응을 이끌어낸다면 어떨까?

엄청난 혼돈의 상황에서 종종 최선의 해결책이 나오기도 한다. 많은 광고대행사들은 새로운 사업을 시작하는 상황에서 극도의 시간 제약과 압박감에 시달리고, 논리적이고 순차적으로 일을 진행할 여유가 없을 때 기존의 체계를 벗어나 효과직으로 일올 진행함으로써 최선의 결과를 얻어낸 경험이 있을 것이다. 서로 다른 원칙을 지닌 사람들과 일하면서 충돌하고, 에너지를 창출하고, 또 그에 따라 새로운 아이디어를 떠올릴 수도 있다.

좋은 광고는 가능한 한 다양한 시점을 보여주어야 하고, 광고 캠페인은 전체가 부분들의 합보다 더 크다는 점 등의 논리는 양자이론과 부합한다. 사람들은 활자, 사진, 로고, 슬로건, 카피나 헤드라인에 시선을 주지 않는다. 그들은 다만 광고를 볼 뿐이다. 이러한 사실은 많은 광고주들이 엄청난 에너지를 쏟아붓고 있는 위험과 불확실성이 실제로 긍정적 요소일 수도 있다는 것을 뜻한다. 1997년 7월, 『롤링 스톤Rolling Stone』지에 음반 사업에 관한 글을 기고한 크리스 히스Chris Heath는 "차이를 만들어내는 것은 한참을 고민해서 내놓은 계획이라기보다는 우연한 사건을 얼마나 잘 활용하는가에 달려 있다"라고 말했다. 광고도 이와 다르지 않다.

광고 캠페인을 만들기 위해 모인 사람들, 경쟁사에 대한 판단, 브랜드와 광고가 소비자와 관계를 맺는 환경 등은 모두 우연히 결정될 가능성이 크다. 기회는 한 번뿐이며, 우연을 두려워할 필요는 없다. 우연을 인정하고 어떤 문제에 대해 폭넓은 시각을 지님으로써 전혀 예상하지 못했던 해결책을 찾아낼 수도 있다.

이 책을 집필하면서 나는 이러한 모든 사항들을 탐구했고, 지금까지 광고에서 논의해온 인간성, 유연성 그리고 관계의 측면을 바라보는 새로운 시각을 전달하려고 애썼다. 때로는 새로운 과학적 사고와 연관지어 설명하기도 하겠지만, 요점을 장황하게 늘어놓고 싶지는 않다. 이 장에서 거론한 많은 주제들은 앞으로도 계속 반복될 것이다.

'생계를 위해 일자리를 찾고 있어요'

새로운 광고 모델의 원칙과 방법론이 기존의 방식과 달라서 광고주와 광고대행사들은 조금 불편하게 느낄지도 모른다. 하지만 양자역학을 연구하는 학자들조차도 자신들의 연구 분야가 때로는 무시무시하다고 느낀다. 광고의 문제를 풀어가는 과정은 결코 쉽지 않지만 그 해결책 자체는 종종 매우 단순하다. 그리고 이것은 계속 반복되는 주제이다.

한때 조지 오웰George Orwell은 광고란 "구정물통 안에서 막대기가 덜거덕거리는 것"으로 정의했었다. 그리고 나는 내 관찰과 사례 모두에서 그러한 수준의 복잡성을 유지하려고 노력해왔다. 광고는 커뮤니케이션의 단순한 형태일 뿐, 그 이상도 그 이하도 아니다. 1장을 마무리하면서 (광고와는 다른) 실제 세상의 예를 통해 그 점을 설명해보도록 하겠다.

샌프란시스코 만 지역에 사는 내가 가장 흔히 접하는 커뮤니케이션 사례는, 행인들의 시선을 끄는 노숙자들의 팻말이다. 그 중 유난히 자주 눈에 띄는 것이 '생계를 위해 일자리를 찾고 있어요Will Work for Food' 라는 문구가 있는 팻말이다. 여러분이 어디에 살고 있든지 간에 그런 문구가 적힌 팻말을 본 적이 있을 것이다. 그리고 이제는 거의 주목을 끌지 않을 만큼 널리 쓰이고 있지만 나는 그것이 매우 강력한 커뮤니케이션 방법이라고 생각한다.

'생계를 위해 일자리를 찾고 있어요' 는 여러 가지 차원의 의미들을 전달한다. 그것은 행인들이 그 팻말을 들고 있는 노숙자가 집이 없다는 것을 알고 있다는 가정에서 시작한다. 그것은 행인들이 어느 정도의 지적 능력을 갖고 있다고 간주한다. 그리고 나서 그것은 노숙자들이 일할 마음이 없어서 거리에서 구걸하는 게으르고 무책임한 사람들이라는 일반적인 편견에 정면으로 맞선다. '생계를 위해 일자리를 찾고 있어요' 는 '이봐, 난 그저 동냥을 원하는 게 아니야. 이런 곤란한 상황에서 벗어나기 위해 기꺼이 일할 용의가 있어' 라고 말하고 있다. 이런 곤란한 상황의 본질은 단지 집이 없는 것만이 아니다. 그것은 배고픔에 관한 것이기도 하다. 즉, 이것이 노숙자들이 거리를 지나가는 사람들에게 도움을 청하는 이유이다. 그들은 배가 고픈데 먹을 것을 살 여유가 없다. 생계에 대한 언급은 또 다른 편견에 대응을 하는 것이다. 그것은 흔히 노숙자에게 돈을 주면 술이나 담배, 혹은 마약을 하는 데 돈을 써버릴 거라는 점이다. 그 짧은 문구 속에 이토록 많은 의미가 함축되어 있다는 것은 무척이나 놀라운 사실이다. 이는 다른 사람에게 무언가 영향을 주려고 고심할 때, 어떤 핵심을 건드려야 하는지를 보여주는 훌륭한 예라고 할 수 있다.

그러면 광고계의 뉴턴주의 학파에 속한 광고 작가에게는 노숙자들의 팻말이 어떻게 보일지 상상해보자. 뉴턴주의 학파에서는 창의성이란 상품 판매라는 실질적인 작업에 산만함을 초래하는 불필요한 요인이고, 광고는 단지 다른 사람들이 자신이 의도한 대로 생각하도록 만드는 수단에 불과할 뿐이다.

나는 노숙자예요. 돈이 필요해요.

과학자라면 좋은 출발을 한 셈이다. 노숙자들이 자신들의 문제와 욕구를 분명히 전달하고, 행인에게 바라는 것이 무엇인지 명확하게 밝히고 있기 때문이다. 그런데 뉴턴주의자인 조사 감독관에게는 이 같은 문구가 구체적으로 보이지 않을 수 있다. 길을 가다가 이런 내용의 팻말을 본 행인들은 노숙자들의 딱한 사정을 마음으로 동정할 수는 있지만, 그들이 자신들에게 바라는 것이 무엇인지는 명확하게 알지 못한다. 이때 커뮤니케이션이 중점을 두어야 할 단어 하나만 추가하면 문제는 쉽게 해결된다.

　　나는 노숙자예요. 당신의 돈이 필요해요.

　　그런데 이 문구 역시 여전히 무언가가 부족하다. 커뮤니케이션은 명확하지만 설득력은 매우 낮다. 행인들로 하여금 지갑에서 돈을 꺼내게 하려면 어떻게 해야 할까? 좀더 절박한 느낌이 들게 하려면 어떻게 해야 할까? 이런 경우에는 다른 단어를 덧붙이는 것이 좋다.

　　나는 노숙자예요. 지금 당신의 돈이 필요해요.

　　이제 행인들은 노숙자가 처한 상황이나 그가 바라는 것이 무엇인지 확실히 알 수 있다. 하지만 이 문구는 단순히 노숙자의 요구로만 느껴질 뿐, 행인이 어떤 보상을 받을 수 있다는 내용이 들어 있지 않다. 그리고 노숙자가 행인에게 돈을 구걸해 술이나 담배 혹은 값싼 코카인을 구입할지 모른다는 의혹도 생긴다. 그럴 바에야 차라리 이 같은 편견을 없앨 수 있도록 좀더 예술적인 방식으로 접근해보면 어떨까?

　　비흡연자. 술 끊었음. 주사 바늘은 보기만 해도 기질한답니다.

　　대단히 매력적인 이 문구는 팻말을 들고 있는 노숙자의 개성을 잘 드러내준다. 하지만 노숙자들이 노동 대신 '구걸'을 한다는 인식을 완전히 떨쳐내지는 못한다. 한편, 이 문구에서는 다소 판단하기 어려운 문제도 발생한다. 즉 술, 담배, 마약에 관해서 직접 말해버리면 오히려 그 문구를 보는 행인들이 부정적인 것을 떠올림으로써 노숙자들에 대해 동정하기를 꺼릴 수 있기 때문이다. 따라서 다음과 같이 보다 직접적이고 확실한 접근이 필요하다.

그냥 돈 좀 줘요!

위에서 예로 든 문구들은 저마다 하나의 해결책이 될 수 있지만, '생계를 위해 일자리를 찾고 있어요'처럼 다차원적인 의미를 전달하는 문구는 찾아보기 어려울 듯싶다. 그런데 '생계를 위해 일자리를 찾고 있어요'라는 말이 가장 효과적인 커뮤니케이션인 것은 틀림없지만, 요즘 들어 그 문구를 사용하는 노숙자들이 너무 많아서 그 의미가 지닌 영향력이 크게 줄어들었다. 즉 해결책은 분명한데 다른 경쟁자가 이미 그 방식을 쓰고 있다는 것이 오늘날 많은 광고주들이 겪고 있는 고충이다(이 점에 대해서는 4, 5장에서 크리에이티브 아이디어를 촉진하는 조사 연구, 전략적 사고와 창조적 사고 간에 연결고리를 제공하는 크리에이티브 브리프에 대해 논하면서 다시 다룰 것이다). 실행 자체는 경쟁 제품들 간의 차이를 정의할 필요가 있다.

내가 샌프란시스코 거리에서 본 노숙자들의 팻말 중에서 유난히 눈에 띄는 것들이 있었는데, 그 팻말들은 하워드 고시지의 광고 방식을 따르고 있었다. 즉 행인들의 긴장을 풀어주는 유머를 활용하여 재미를 제공함으로써 거리 분위기도 좋게 만들고 팻말의 문구도 한층 돋보이게 한 것이다. 팻말에 쓰여진 문구는 그곳을 지나가는 사람들이 어느 정도의 지적 수준과 이해력을 갖추고 있다는 점을 고려한 내용이었다. 또 행인들이 팻말을 들고 있는 사람들이 노숙자라는 것을 알고 있으며,

그들이 바라는 것이 무엇인지도 알고 있다고 가정하고 있다. 거리의 노숙자들은 자신들의 목적을 달성하기 위해 모종의 역심리를 이용한 것이다. 팻말에는 다음과 같은 문구가 적혀 있었다.

내가 왜 거짓말을 하겠소? 맥주가 마시고 싶소.

나는 이 문구를 보면서 참 재미있다고 생각했다. 하지만 운전 중이라서 도중에 내릴 수가 없었다. 결국 그 노숙자는 광고 장소를 잘못 선택했던 셈이다. 그로부터 일주일 뒤 나는 다른 장소에서 다른 내용의 팻말을 들고 있는 또 한 명의 노숙자에게 눈길이 갔다. 그 노숙자의 행색은 주변의 다른 노숙자들과 별로 차이가 없었다. 요즘 들어 악기를 연주하거나 고양이나 개를 데리고 눈길을 끌어보려는 노숙자들이 많지만, 그는 그냥 거리 한쪽에서 조용히 팻말을 들고 서 있었다. 두꺼운 골판지로 만든 그 팻말에는 다음과 같은 독특한 문구가 쓰여 있었다.

리어 젯(자가용 비행기)의 연료가 부족함.

내가 이 문구에 눈길이 쏠린 까닭은 정확히 알 수 없다. 사람의 마음이란 가끔씩 이성적으로 설명할 수 없는 경우도 있게 마련이니까. 내가 그 팻말을 보며 미소짓는 순간, 그 노숙자와 나는 관계를 맺게 되었다. 그리고 나는 상황을 되돌릴 수가 없었다.

결국 나는 그 노숙자에게 5달러를 건내며 안전 비행을 기원했다.

조용한 파트너

어카운트 플래닝과 새로운 소비자 동맹

최고의 해결책은 오직 사물의 본질에 기초한 합리적 분석과
비선형적 두뇌력을 이용한 모든 다양한 요소들의 새로운 유형으로의 상상력 넘치는 재통합,
이 양자의 결합으로부터 나온다.

_오마에 겐이치, 『 전략가의 마인드』 중에서

캘리번 죽이기

1954년 10월의 아침, 영국의 저명한 정치가 에셔Esher 경은 어제 저녁에 보았던 소름끼치는 사건에 분통을 터뜨리면서 "전례 없는 천박한 야단법석"이라며 불쾌해했다. 그의 동료 정치가인 헤일섬 상원의원도 그 말에 동감을 표시했다. 곧 두 사람은 "진흙투성이 동굴 속에서 뛰쳐나온 캘리번(셰익스피어의 희곡 「폭풍우」에 등장하는 야만족)"의 망령을 본 것 같다고 입을 모았다. 한편, 저명한 작가인 P. G. 우드하우스P. G. Wodehouse는 "인류에게 고통을 주는 과학에 의해 초래된 가장 불결하고 소름끼치고 역겨운 악몽"이었다고 말했다.

이 종말론적인 사건을 목격한 이들은 위의 세 사람뿐만 아니라 푹신한 소파에 앉아 TV를 본 수많은 영국인들도 있었다. 도대체 어떤 사건이었기에 그러는 걸까?

1954년 10월 16일, 영국 최초의 상업 방송국이 문을 열었다. 사람들이 경악한 대상이었고, 신문 지면을 가득 채웠으며, 정치가들의 주요 토론 주제가 된 '캘리번'은 다름아닌 영국 대중에게 처음 선보인 TV 광고였다.

그로부터 영국인이 광고에 관대해지기까지는 수년의 세월이 걸렸다. 상업 방송국인 ITV는 고상한 BBC와 비교할 때 저급한 것으로 여겨졌다. ITV 측이 광고보다 영국의 계급제도와 사람들의 인식을 바꾸는 데 주력했지만, 영국인들은 무언가를 판매한다는 사실 자체에 본능적인 반감을 드러냈다. 오늘날까지도 영국인들 중에는 세일즈맨에게 문을 열어주느니 차라리 자기 눈을 바늘로 찌르겠다고 말하는 사람이 있을 정도다. 판매업은 수줍음을 많이 타는 영국인의 감성에는 '아주 좋지 않은 것'으로 생각되었고, 그래서 방문 판매업은 아주 저급한 직업으로 인식되고 있다. 결과적으로, 초대장도 없이 남의 집 문턱을 넘어들어가 거실까지 침범한 대중 광고는 뛰어넘기 어려운 장애물을 만난 셈이었다.

처음에는 어려운 점들이 많았지만, 아무든 광고는 영국에서 그 나름의 지위를 얻는데 성공한 것 같다. 수년에 걸쳐 조사한 자료를 살펴보면, 광고에 대한 영국인들의 반감과 의심이 많이 줄어들었으며, 인기 TV 쇼나 영화처럼 대중문화와 맥을 같이하는 수준에 이르렀음을 알 수 있다. 영국의 광고업자들은 TV 쇼나 영화를 패러디하는 단계를 뛰어넘어 다른 광고를 패러디할 정도다. 그리고 시청자들이 그 같은 농담을 즐길 만큼 일정 수준의 지식을 갖추었다는 사실을 당연하게 받아들이고 있다.

대다수의 미국인들은 영국의 극장에서 영화가 시작되기 10분에서 15분 전에 좌석이 꽉 찬다는 사실을 알면 충격을 받을 것이다. 그건 영국인들의 시간 관념이 철저해서가 아니라, 관객들이 다음 영화의 예고편이나 광고를 보고 싶어하기 때문이다. 이제 영국에서는 더 이상 광고를 소극적으로 활용하지 않으며, 많은 사람들이 광고를 찾고 즐기게 되었다. 만일 극장에서 돈을 내고 광고를 봐야 한다면, 영국인들은 틀림없이 그렇게 할 것이다.

광고에 대한 영국인들이 시각이 이처럼 변하게 된 이유가 뭘까?

이상하게 들릴지 모르겠지만, 그것은 바로 빌 번벅Bill Bernbach 때문이었다. 1950년대와 60년대에 그가 미국에서 촉발시킨 크리에이티브 혁명은 광고가 성공하기 위해서는 제품의 메시지를 전달해야 한다는 낡은 고정관념에 도전했다. 그러한 단순한 목표는 대개 제품 설명을 쭉 늘어놓거나 하나하나 비교하거나 많은 비용을 들여서 사람들이 잊지 않도록 메시지를 반복하는 것만으로도 완수될 수 있다.

하지만 빌 번벅은 전형적이고 케케묵은 기존 방식을 버리고 보다 인간적인 접근법을 취했다. 번벅은 "제품에서 단순한 스토리를 찾아내어 분명하고 설득적인 방법으로 전달하라"고 말했다. 그렇게 함으로써 그가 만든 광고 캠페인은 시청자를 수동적인 주체가 아닌 적극적이고 자발적인 참여자로서 커뮤니케이션에 끌어들이는 데 성공했다. 번벅에게 있어 광고는 제품이나 브랜드의 메시지를 전달하는 수단 이상의 것으로, 어떤 면에서 그 자체가 하나의 메시지였다. 그는 광고를 통해 사람들의 관심을 끄는 것 이상을 하고자 했다. 그는 광고가 전략적인 아이디어와 마찬가지로 브랜드와 소비자의 관계를 구축하는 데 도움을 줄 수 있다고 믿었다.

번벅의 독창적인 광고관은 광고 업계에 있는 많은 사람들의 반발을 샀고, 많은 광고주들로부터 외면을 받았다. 그 이유는 번벅의 방식이 자신들의 광고 모델을 따르지 않았기 때문이다. 번벅이 '아이디어의 힘'에 관해 이야기했던 반면, 업계의 많은 사람들은 제품 메시지의 전달, 브랜딩, 설득의 측면에 집착하였고, 전체로서 광고의 강점을 고려하기보다는 각각의 요소들로 세분화하여 평가하는 방식을 선호했다. 일부 사람들은 심지어 DDB의 유명한 폴크스바겐 광고, 알카 셀처Alka-Seltzer 광고, 그리고 다른 광고들마저도 자신들의 기준에 맞지 않는다는 이유로 '실패작'으로 규정하기도 했다. 그들은 그러한 광고들이 높은 점수를 받았을 항목들은 거의 고려하지 않았다.

그럼에도 불구하고, 번벅은 오늘날 미국에서 최고 수준의 광고를 만들고 있는 많은 개인들과 광고대행사들에게 강한 영감을 불어넣었다. DDB의 위대한 광고 캠페인은 1950년대와 60년대에 전 세계를 휩쓸었고, 영국에서는 수 많은 창의적인 인재들이 번벅의 작품에 자극받아 광고업계에 뛰어들어 미국에서 성공을 거두었던 동일한 접근방식을 적용했다.

그들이 번벅의 성공으로부터 배운 교훈은 단순함, 정직함, 스타일, 지성, 유머, 존경, 소비자 참여에 관한 것이었다. (1960년대 중반 이전에 만들어진 영국의 광고들은 그런 점들이 결핍되어 있었는데, 이는 광고업계와 광고물에 대한 대중들의 혐오를 부추겨왔다.) 그리고 영국에서의 이러한 크리에이티브 운동의 최전선에서, 크리에이티브는 이상과 전문 지식을 완벽히 조화시키는 새로운 전략discipline과 결합되었다.

이 전략이 바로 어카운트 플래닝account planning으로 알려지게 되었다.

제사장

1984년 봄, 내가 런던의 광고대행사인 BMP를 처음 방문한 것은 크리에이티브와 플래닝 혁명이 시작된 지 20년이 지난 뒤였다. 당시 나는 노팅엄Nottingham 대학에 다니는 학생 신분이었는데, 가을쯤에 일을 시작할 작정으로 먼저 광고대행사에서 일자리를 구하던 중이었다. BMP의 어카운트 매니지먼트 트레이닝 프로그램Account Management Training Programm에 지원한 나는 BMP 그룹의 어카운트 디렉터인 마이클 호크니Michael Hockney와 면담을 했다. 그때 우리 두 사람은 광고 이야기는 조금밖에 하지 않고, 놀랍게도 우리의 공동 관심사였던 고지도antique map 이야기로 면담 시간의 대부분을 채웠다. 더욱 혼란스러웠던 것은, 면담이 끝날 즈음 마이클이 내게 어카운트 플래닝 일을 해보지 않겠느냐고 제안했다는 점이다(그 제안은 나의 지도 제작 자격증이나 메르카토르 투영법에 대한 지식과는 아무 관련이 없었다. 그것은 순전히 내 이력서에 적힌 경험과 관심사를 보고 내린 판단에 의한 것이었다).

그때 나는 그의 제안에 대답할 수 있을 정도로 어카운트 플래닝에 대한 충분한 지식을 갖고 있지 못하다고 대답했다. 나는 채용 관련 자료에서 1968년 BMP 사를 설립하면서, 어카운트 플래닝 분야를 선도했고 그것은 독특한 체계와 운영 방식을 갖고 있다는 내용을 본 적이 있었다. 하지만 나는 광고대행사에서 플래너가 소비자의 의견을 반영하는 수많은 조사를 실시한다는 사실 외에는 그것에 대해 거의 무지했다.

마이클에게 말하지는 않았지만, 나는 직무 기술서 첫 단락의 마지막 부분에서 '조사'라는 단어를 읽는 순간 플래너에 대한 흥미를 잃어버리고 말았다. 사실 그 단어는 대학 연구실에서 일하는 조사원들의 모습을 떠올리게 만들었다. 그러한 사람들은 현실 세계에서의 생존을 위해 필요한 사교적 능력이나 학계에서 성공을 위해 요구되는 지적 능력 모두 부족해 보였다. 비록 순간적이기는 하지만, 나는 서류철을 들고 어깨 위에 휴대용 펜 꽂이를 걸친 내 모습을 그려보았다. 그것은 결코 향후 나의 인생에 있어 기대하는 모습이 아니었다.

마이클은 내게 BMP의 플래닝 디렉터 한 명을 만나보는 게 좋겠다고 제안했다. 그로부터 몇 분 뒤, 나는 크리스 쿠프Chris Cowpe와 마주앉게 되었다. 그는 대단히 매력적이고 재능 있는 사람으로, 얼마 뒤 BMP 사의 플래닝 부서 책임자가 되었고, 지금은 경영이사를 맡고 있다. 크리스 쿠프는 자욱한 담배 연기를 계속 내뿜으며 내 질문에 일일이 대답해 주었다.

크리스 크푸는 BMP 사의 설립자 중 한 명이자 어카운트 플래닝의 '아버지'로 알려진 스탠리 폴리트Stanley Pollitt에 대한 이야기를 들려주었다. 스탠리 폴리트는 아주 독특한 인물이었다. 그는 대단히 지적인 케임브리지 대학의 졸업생이면서, 대학시절 권투선수로 활동했다. 광고업계에 뛰어든 뒤에도 그는 권투 습관을 버리지 못했다고 한다. BMP에서 스탠리 폴리트의 스파링 파트너는 효과적인 광고에 장애물이 된다고 여겨지는 광고주와 조사 방법론이었다. 그는 결코 논쟁에서 물러서는 법이 없었다. 그는 점심 식사를 마친 뒤 한 손에는 와인잔을, 다른 한 손에는 길게 타들어간 담배를 쥔 채 재떨이를 찾곤 했다고 한다. 전해 오는 이야기에 따르면, 그의 동료인 마틴 보우스Martin Boase는 광고주와 회의를 할 때면 폴리트가 지나치게 논쟁적으로 나올까 봐, 그가 회의에 참석하지 못하게 그의 방에 가둬놓은 적도 있었다고 한다.

몇 년 전 스탠리 폴리트가 치명적인 심장발작으로 갑작스레 세상을 떠났을 때, 크리스 쿠프는 그를 잃은 충격에서 한동안 벗어나지 못했다. 스탠리 폴리트는 단순한 설립자나 플래닝 디렉터가 아니라, 리오 버넷Leo Burnett이나 빌 번벅Bill Bernbach처럼 BMP 내에서 정신적인 지도자로 추앙받는 존재였다. BMP에서 근무하면서 나는 그 점을 분명히 느낄 수 있었다. 그리고 누가 BMP의 플래닝 디렉터가 되든지 간에 스탠리 폴리트의 제단에 경의를 표하도록 우리 모두를 독려하는 제사장의 역할을 해야 한다는 생각이 들었다.

"그래서 어카운트 플래닝이 정확히 무엇입니까?" 던힐 담배 연기 장막을 뚫고 내가 물었다.

크리스 쿠프는 "어카운트 플래닝은 소비자를 광고 개발 과정에 끌어들이는 전략"이라고 말했다. 그리고는 잠시 뒤 이렇게 덧붙였다. "광고 효과를 거두려면 차별성과 적실성이 있어야relevant 하는데, 플래닝은 그 두 가지 모두를 돕는 것이지."

나는 그 말을 듣고 깜짝 놀랐다. '적실성'이 어떻게 적용되는지는 이해할 수 있었지만, 광고를 차별성 있게 만드는 것은 전적으로 크리에이티브 부서의 역할이 아닐까 하는 생각이 들었다. 크리스도 그 점을 인정했다. 하지만 그는 크리에이티브 부서들이 일하는데 필요한 통찰을 제공하기 위해 자료와 소비자를 조사하는 것이 바로 플래너의 역할이라고 지적했다. 그는 덧붙여 말하길, 플래너는 미완의 크리에이티브 아이디어에 대한 조사를 할 때(광고대행사에서 만드는 모든 TV 광고물은 콘티 형태로 만들어져 여러 사람으로부터 사전 테스트를 받는다), 그 아이디어를 개선할 방법을 찾아내야 하고, 그렇게 해서 광고를 훨씬 더 차별성 있게 만들 책임이 있다고 했다.

그는 또 플래너는 광고주 브랜드의 건축가이자 파수꾼이고, 수많은 자료 속에서 단서를 찾아내고 소비자들의 속마음을 알아내는 탐정이며, 전략적 비전의 통일성integrity을 위해 싸우는 전사와도 같다고 했다. 플래너들은 방대한 양의 자료들을 분석하고 종합하기 위한 논리적이고 분석적인 기술과 그것들을 흥미롭고 혁신적인 방식으로 해석하기 위한 수평적이고 직관적인 기술을 갖춰야 한다. 전통적인 광고대행사의 조사 담당자들이 반응적이고, 조사 결과에 의해 제약받는 데 반해, 플래너는 본래 주도적이고 상상력이 풍부하며 광고 개발 과정의 모든 단계마다 조사를 통해 얻은 아이디어를 제공한다.

크리스 쿠프의 설명대로라면, 어카운트 플래닝은 상상한 것보다 훨씬 흥미롭게 느껴졌다. 하지만 여전히 플래너가 평소에 하는 일이 무엇인지에 대해 의문이 남아 있었다.

크리스 쿠프는 조사 대상 소비자들과의 관계를 개발하기 위해 플래너가 수행하는 대면 조사에 대한 설명부터 시작했다. 플래너는 그룹 인터뷰이나 일대일 심층 인터뷰를 통해 타겟 소비자들과 만나고 그들과 제품이나 광고에 관한 이야기를 한다. 그리고 거기서 알아낸 사실을 토대로 크리에이티브 팀을 위한 간략한 보고서를 작성하거나 광고주에게 광고 이외의 사안에 관한 정보를 제공한다.

광고 이외의 사안이라고? 플래너는 닐슨 마케팅 조사 회사의 보고서나 영업 실적에 관한 수치들을 분석하는 데 많은 시간을 투자한다. 그러한 작업을 통해 그들은 특정 소매 점포가 겪고 있는 유통의 문제점을 알아내거나 경쟁적인 가격 인하가 특정 브랜드의 판매율에 미치는 영향을 파악한다. 실제로 광고주들 가운데 자신의 조사 부서를 갖고 있는 곳은 거의 없었다. 결과적으로, BMP의 플래너들은 광고주를 위해 모든 조사 업무를 도맡았으며, 광고와 관련된 문제뿐만 아니라 일반적인 마케팅 사항까지도 다루었다. 여러 가지 측면에서 볼 때, 플래너는 광고대행사 직원이라기보다는 광고주의 기업에 소속된 마케팅 부서와 같았다. 하지만 항상 그랬던 것은 아니다. 20년 전만 해도 광고대행사 내에는 수준 높은 조사 전문인력이 많이 부족했다. 그런데 오늘날 미국에서의 상황은 크리스 쿠프가 설명한 것이나 내가 BMP에서 경험한 것과는 많이 달라졌다. 대부분의 플래닝 대행사들이 광고와 무관한 사안에 직접적으로 관여할 기회는 거의 없거나 크게 줄어들었다.

크리스 쿠프는 매우 지적이고 매력적이었으며, 그가 설명한 플래닝 업무의 일부는 무척 흥미롭게 느껴졌다. 그렇지만 나는 여전히 서류철과 휴대용 펜 꽂이의 이미지를 머릿속에서 떨쳐낼 수가 없었다. 그날 밤 나는 마이클 호크니에게 편지를 썼다. 크리스 쿠프와의 만남을 주선해줘서 감사하다는 말과 함께, 플래닝은 내게 맞지 않는 것 같다는 내용을 최대한 정중하게 전했다. 나는 솔직히 광고대행사에서 가장 하기 싫은 일이 플래닝 업무라고 확신했는데, 이는 미래를 예측하는 데 내가 얼마나 능숙한지를 보여주고 있다.

눈엣가시 같은 존재

1979년 스탠리 폴리트는 광고 잡지 『캠페인Campaign』에서 「나는 어떻게 광고대행사에서 어카운트 플래닝을 시작하였는가」라는 제목의 글을 썼다. (영국에서 누가 최초로 어카운트 플래닝을 실시했는지에 대해서는 아직도 이견이 많다. 연도상으로 따져볼 때, 1965년 스탠리 폴리트가 광고대행사인 프리차드 우드 파트너스Pritchard Wood Partners에서 그러한 아이디어를 실험해보았던 것으로 보인다. 그 후 그는 회사를 나와 마틴 보우스Martin Boase, 게이브 마시미Gabe Massimi, 존 웹스터John Webster 등과 함께 BMP 사를 설립했다. 어카운트 플래닝이라는 용어는 스티븐 킹이 1968년 제이 월터 톰슨 사의 런던 사무소에 근무하면서 만들었고, 이후 BMP 사를 설립한 뒤 스탠리 폴리트가 그 용어를 빌려왔다.)

스탠리 폴리트는 『캠페인』지에 기고한 글의 서두에서 최근에 '어카운트 플래닝'과 '어카운트 플래너'가 광고대행사의 전문 용어로 자리잡고 있다고 언급하였다. "현재 이 용어를 사용하는 광고대행사가 대략 10곳 정도 된다. 심지어 '어카운트 플래닝 그룹'이라는 신종 이익단체까지 생겨났을 정도다. 하지만 불행하게도 이 용어가 의미하는 바에 대해 상당한 혼란이 있으며, 이는 이 주제에 대한 논의를 절망적으로 만들고 있다."

오늘날 미국에서 어카운트 플래닝과 관련된 일을 하는 사람이라면 이와 같은 상황이 몸서리칠만큼 익숙하게 느껴질 것이다. 만약 스탠리 폴리트가 오늘날에도 살아 있다면 그 누구 못지 않게 절망했을 것이다. 1979년 당시 영국에서의 이 개념을 둘러싼 혼란을 일부나마 없애기 위해 자신이 이 새로운 전략discipline을 만들어낸 근본적인 이유와, 플래너가 광고 개발 과정에서 해야 할 역할에 대한 비전을 제시한 바 있다. 그와 같은 논의는 오늘날 미국의 광고업계에도 여전히 적절하다. 왜냐하면 최근 미국에서 플래닝 부서를 설립한 많은 광고대행사들이 본래 취지와는 다른 이유로 어카운트 플래닝 부서를 만들고 있기 때문이다.

이러한 점은 플래너의 작업 방식과 그들이 광고의 결과물에 영향을 미칠 수 있는 능력의 정도에 큰 차이를 가져온다.

스탠리 폴리트나 스티븐 킹이 어카운트 플래닝이라는 새로운 전략을 만들게 된 원래 동기는 매우 특정한 문제에 대응하기 위한 것이었다. 폴리트에 의하면, 그 문제는 "전문적인 광고 회사용 통계학에 적합한 자료들이 질적인 면과 양적인 면에서 엄청나게 증가했으며, 소비자와 소매업자 패널 조사 자료가 이용 가능해졌다. 그리고 자료를 분석하는 장비 역시 훨씬 더 정교해졌고, 적은 비용으로 이용할 수 있게 되었다. 하지만 당시 영국의 광고대행사에는 그러한 자료를 처리할 수 있는 인력이 거의 없었다."는 것이었다.

한때 대부분의 소비재 기업들이 마케팅 부서를 두지 않던 시기가 있었다. 그 당시 일반적인 시장 조사는 모두 광고대행사의 몫이었다. 이후 기업들이 마케팅 조직을 재정비하면서 회사 내에 시장 조사 부서를 두었고, 광고대행사는 오직 광고와 관련된 조사만 맡게 되었다. 결국 대부분의 광고대행사는 조사 부서를 대폭 축소하였다. 소수의 조사 인력들이 남겨졌지만 이들은 특정한 조사 문제에 대해 임시로 조언을 해주는 역할만 맡게 되었다. 그런데 얼마 지나지 않아 새로운 자료들이 쏟아지기 시작하자, 적은 조사 인력으로 많은 양의 정보를 처리할 수 없게 되었다.

1965년 프리차드 우드 파트너스에서 어카운트 담당으로 일하던 스탠리 폴리트는 자신이 조사 업무를 책임지고 있음을 발견했다. 그 순간 그는 무언가가 잘못되었다고 생각했다. 어카운트 인력들 중에는 어떤 자료가 전략적이고 창의적인 광고 이슈에 적용되어야 하고, 또 언제 조사 전문가의 도움이 필요한지 알고 있는 사람이 거의 없었기 때문이다.

그러나 그보다 더 심각한 문제는, 자료를 정확히 적용하라는 요구와 어카운트 담당자의 업무 간에는 본질적인 이해의 충돌이 내재되어 있다는 점이었다. 그는 전문적인 조사자라면 독립적이어야 한다고 생각했지만, 한편에서는 광고주의 압력이, 다른 한편에서는 크리에이티브 부서의 압력이 어카운트 담당자인 그로 하여금 끊임없이 편의주의적이 되도록 유혹했다.

그래서 스탠리 폴리트는 훈련받은 조사자를 어카운트 담당자 옆에 두기로 결정했다(런던에서는 1960년대부터 지금까지 어카운트 담당자account people를 남녀 구분 없이 어카운트 맨account man으로 부른다). 그는 파트너로서 조사 담당자는 당연히 어카운트 담당자와 동등한 위치에 있어야 한다고 보았다. 그는 조사 담당자에게 주요 광고 결정과 관련된 모든 자료들을 적절히 분석하고, 새로운 조사를 통해 보완하는 책임을 부여했다. 그리고 크리에이티브 전략과 캠페인의 평가방식에 대한 판단에 있어 방향을 잡아주는 역할을 하게 했다.

바로 이러한 새로운 조사자, 혹은 어카운트 담당자의 '양심'을 일컬어 '플래너'라고 부르는 것이다.

몇 년 전, 리치 실버스타인Rich Silverstein은 광고주를 처음 만나는 자리에서 나를 자기의 '양심'이라고 소개한 적이 있다. 실버스타인은 광고대행사에서 내가 맡고 있는 역할에 대해 설명하면서, 자기가 소비자들에게 올바르게 말하고 진실할 수 있게 지켜주는 사람이라는 것이었다. 며칠 뒤 나는 그와 함께 또 다른 사람을 만났는데, 이번에는 나를 '눈엣가시'라고 소개했다. 아마도 어떤 사람이 '양심'의 역할을 성공적으로 해내려면 가끔은 눈엣가시처럼 성가신 존재일 수밖에 없다는 뜻인 듯했다. 자기의 양심이 늘 듣기 좋은 말만 해주는 것은 아닐 테니 말이다.

문제는 '올바르게 만드는 것Getting it right' 이며, BMP와 J.월터톰슨 사는 플래닝 부서를 설립하고 성장시키면서, 광고를 더 효과적으로 만드는 노력의 일환으로 광고주의 생각과 경험, 크리에이티브 담당자의 직관에 소비자 반응의 차원을 추가하는 일을 플래너에게 맡겼다. 따라서 플래너는 전략 개발뿐만 아니라, 크리에이티브 개발에까지 관여해야 했다.(전략 개발 과정에서 플래너는 조사를 통해 광고가 전달해야 하는 것을 알아내는 일을 한다.) 하지만 플래너의 역할에 대한 BMP와 JWT의 강조점에는 차이가 있었다. BMP에서는 크리에이티브 팀과 함께 작업하고 미완의 크리에이티브 아이디어를 조사하는 것에 보다 강조점을 두었다. 즉 BMP에서 플래너는 '크리에이티브 조율자creative tweaker' 로 불렸다. 반면 JWT는 플래너를 '대 전략가grand strategist' 로 보았다. JWT에서 일해본 경험이 없는 나로서는 그들의 플래너의 전략적 통찰력이 얼마나 훌륭한지 혹은 그들이 얼마나 종종 크리에이티브 무대에 뛰어드는지 말할 수 없지만, 경험상 BMP의 '크리에이티브 조율자' 중에는 아주 대단한 전략적 사고자들이 있었다(지금도 마찬가지다). 궁극적으로 나는 훌륭한 플래너는 전략적인 면과 크리에이티브적인 면 모두에서 뛰어나야 한다고 믿는다.

스탠리 폴리트는 어카운트 플래너들이 창의성을 질식시킴 없이 소비자의 반응에 대해 정직하고 명확하게 이해할 수 있도록 인도하는 것이 자신의 목표라고 말했다. 그러한 점에서 볼 때 BMP는 수년간 매우 큰 성공을 거두었다. 무엇을 얼마나 조율했는지 몰라도 BMP는 계속해서 크리에이티브 부문 시상에서, 그리고 더욱 중요하게는 광고효과 부문 시상에서도 최고의 영예를 누려왔다. 하나의 광고 캠페인에서 크리에이티브와 광고효과 모두를 성취한 것이다.

일반적으로 플래닝은 대부분의 광고주뿐 아니라 크리에이티브 담당자에게도 매우 매력적인 개념이다. 광고주는 플래닝을 광고를 더욱 효과적이게 만들어주는 도구라고 여겨 환영하고, 우수한 크리에이티브 담당자는 광고를 처음 시작하는데 도움이 되는 정보를 얻을 수 있다는 점에서 플래닝을 좋아한다. (반면 미완의 아이디어를 대상으로 행해지는 조사에 대해 회의적인 시각도 있다. 이 점에 대해서는 다른 장에서 다룰 것이다.) 하지만 불행히도 신규 거래를 위한 회의 자리에서 말해지는 것과 같은 플래닝에 대한 이론과 광고대행사에서 그것이 실제로 실행되는 방식 간에는 종종 큰 괴리가 있다.

올바르게 만들기

제이 치아트Jay Chiat는 1980년대에 그가 주도했던 광고대행사의 성공을 회고하며 "플래닝은 지금까지 발명된 것 중에서 가장 새롭고 훌륭한 비즈니스 도구"라고 말했다. 치아트/데이Chiat/Day의 계속된 성공과 팔론 맥엘리고트Fallon McElligott, '굿바이, 실버스타인 앤 파트너스' 등이 거둔 최근의 더 큰 성공으로 인해 사실상 누구도 그의 의견에 이의를 제기하기 어려웠다. 1992년 7월, 『애드위크』지는 「새로운 비즈니스의 기사들The Knights of New Business」이라는 제목의 기사에서 주목할 만한 성공을 거둔 광고들을 소개했다. 대부분의 광고주와 광고대행사 사람들 모두 그러한 성공이 플래닝의 영향이라고 말하고 있다. BMP 사의 성공적인 세가Sega 비디오 게임 광고도 그 중 하나였고, 그래서 나는 당시에는 불평을 제기하지 않았다. 하지만 그 후로 나는 기회가 있을 때마다 치아트의 그 유명한 언급이나 『애드위크』지의 기사 내용은 나의 생각과 다르다는 점을 밝혀왔다.

제이 치아트는 절반만 옳다. 플래너가 소비자의 눈을 통해 광고주의 사업에 대해 이야기하는 것이 프리젠테이션에서 가장 흥미로운 부분일 수 있다는 점에서 그렇다. 그리고 그 과정에서 종종 플래너는 새로운 통찰과 관점을 보여주기도 한다. 하지만 그것은 광고대행사의 자기 프로모션, 광고주 최초 브리프에 대한 광고대행사의 개작, 미디어 프리젠테이션, 그리고 최초의 크리에이티브 아이디어들에 대한 프리젠테이션 등의 필수적 시간과 관련이 있다. 만약 프리젠테이션을 하는 플래너가 아주 뛰어나다면, 그리고 대행사가 그들의 철학에 있어 효과성이 얼마나 중요한지, 그들의 플래닝 부서가 다른 곳에 비해 얼마나 잘 통합되어 있는지에 관해 잘 이야기한다면, 플래닝은 훌륭한 새로운 비즈니스 수단으로 보여질 수 있을 것이다.

그렇지만 광고주는 결국 그 광고대행사가 자신의 기업과 브랜드를 위해 무엇을 할 수 있는지를 보고 선택하는 경향이 있다. 이는 광고대행사의 어느 한 부서가 아니라 회사 전체를 보고 판단한다는 의미다. 그리고 그 판단은 광고대행사가 프리젠테이션에서 보여주는 것 말고도, 과거부터 현재까지 무엇을 해왔는지가 판단의 기초가 된다. 대행사들은 잘 할 수 있다고 말할 수 있지만 모두가 그렇게 할 수 있는 것은 아니다.

나는 플래닝은 지금까지 발명된 것 중에서 가장 훌륭하면서 '오래된' 비즈니스 도구라고 생각한다. 만약 광고대행사가 진정한 플래닝 철학을 갖고 있다면, 그 회사는 광고주를 위해 가장 올바른 광고를 만드는 일에만 관심을 둘 것이기 때문이다. 그들의 플래너는 전략적 조사를 하는 데 능숙할 것이고, 다른 부서(특히 크리에이티브 부서)와도 원만한 협력 관계를 유지할 것이다. 그리고 무엇보다도 플래너는 미완의 광고 컨셉을 타겟 소비자들에게 보여줄 때, 그들의 평가에 정직할 뿐만 아니라 귀기울여 듣는다. 플래너는 타겟 소비자들의 의견에 항상 동의할 필요는 없지만, 최소한 그들의 관점을 진지하게 고려해볼 것이다. 이러한 환경하에서, 광고는 가장 효과적일 수 있으며, 또 그러한 광고는 새로운 광고주를 끌어들이는 강력한 도구가 될 것이다.

그래서 만약 플래닝이 새로운 비즈니스 도구라고 한다면, 플래닝의 가장 지대한 공헌은 간접적인 것이다. 즉 그것은 광고대행사가 광고주를 위해 더욱 인상적인 광고를 제작할 수 있게 돕는 것이다. 그리고 일부 광고대행사들이 믿고 있는 것과는 달리, 플래닝 부서를 새로 만든다고 해서 자동적으로 새로운 비즈니스의 장이 열리는 것은 아니다.

일부 광고대행사들은 플래너를 정보 수집을 위해 광고 제작 과정의 맨 앞에서만 광범위하게 활용하고, 나머지 과정에서는 배제하곤 한다. 그리고 예외적으로 크리에이티브 아이디어가 광고주에게 타겟에서 너무 벗어난 것으로 보여져서 자신들의 경력이 위협받을 때 그 크리에이티브 아이디어가 사실상 소비자들로부터 열정적으로 보증을 받았고 그대로 진행되어야 한다는 것을 입증하기 위해 조사를 수행한다. 이 상황에서 광고대행사는 "소비자의 의견이 가장 중요하기 때문"이라는 논리를 편다.(이 문구는 이 책에서 광고대행사 사람들이나 광고주 모두 자신들의 주장을 입증하기 위해 쓰이며, 두 집단 모두에게 '소비자의 의견은 내 의견을 보증할 때만 중요하다' 라는 의미로 받아들여진다). 이러한 식의 자기방어적인 행동이 정당한 것일 수도 있지만, 일반적으로 광고주의 진정한 동의를 얻지 못한 광고 캠페인은 생명력이 오래 가지 못한다. 그리고 이런 식으로 소비자 조사와 플래닝을 활용하는 것은 플래너의 힘의 원천인 신뢰를 무너뜨리는 가장 빠른 길이다.

스탠리 폴리트는 광고주에 대한 플래닝 약속의 성공적인 이행에 있어 핵심적인 것은 수많은 사실 자료라고 생각했다. 그런데 이러한 자료도 없이 광고의 결과물에 영향을 미치는 플래너들이 너무나 많은 것이 현실이다.

폴리트는 다음과 같이 주장했다. "첫째, 플래닝은 어떤 희생을 치르더라도 광고 컨텐츠를 올바르게 만드는 것을 의미한다. 올바르게 만드는 것은 광고대행사의 이익을 극대화하거나 광고주를 만족시키거나 돋보이는 광고물의 샵 윈도우를 만드는 것보다 훨씬 중요하다."

"플래닝은 또한 광고 컨텐츠에 대해 소비자의 반응을 토대로 철저하게 전문가다운 판단을 내릴 수 있다는 믿음과 약속을 의미한다."

스탠리 폴리트의 이 같은 말은 광고대행사 사장과 광고주 담당 책임자, 크리에이티브 디렉터들의 간담을 서늘하게 할 것이 틀림없다. 하지만 폴리트가 주장하는 것은 광고 효과와 수익성, 광고주와의 안정적 관계, 또는 뛰어난 크리에이티브 작업 간에 선택을 하라는 것이 아니라 우선순위를 정하라는 것이다. 폴리트의 논리는 광고를 제대로 만들면 나머지는 자연스럽게 따라온다는 뜻이다. 폴리트가 이러한 글을 썼던 당시의 상황을 되돌아보는 것도 의미가 있을 것이다. 당시 런던의 거의 모든 광고대행사들은 커미션 시스템에 따라 보수를 받고 있었다. 즉 매체사들은 광고주가 광고 비용으로 지불한 돈의 '일정 비율(15~20퍼센트)을 광고대행사에 돌려주었다. 즉 광고가 소비자에게 선을 보이기 전까지는 광고대행사의 손에 한 푼의 돈도 쥐어지지 않았다는 뜻이다.

내가 BMP에서 일하는 동안, 광고주를 대상으로 한 최초 브리핑에서부터 광고가 방송을 타기까지 1년이 넘게 걸렸다. 광고주에 얼마나 많은 비용을 썼는지를 계산하며, 어카운트 디렉터는 "늦었지만 훌륭해"라는 농담을 했을 것이다. 단기적으로 볼 때 이 방식은 사업적으로 안 좋을 수 있다. 하지만 장기적으로 볼 때 광고주와의 장기적 관계의 견고한 토대를 제공한다. 이는 이어서 돋보이는 광고들의 멋진 샵 윈도우와 견실한 수익까지 가져다 준다. 광고주는 시간이 얼마가 걸리든 광고대행사가 제대로 된 광고를 만들 것이라고 신뢰했다.

성공적 플래닝의 두 번째 전제 조건은 광고대행사가 가급적 플래너들을 더 많이 둘 수 있도록 자원을 배분하는 것이다. 플래너가 특정 비즈니스 영역에 관련된 자료들을 자세히 검토하고 자체 조사까지 수행하려면, 광고대행사는 어카운트 디렉터의 경우보다 더 많은 수의 광고주들을 맡겨서는 안 된다. GS&P에 있을 때 플래너들은 한 사람당 세 개의 광고주를 담당했다. 사실상 플래너가 광고주의 사업과 광고주의 타겟 소비자의 생활, 광고대행사의 내부적 업무과정에 어카운트 디렉터와 동등하고 깊이 있게 관여할 수 있으려면 세 개의 광고주를 맡는 것이 적당하다. 이는 플래너가 어카운트 디렉터와는 전략 수립과 크리에이티브 브리프 작성을, 크리에이티브 팀과는 광고 개발을 긴밀히 협력하기 위해서도 필요한 부분이다.

플래너가 너무 많은 광고주를 맡을 경우, 깊이 있게 관여하기 어렵다. 광고주와의 회의에 참석하지 못하면 소비자 의견을 반영해야 할 사업적 문제를 충분히 이해하지 못한다. 또한 소비자와 충분한 시간을 보내지 못한다면, 시장에 대한 잘못된 의견이나 시기가 지난 의견을 내놓게 되고 불가피하게 광고대행사나 광고주의 관점을 반영하게 된다. 그리고 플래너들이 크리에이티브 팀에 유용한 정보와 통찰을 제공하면서 그들과 함께 작업하지 않는다면, 차라리 없는 편이 낫다. 크리에이티브 팀은 곧 플래너를 '내부 광고주', 즉 빠져 나오기 힘든 깊은 수렁으로 여기게 될 것이다.

플래너와 어카운트 디렉터의 관계는 좀더 심도 있게 살펴볼 필요가 있다. 스탠리 폴리트는 이 둘을 대행사 내에서 동등한 위치에 있는 파트너들이라고 생각했는데, 어떤 면에서 볼 때 그러한 동등성이 유지되는 것이 매우 중요하다. 나는 항상 플래너와 어카운트 디렉터와의 이상적인 관계에 대해 카피라이터와 아트 디렉터 간의 업무 관계와 동일한 방식으로 생각해왔다. 양쪽은 공동의 목표를 갖고 있지만 서로 다른 스킬을 발휘한다. 어카운트 디렉터는 보다 비즈니스적이고 플래너는 보다 소비자 지향적인데, 이 둘 간에는 상당 부분 겹치는 영역이 존재한다. 앞에서도 말했듯이 플래너와 어카운트 디렉터는 전략적 포지셔닝에 관해 협력하고, 크리에이티브 팀의 작업을 돕기 위해(일부 크리에이티브 담당자들은 '돕는다' 라는 말에 동의하지 않을 수도 있다. 하지만 그것은 플래너들이 해야 할 일이다.) 그들과 협력해야 하는 공동의 책임이 있다. 하지만 궁극적으로 광고주를 상대하는 것은 어카운트 디렉터이다. 그래서 나는 광고대행사에서 일하는 동안 어카운트 디렉터를 위해 일한다는 점을 늘 염두에 두었다. 광고주 역시 어카운트 디렉터를 자신의 작은 광고대행사 사장으로 여길 필요가 있다. 이는 내가 너그럽거나 지나치게 민주적이거나 단순히 이기적이기 때문이 아니다. 확신하건데 대부분의 플래너들은 자신의 생각을 하기 위해 한동안 나서지 않는 것을 좋아한다. 하지만 이는 광고주가 플래너는 책임을 지고 있는 사람이고 심지어 중요한 역할을 한다고 인식하게 되면 불가능해진다. 따라서 어카운트 디렉터가 운영상의 전반적인 책임을 지고 있다면, 필요할 때마다 플래너가 광고주와 일정한 거리를 유지할 수 있게 해주어야 한다. 이는 플래너가 균형감과 통찰력 있는 비전을 만들어내는 데 결정적으로 중요하다.

마지막으로 스탠리 폴리트는 광고대행사에 있어 플래닝의 의미에 대해 다음과 같이 지적했다. "플래닝은 기본적인 경기 규칙이 바뀌고 있음을 의미한다. 소비자의 반응이 광고에 대한 최종 판단을 내리는 데 있어 가장 중요한 요소가 되자, 전통적인 판단 도구들은 그 의미를 잃고 있다." 그가 염두에 둔 '전통적인 도구'란 크리에이티브 디렉터의 아이디어에 대한 애착이나 조사를 통해 얻은 견고한 증거들에 반하는 광고주의 편견이였다. 나 역시 그러한 편견들이 아니라 소비자의 반응이 가장 중요한 요소라는 데 동의한다.

앞서 말했듯이 모든 광고주와 크리에이티브 디렉터들이 소비자의 의견에 따를 필요는 없다. 이상적인 세계에서는 그들의 관점이 소비자의 관점을 보완하고 오히려 강화할 것이다. 바로 이 점에서 나는 스탠리 폴리트와 의견을 달리한다. 나는 소비자의 의견이 때로는 가장 중요한 요소가 아닐 수도 있다고 생각한다. 왜냐하면 소비자의 의견이 길을 잘못 인도할 수도 있기 때문이다. 많은 소비자들이 항상 자신의 느낌을 솔직하게 말하지는 않는다. 또한 상상력과 경험의 한계로 인해 그들이 미완의 크리에이티브 아이디어에서 최종적인 광고 형태를 떠올리기는 쉽지 않다. 따라서 소비자의 의견이 곧이곧대로 받아들여질 경우, 광고 작품의 수준이 떨어질 우려가 있다.

내가 마지막으로 덧붙이고 싶은 플래닝의 의미나 전제 조건은, 실력 있고 자신감 넘치는 크리에이티브 담당자들이 있을 때 플래닝이 힘을 발휘할 수 있다는 점이다. 나는 BMP, BBH(Bartle Bogle Hegarty), AMV(Abbott Mead Vickers), 치아트/데이, 팔론 맥앨리고트, GS&P 같은 광고대행사들이 업계에서 확고한 지위를 굳히고 성공한 이유가 플래너의 수준보다는 매우 뛰어난 크리에이티브 담당자들(존 웹스터, 존 헤가티John Hegarty, 데이비드 애보트David Abbott, 리 클로우Lee Clow, 팻 번햄Pat Burnham, 빌 웨스트브룩Bill Westbrook, 제프 굿바이, 리치 실버스타인과 같은)의 존재와 관련이 있다고 항상 생각해왔다. 그들은 플래닝의 도움을 기꺼이 받아들였으며, 또 그것을 위협으로 느끼지 않을 만큼 재능 있고 자신감이 넘쳤다. 이들 크리에이티브 담당자와 플래너는 상대방의 부서에 영향을 미쳤다. 그리고 그러한 모든 광고대행사에서 크리에이티브 담당자와 플래너의 관계는 계속 발전하고 있지만, 기본적으로 상호 도전적이고 건설적이라 할 수 있다. 크리에이티브 담당자의 재능과 자신감의 수준은 그의 작품에 대한 다른 사람의 의견을 수용하려는 의지와 강한 상관관계가 있는 것처럼 보인다. 이는 위에서 말한 사람들이나 크리에이티브 담당자들이 플래너의 관점에 대해 이의를 제기하지 않는다는 뜻이 아니다. 하지만 적어도 그들은 플래너의 의견을 경청할 자세가 되어 있다.

스탠리 폴리트는 자신과 존 웹스터와의 관계에 대해 이렇게 말했다. "존 웹스터와 그의 크리에이티브 팀은 이러한 시스템에서 성장했다. 존은 이렇게 말했을 것이다. '플래닝'은 완벽한 것과는 거리가 멀다. 하지만 '민주주의'처럼, 그것은 양자택일보다는 더 나은 것이다."

두 개의 폭탄이 실린 비행기

1995년 4월 『애드위크』 지에 기고한 「종의 기원」이라는 제목의 글에서 데브라 골드만Debra Goldman은 "치아트/데이의 애플 사 광고 '1984', 위든 앤 케네디Wieden and Kennedy의 나이키 캠페인, 그리고 GS&P의 세가 광고와 노르웨이 크루즈 라인 광고에서 보여진 것 같이 광고와 플래닝의 결합 덕분에 '플래닝 대행사'가 '크리에이티브 대행사'를 대체하고 있다"라고 썼다. 플래너로서 나는 그 글을 읽으며 여러 가지 생각이 떠올랐다. 한편으로는 유명하고 성공적인 광고 캠페인의 개발에 일익을 담당한 데 대해 대중적 인정을 받은 사실에 고마움을 느꼈고, 다른 한편으로는 그러한 언급이 광고 개발 과정에서의 플래너의 역할을 과장했다는 느낌을 지울 수 없었다. 다음 장들에서 인용하는 나의 광고대행사가 수행한 광고 사례들(세가와 노르웨이 크루즈 라인 등)에서는 플래닝이 단지 수많은 영감의 원천들 중 하나라는 사실이 명백해질 것이다.

나는 요즘 미국의 광고계에서 일고 있는 '플래너에 대한 숭배cult' 움직임에 대해 심기가 매우 불편하다. 왜냐하면 그것이 플래너의 역할을 잘못 이해한 데서 나온 것일 뿐만 아니라, 탁월한 아이디어가 마치 무한정 제공될 수 있으리라는 기대감을 불러일으키기 때문이다. 하지만 나를 포함해 대부분의 플래너들은 그것이 불가능하다는 사실을 잘 알고 있다.

성공적인 플래너에게 필수적인 재능이나 특성을 정의할 때면, 대부분의 사람들은 지적 능력, 호기심, 좌뇌와 우뇌로 동시에 생각하는 능력(논리적이고 체계적이면서, 동시에 기발하고 혁신적이고 직관적인), 쓰기와 말하기에서의 탁월한 의사소통 능력을 예로 든다. 물론 그러한 요소들은 매우 중요하다. 하지만 내가 생각하기에 그와 같은 정도로 중요한 요소들이 있다.

첫 번째는 신중함과 겸손함의 결합이다. 저널리스트이자 작가인 로저 로젠블래트는 『물 속의 사람The Man in the Water』이란 저서의 서문에서 훌륭한 저널리즘의 과정에 대해 다음과 같이 썼다. "글에서 작가 자신의 행동이 배제되어야 한다. 그리고 주제는 매개자 없이도 작가의 정신을 독자들에게 직접 드러내고 있는 것처럼 보여야 한다. 이야기에 자신을 포함시키는 유일한 두 가지 경우는 자신을 모든 사람의 대변자로 만들거나 실제 중심 인물을 돋보이게 하는 역할을 할 때이다. 그 외에 작가 자신은 가능한 적게 등장해야 한다." 훌륭한 플래닝에서도 마찬가지다. 나는 플래너가 미국의 특공대나 영국 공수특전단 같은 존재여야 한다고 생각해왔다. 즉 그들이 자신의 직무를 제대로 수행하고 있다면, 아무도 그들의 존재를 알아채지 못해야 한다. 임무가 성공적으로 완수되는 것이 중요한 전부이며, 그들 중 어느 누구도 그들의 작업에 대해 대중적으로 인정받지 않는다. 공식적으로 그들은 거기에 존재하지 않아야 한다.

플래너의 업무는 광고주와 광고대행사의 핵심 의사결정권자가 현명한 판단을 내리는 데 필요한 모든 정보를 제공하는 것이다. 결정을 내리는 것은 플래너의 업무가 아니다. 플래너의 목표는 광고주의 비즈니스 목적을 총족시키는 광고, 무수한 광고들과 차별화되고, 적합한 고객에게 적합한 내용을 말하고, 그 메시지를 보고 들은 고객이 행동하게 하는 광고를 만드는 것이다. 플래너들이 추구하는 것은 바로 그러한 소비자 머릿속의 작은 반응이며, 우리 회사의 모든 플내너들은 바로 그것을 만들어내는 그들 광고의 능력에 따라 평가받는다. 달리 말하면, 플래너의 실적은 플래너가 수행한 광고 캠페인의 효과에 따라 평가되며, 따라서 광고 효과가 플래너에게 있어 매우 중요하다.(사실상 광고 효과는 광고대행사의 관심사이기도 하다. 사람들은 종종 우리가 광고 효과를 가장 중요하게 여긴다고 말하면 우리를 이상하게도 자선가라고 생각한다. 하지만 그들은 우리의 광고가 광고주의 사업에 도움이 안 되면 거래가 끊길 수 있다는 사실을 간과하고 있다.)

플래너는 광고가 만들어지는 방식에 영향을 미치는 데 주력할 필요가 있다. 광고주와 함께 전략적 기초를 신중하게 설계하고, 광고를 만드는 데 중요한 영향을 미칠 것이라고 생각되면 그것이 아무리 사소한 정보라도 크리에이티브 담당자에게 제공해야 한다. 또 아이디어에 대한 피드백을 제공할 뿐만 아니라 가끔은 자신의 아이디어를 추가할 수 있어야 한다. 하지만 플래너에게 죽음의 키스는 광고에 반영된 아이디어에 대해 자신의 권리를 주장하는 것이다. 플래너로서 일하면서 가장 만족스러웠던 경험은 내가 크리에이티브 담당자들에게 조심스럽게 아이디어를 제시하였고 그 다음날 그들이 이전부터 그 아이디어를 생각하고 있었노라고 내게 말했을 때이다. 물론 나는 그 사실을 결코 누설하지 않는다. 플래너의 임무는 아이디어가 나오도록 하는 것이지 그 자신이 그 아이디어를 가질 필요는 없다.

플래너의 두 번째 스킬은 소비자와 광고주, 혹은 광고대행사 내부 사람들과의 대화에서, 자신이 말하기보다는 되도록 상대방의 말에 귀를 기울이는 것이다. 이에 관한 좋은 아이디어가 있다. 그것은 대화를 할 때 말하기와 듣기의 비율을 우리 자신의 입과 귀의 숫자의 비율과 같게 하는 것이다.

놀랍게도 사람들은 종종 자신은 스스로 알지 못하지만 훌륭한 아이디어를 갖고 있거나 표현하곤 한다. 안타까운 사실은, 그의 주변에 있는 어느 누구도 그 좋은 아이디어를 듣지 못한다는 것이다. 왜냐하면 그들은 자신들이 다음에 어떤 말들을 할지, 그 중 어떤 것이 다른 사람들에게 가장 인상적으로 들릴지 생각하느라 너무 바쁘기 때문이다. 훌륭한 경청자는 다른 사람들이 아이디어를 내도록 만들며, 그렇게 해서 나온 좋은 아이디어를 알아차리고 활용할 것이다.

플래너의 세 번째 속성은 매우 다양한 부류의 사람들과 관계를 맺을 수 있는 카멜레온 같은 자질이다. 플래너는 하루 24시간 내에 『포춘』지 선정 500대 기업의 총수를 만나 전략을 프리젠테이션하고 저소득층 이혼녀들을 대상으로 FGI를 진행하거나, 크리에이티브 담당자에게 새로운 프로젝트에 대해 브리핑을 해야 할 수도 있다. 플래너가 그들로부터 신뢰를 얻고, 그들의 관점을 이해하기 위해서는 그들 모두와 대화할 수 있어야 한다. 언젠가 한 플래너가 나에게 자신은 플래너의 임무가 서로 다른 언어를 사용하는 세 외계 종족(즉 크리에이티브 담당자, 광고주, 소비자) 사이에서 통역사 역할을 하는 것이라고 생각한다는 말을 한 적이 있다. 플래너는 3개의 언어에 반드시 유창할 필요는 없지만, 적어도 세 종족을 서로 의사소통시킬 방법을 찾을 수 있을 만큼은 이해하고 있어야 한다.

마지막으로, 조금은 이상하게 들리겠지만, 플래너에게는 약간 특이한 면이 있어야 한다. 내가 아는 뛰어난 플래너들은 대부분 평범하지 않은 사람들이다. 그들의 특이성은 두 가지 방식으로 나타나는데, 어떤 상황을 다소 중심에서 벗어나서 바라본다는 것과, 다양한 배경과 관심사들을 갖고 있다는 것이다. 나는 정말로 이 둘 중 어느 것이 닭이고, 어느 것이 달걀인지 모른다. 하지만 어느 쪽이든 다른 쪽을 강화시키며, 훌륭한 플래너의 경우 두 가지 특성들이 상호의존적이다. 특이한 관점이 그들을 약간 이상한 장소나 관심거리로 이끌며, 이는 그들을 더욱 특이하게 만드는 것이다.

내가 지리학 학위를 갖고 BMP에 입사했을 때, 두 명의 플래닝 수습 사원도 함께 들어왔다. 한 명은 옥스퍼드 대학 출신의 프로 체스 기사였고, 다른 한 명은 전문 음악가로 활동하던 사람이었다. 나는 항공 공학을 전공한 사람에게 교육을 받았으며, 그 후 나는 고전 학자(그리스어와 라틴어에 능통하고, 맥주 사업의 플래너로서 적임자인)와 함께 일했다. 그리고 지금은 플래닝 부서 책임자로서 전직 씨월드Sea world의 고래 조련사, 변호사, 스탠포드 MBA, 상원의원 연설문 작성가, 그리고 P&G, VH1, 파워 바, 실리콘 밸리 벤처기업, 와이어드 매거진, 영국 현대 미술관, 사치 앤 사치 등 다양한 분야에서 경력을 쌓은 사람들을 채용하였다. 내가 아는 한 그들 중 어느 누구도 감방에 갔다 온 사람은 없지만, 설령 실제로 갔다왔더라도 전혀 놀라지 않았을 것이다.

이들 모두는 세상을 바라보는 남다른 시각과 문제를 해결하는 독특한 접근법을 지니고 있다. 광고대행사에서 플래닝 부서를 조직할 때 이와 같이 다양한 사람을 뽑는 것은 매우 중요하다. 만약 플래너들이 똑같은 방식으로 생각하고 행동한다면 결국 해결책도 똑같을 것이다. 그러면 조직은 침체될 수밖에 없다.

나는 언젠가 이에 관한 흥미로운 관점을 제시하는 글을 읽은 적이 있다. 그 글은 영국 외무부의 누군가가 포클랜드 전쟁(우리는 이 전쟁을 마거릿 대처 수상의 재선을 위한 전쟁이라 부른다)이 끝난 뒤인 1980년대 초에 쓴 것이다. 그의 견해에 따르면, 포클랜드 전쟁은 일어나지 않을 수도 있었지만, 전쟁이 일어난 것은 어이없게도 영국 외무부의 외교관 선발 정책 탓이라는 것이다. 영국에서 외교관 채용은 옥스퍼드 대학과 케임브리지 대학 출신이 거의 독점하다시피 했다. 그들은 거의 대부분이 사립 명문 고등학교를 나왔고, 사립 명문 예비학교를 다녔으며, 대다수가 친인척 중에 정부나 군 관계 인사들이 있었다. 그는 외교부에 똑같은 생각을 하는 사람들만 모였기 때문에 어느 누구도 아르헨티나가 감히 포클랜드를 공격하지 않을 것이라는 의견에 반대하지 않았다고 말했다. 결과적으로 그에 반대되는 상당한 증거들에도 불구하고, 그 섬은 적절한 방어조치가 취해지지 않았고, 아르헨티나 정부는 영국이 그 섬을 지킬 의사가 없다고 결론내렸다. 결국 전쟁이 벌어졌고, 그로 인해 수천 명의 사람들이 목숨을 잃었다. 그는 이제 영국 외교부는 그와 같은 상황을 다르게 볼 수 있는 사람을 뽑아야 한다고 말했다.

광고대행사에 있어서도 같은 정보를 다른 사람들과 다른 시각으로 볼 수 있는 플래너의 능력이 중요하다. 플래너는 모든 종류의 정보를 수집하여 그것을 재구성하고, 무언가 흥미로운 것이 나타날 때까지 새로운 패턴으로 재배치할 줄 알아야 한다. 물론 그러한 능력이 플래너에게만 필요한 것은 아니지만, 뛰어난 플래너들 중 그런 능력을 갖추지 못한 사람은 거의 없다. 나는 4장에서 광고 관련 문제를 해결하고 분석하는 데 있어 폭넓은 시각의 필요성을 논의하면서 특정한 광고와 마케팅 사례들을 살펴볼 것이다. 지금은 플래너의 사고 방식이 작동되는 방식에 관한 한 가지 흥미로운 예를 들어보겠다.

수년 전 런던에 있는 BMP에서 일할 당시, 나는 비행기로 휴가 여행을 떠나기 위해 예약을 했다. 그 무렵 유럽에는 몇몇 테러가 일어나고 있었다. 공항과 비행기에서 경계가 한층 삼엄해졌고, 나는 그 시기에 비행을 하는 것에 몹시 걱정을 하고 있었다. 나는 플래닝 디렉터이자 지금까지 만나본 사람들 중 가장 똑똑하고 재미있는 사람인 로스 바 Ross Barr에게 그만 두려움을 털어놓고 말았다. 그는 자신의 턱을 쓰다듬으면서 잠시 생각을 하고 나서 물었다. "그러니까 자네는 지금 비행기가 폭파당할까 봐 겁이 난단 말이지?"

나는 고개를 끄덕거렸다.

"그럼 자네가 직접 폭탄을 가지고 비행기를 타는 것을 생각해봤나?"

나는 어리둥절한 표정으로 그 친구를 쳐다보았다.

그는 매우 진지하게 말했다. "그러니까 내 말은, 한 비행기에 두 개의 폭탄이 실릴 가능성을 상상할 수 있냐는 거지?"

나는 "무시무시하군요."라고 말했다.

그로부터 몇 년이 지난 뒤, 나는 그때 전혀 겁낼 필요가 없었다는 것을 깨달았다. 당시 나는 지중해 지역에 있는 한 항공사의 비행기를 타고 그리스로 날아갔는데, 그 비행기는 한 번도 테러를 당한 적이 없었다. 분명히 그 비행기는 모든 테러리스트들이 타고 다니는 민간 항공기였다. 그리고 말하자면, 모종의 '양해'가 있었다.

플래닝에 플래너가 있어야 하는 것은 아니다

내가 참석해온 플래닝 모임에서 거의 공통적으로 나타나는 특징이 하나 있다. 그것은 바로 많은 플래너들이 자신이 속한 광고대행사에서 없어서는 안 되는 인물이 되려는 불타는 열망을 갖고 있다는 점이다. 많은 플래너들은 자기가 업무를 수행하지 않으면 광고대행사가 제대로 돌아가지 않을 것이라고 생각한다.

미안하지만, 그것은 사실이 아니다.

나는 종종 회의나 강의를 할 때 나의 광고대행사에서 수행했던 가장 성공적인 플래닝 사례에 대해 말해달라는 요청을 받곤 한다. 그럴 때마다 항상 빠지지 않는 예가 1992년 미국 마약퇴치협회를 위해 만든 광고이다(그림 2-1).

그 광고에서는 한 흑인 소년이 주택가 골목을 따라 달리다가 울타리를 뛰어넘는 장면이 나온다. 그리고 집 안의 커튼 뒤로 달리는 소년을 응시하는 얼굴들이 나타난다.

그때 소년의 목소리가 들린다. "선생님은 '그저 싫어요라고만 말하라' 고 하셨어." 소년은 계속 달리면서 울타리를 뛰어넘는다.

"어제는 경찰관이 교실로 찾아와 역시 '싫다고 말하라' 고 했지."

소년은 계속 달린다. "그런데 우리 선생님은 이런 이웃들을 지나 집에 갈 필요가 없겠지. 그리고 아마도 마약 판매상은 그 경찰관을 겁낼 거야……" (소년은 길을 건너기 위해 교차로 앞에 다다른다. 험상궂게 생긴 폭력배들이 술집 앞에서 어슬렁대고 있다가, 소년이 지나가자 돌아서서 겁주듯이 노려본다.) …… "하지만 그들은 나를 겁내지 않아. 그리고 분명히 '싫어요' 라고 말하면 날 가만두지 않을 거야."

소년이 계속 달리고 있는데 어디선가 이런 목소리가 들려온다. "케빈 스콧과 그토록 먼 귀가길을 가야 하는 다른 모든 아이들에게… 우리가 네 말을 듣고 있단다. 절대 포기하지 마렴."

이어서 미국 마약퇴치협회의 로고가 나오면서 광고는 끝이 난다.

이 광고는 매우 통찰력 있는 전략에 바탕을 둔 강력한 커뮤니케이션 사례이다. 이 광고는 열악한 환경에서 사는 아이들에게 어른들 세계

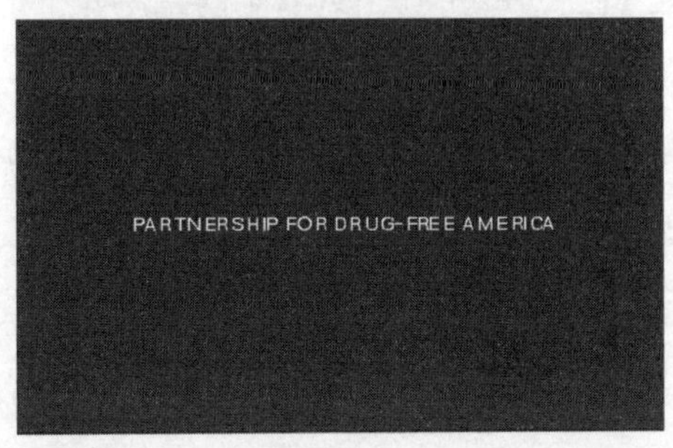

〈그림 2-1〉 미국 마약퇴치협회 광고: 머나먼 귀가길

88

에 있는 누군가가 그들의 삶이 어떤 것인지 실제로 알고 있고, 그들이 마약에 연루될 위험에 노출되어 있다는 사실도 잘 알고 있다는 사실을 납득시키는 데 대단히 효과적이었다.

이 광고는 1994년 미국 마케팅협회에 의해 가장 효과적인 광고로 선정되어 그랜드 에피Grand Effie 상을 수상했다. 그런데 이 광고 제작에는 플래너가 참여하지 않았다. 제프 굿바이와 제레미 포스테르Jeremy Postaer 두 사람이 이 광고를 만들었는데, 그들은 미국 마약퇴치협회의 조사 담당자와 함께 직접 플래닝을 했다.

만약 플래닝이 보다 효과적이고 좋은 광고를 만드는 데 아무런 도움이 되지 않는다면 나는 이 책을 쓰지 않았을 것이다. 그러나 내일 당장 플래너들이 모두 사라진다고 해도, 지금 현재 좋은 광고를 만드는 광고대행사는 6개월 뒤에도 여전히 좋은 광고를 만들고 있을 것이다. 비록 일관성이 없을 수는 있겠지만 여전히 좋은 광고일 것이다. 왜냐하면 그러한 광고대행사들은 광고와 타겟 소비자의 관계에 대한 올바른 통찰과 민감성을 갖고 있고, 그들의 광고가 효과적이기를 원하기 때문이다.

몇 년전 스탠 맥Stan Mack이 『애드위크』 지에 연재했던 만화들 중에 광고대행사의 두 간부가 눈덮인 클리블랜드의 거리를 걸어가며 이야기를 나누는 만화가 있었다. 한 사람이 먼저 말을 꺼냈다. "우리 회사는 요즘 어카운트 플래닝을 제공하고 있어. 최신 기법이지" 그는 계속 말한다. "자네도 알겠지만 어카운트 담당자는 시장 점유율을 신경 쓰고, 크리에이티브 담당자는 이상을 위해 싸우며, 마케팅 담당자는 사회 경제적 계층을 이야기하지. 하지만 어카운트 플래너는 소비자를 대변한다네."

“그들이 뭘 한다고?” 듣고 있던 다른 간부가 묻는다.

“광고의 문제점을 찾아내고, 타당성을 검토하고, 전략적 방향을 제시하고, 명백한 사실을 점검하고……”

“그들이 뭘 한다고?”

“……기회와 과제를 설정하고, 소비자들의 생각을 알아내고, 그들을 움직이게 하는 요인을 찾아내고 …….”

“그들이 뭘 ……”

“그런데 어떤 광고대행사들은 어카운트 플래너 없이도 잘 돌아간다고 하더군.”

Chapter 3

맹목적 조사

잘못된 방향의 조사에 의한 광고

우리는 소비자들의 의견을 조사하는 데만 급급해서 그것을 만들어낼 수 있다는 사실을 망각한다. 또 통계 자료에 너무 주의를 기울이다가 그것을 창조해낼 수 있다는 사실을 망각한다.

_빌 번벅

비행의 공포

언젠가 한 광고주가 나에게 이런 말을 했다. "조사가 없는 것은 어둠 속을 비행하는 것과 같소. 게다가 무전기도, 나침반도, 연료 게이지도 없이 말이오. 당신은 어떨지 모르겠지만 나라면 절대 그런 비행기를 타지 않을 거요."

나 역시 그런 비행기를 타기가 싫을 것이다. 사실 나는 비행기 타는 것 자체를 두려워한다. 날씨가 아무리 좋고, 장비가 우수하고, 조종사가 능숙하다 해도 절대적인 안심을 느껴본 적이 없다. 솔직히 매번 비행기가 사고 없이 착륙하는 것이 기적처럼 느껴질 정도다.

그 광고주는 분명 광고를 만드는 과정에 대해 마치 내가 비행기를 타면서 느끼는 두려움 같은 것을 갖고 있었다. 그리고 조사를 비행 보조 장비로써 뿐만 아니라 끔찍한 결과로부터 그 자신과 자신의 경력을 보호해주는 부적으로 사용하였다. 나는 그가 책상 앞에서 닐슨 보고서를 뒤적이고, 광고 카피 테스트 자료를 검토하고, 조사 기관에 연락해 도표를 요구하거나 포커스그룹 인터뷰의 요약본을 읽으며 겨우 안도하는 모습을 상상할 수 있었다.

그 광고주는 어떤 결정을 내릴 때마다 조사 자료를 지침으로 삼았다. 하지만 지난 몇 년 간 그가 내린 많은 결정들은 만족스럽지 못한 결과를 보였다. 그의 분석이나 권고에 있어 몇몇 경우는 완전히 틀린 것은 아니었지만 완전히 옳지도 않았다. 그리고 오류의 정확한 원인들은 제각각 달랐지만, 그 뿌리는 거의 대부분 문제를 분석하기 위해 사용된 조사에서 비롯된 것이었다.

대학 시절, 나는 책장에 꽂혀 있는 전공 서적들을 보면서 마음의 안정을 얻곤 했다. 때때로 책을 펼쳐보지도 않고 그저 바라보기만 해도 사고가 확장되고 학위를 받기 위해 한 발짝 더 나아가는 듯한 느낌을 받았다. 나는 그 광고주가 조사 자료들을 보면서 느꼈던 심정이 대학 시절의 나와 비슷했으리라고 생각한다. 그 광고주에게 있어 조사는, 어떤 조사이든, 마음을 편안하게 하고 결정에 확신을 심어주는 역할을 했다. 그는 조사가 잘못되거나 조사 결과가 잘못된 방향으로 사용될 수 있다는 사실은 전혀 염두에 두지 않았다.

만약 1장에서 내가 제기한 질문, 즉 광고 개발 과정에 소비자를 지속적이고 효과적으로 참여시키고 있는지에 대해 묻는다면, 그는 틀림없이 "그렇다"고 대답할 것이다. 대부분의 마케팅, 광고 전문가들의 대답도 마찬가지일 것이다. 그리고 누군가가 그들의 조사 노력이 충분하지 않다고 여긴다면, 그들은 틀림없이 화를 낼 것이다. 안타깝게도, 그들 중 많은 이들이 결함이 있는 조사를 토대로 결정을 내림으로써 앞에서 언급한 광고주와 같은 함정에 빠지고 있다.

조사의 결함은 많은 경우(조사자가 게으르거나 생각이 없거나, 혹은 업무 습관 때문에) 올바른 질문을 하지 못해서 생긴다. 그 결과 조사 방향이 잘못되어 소비자의 생각을 대변하지 못하고 중요한 진실을 밝혀내지 못한다. 문제를 더욱 가중시키는 것은 그와 같은 조사 자료가 상식적인 검토도 없이 그대로 받아들여지는 것이다. 최악의 경우, 그런 과정을 거쳐 제작된 광고는 조사상의 실수를 그대로 반영할 뿐만 아니라 그것을 더욱 확대시키기까지 한다.

조사가 광고를 잘못된 방향으로 이끄는 여러 가지 길이 있다. 이 장에서는 그 중 일부에 대해 살펴보겠다.

그에 앞서, 내가 다루지 않는 몇 가지 사항들을 지적하고자 한다. 우선 이는 정량조사에 대한 비판이 아니라는 점이다.(이는 크리에이티브 쪽 사람들이 조사에 관해 말할 때마다 늘 반복하는 주제이다.) 나는 정량조사의 역할에 대해 논의하지만, 그것은 단지 광고 제작자들이 이용할 수 있는 다른 모든 정보들과 마찬가지로, 정량조사나 그 수치를 액면 그대로 받아들여서는 안 된다는 사실을 지적하기 위해서이다. 특히 포커스그룹 인터뷰에서 얻은 수치들은 잘못된 것이거나, 심지어 거짓일 수도 있다. 따라서 수치들을 확신을 갖고 사용하기 전에 상식적인 면에서 검증을 해야 한다.

이 책에서는 개별적인 정량조사 방법론과 측정법에 대한 논의는 다루지 않을 것이다. 그 작업은 너무 방대하고 지루하기 때문이다. 또 이미 그 주제에 관한 많은 연구 논문이 나와 있기 때문에 반복할 이유도 없다고 본다. 다만 이 책의 끝에 있는 참고문헌 부분에 일부 참고서적들을 포함시켜 놓았다.

마지막으로, 이것은 '조사Research 대 플래닝Planning'의 논쟁이 아니라는 점을 밝혀둔다. 나와 함께 GS&P에서 일했던 플래너 댄 벡스터Dan Baxter는, 그가 들어왔던 플래닝과 조사에 대한 모든 비교는 항상 좋은 플래닝과 나쁜 조사의 비교였다고 말함으로써 언쟁을 벌이는 플래너들을 입다물게 만든 적이 있다. 그는 내게 좋은 조사자가 나쁜 플래너보다 훨씬 더 유용한 것도 말이 되지 않느냐고 물었는데, 나는 그의 견해에 동의한다. 최고의 플래너와 최고의 조사자들은 근본적으로 같은 부류이며, 중요한 차이는 그들이 활동하는 환경과 자신들의 기술을 크리에이티브 과정에 적용할 수 있는 정도이다.

다음에 이어지는 내용은 광고대행사나 광고주에게 조사를 그만두라고 제시하는 것이 아니다. 그것과는 아주 거리가 멀다. 나는 단지 사람들이 조사를 하기에 앞서 그것에 대해 더 많이 생각해보고, 올바른 조사를 하고 있는지 확인하고, 조사결과를 고려할 때 잘 판단하기를 바라는 것이다.

이유도 모르고 실시하는 조사

광고와 마케팅 전문가들 중에는 어려운 문제에 부닥칠 때마다 "먼저 조사부터 해봅시다" 하고 말하는 이들이 적지 않다. 나도 물론 그런 실수를 한 적이 있었다. 그러한 행동은 조건반사적인 것으로, 이는 우리가 어떤 시점에서 어떤 종류의 조사를 해야 할 것이라는 선입관 때문이다. 그리고 일을 빨리 진전시키려는 열정으로 인해 우리는 중요한 질문들을 스스로에 해보기도 전에 정량조사를 맡기거나 포커스그룹 인원부터 선발한다.

하지만 먼저 스스로에게 질문을 해야 한다. 정말로 조사를 할 필요가 있을까? 이 물음에 대해 '아니오'라고 대답할 수 있는 경우는 다음의 두 가지다.

첫째, 광고대행사나 광고주가 조사를 실시하지 않고도 자신들의 경험이나 지식, 직관 등을 통해 스스로 답을 내릴 수 있는 경우다. 어떤 문제를 듣자마자 즉각 해답이 떠오를 때가 있다. 많은 조사 비용을 들여서라도 자신의 직관이 옳다는 것을 확인받기를 즐기는 사람이 아니라면, 그냥 자신의 직관을 믿고 비용을 절약하는 편이 낫다.

하지만 불행하게도 많은 사람들은 자신의 직관을 믿고 따르는 데 불안감을 느끼며, 특히 뒷받침할 만한 자료 없이 어떤 결정을 내리는 것을 두려워한다. 그들은 조사가 꼭 필요하지 않을 때조차도, 조사가 가능하기 때문에 매번 조사를 의뢰한다.

몇 년 전 미국 미식축구 리그에서 경기 장면을 녹화해 판정에 이용하는 비디오 판독 제도를 실험적으로 도입한 적이 있었다. 승패에 영향을 미치는 중요한 경기 상황에서, 심판이 판정하기 어려운 장면을 판정하는 데 녹화 화면을 사용하기 위한 것이었다. 이 새로운 방식은 공정한 판정을 내리는 데 많은 도움이 되었다. 하지만 시간이 지날수록 심판들은 뻔한 판정을 내릴 때조차 녹화 화면을 빈번히 요청했고, 결국 이 실험적인 제도는 중단되었다. 간단히 말해서, 심판들은 또 다른 곳에 의견을 요청할 수 있었기 때문에, 스스로 판단하고 결정해야 할 자신들의 의무를 방기해버린 것이다.

많은 조사 예산을 집행할 수 있는 위치에 있는 사람이라면 먼저 자신에게 이런 질문을 던져보아야 한다. "내가 어떤 조사도 할 수 없는 상황에 있다면 어떤 결정을 내릴 것인가?" 그는 조사를 할 여건이 안 되는 상황을 상상해보고, 외부의 도움 없이 도출한 대답의 장점에 대해 고려해보아야 한다. 많은 사람들에게 있어 최초로 머릿속에 떠오른 답이 너무 분명해 보일 수 있다. 하지만 최초의 답이 분명해 보이는 이유는 그 답이 실제로 옳기 때문이다. 나는 많은 사람들이 분명한 답을 두려움을 갖고 대한다는 사실이 참으로 놀랍다. 아마도 사람들은 복잡한 문제에는 복잡한 답이 필요하다고 느끼는 것 같다. 그리고 어쨌든 그들 모두가 고개를 끄덕이면서 동의하는 해결책을 선택한다면, 자신이 뭔가를 잘못하고 있다고 느낀다. 나중에 이 점에 관해 다시 언급하겠지만, 내가 관여했던 최고의 광고 캠페인들은 대부분 너무도 분명한 아이디어에 기초한 것이어서 그 아이디어들을 알아내기 위해 비용을 지불한다는 것은 생각하기 어려웠다.

많은 시장에는, 사람들이 제품을 구매하는 이유나 제품을 사용하는 방식에 관한 단순한 진실에 기반한 전략적 고지high ground positioning가 있으며, 그곳은 종종 무주공산이다. 왜일까? 그곳은 한때 누군가가 차지했던 적이 있었다. 하지만 시간이 지나면서 다른 경쟁자들이 새로운 기준을 만들어내는 데 성공하자, 우위에 있던 선도기업은 그러한 새로운 영역의 지배권을 놓고 싸우기 위해 자신의 요새를 벗어난다. 시간이 흐를수록, 모든 경쟁하는 기업들은 바로 코앞에 있는 강력하고 단순한 진실을 보지 못하고, 아직 발견되지 않은 새로운 차별화 요소를 찾기 위해 시간을 허비한다. 6장과 7장에서 각각 다루게 될 노르웨이 크루즈 라인Norwegian Cruise Line과 "got milk?" 캠페인은 '코앞에 있는' 해결책의 좋은 예이다.

광고업계에서 내가 보아온 많은 최고의 아이디어들이 경험과 직관에 기반해서 이루어지긴 했지만, 모든 결정을 그것에 의지하라고 주장하는 것은 아니다. 그러나 최소한 경험과 직관을 하나의 출발점으로 사용하거나 가설을 세우는 데 사용할 수 있을 것이고, 그리고 나서 이러한 가설은 조사를 통해 검증될 수 있다. 그렇지 않은 경우라도, 경험과 직관은 조사가 명확한 초점을 갖도록 하는 데 도움을 줄 수 있다.

조사가 필요하지 않을 수 있는 두 번째 경우는 이미 앞선 조사에서 문제의 답이 나왔을 때이다. 나는 이 점에 대해 자세히 설명하지는 않겠지만, 조사에 의존하는 기업들 대부분은 새로운 조사를 위해 돈과 시간을 투입하지 않아도 될 만큼 충분한 과거의 데이터와 분석 자료가 있을 것이다. 설령 과거의 조사 결과가 현재 제기된 특정 문제에 대한 정확한 답이 되지는 못한다 해도, 다양한 각도의 분석을 통해 유효한 답을 도출해낼 수 있을 것이며, 그렇지 못하더라도 최소한 새로운 가설을 도출하는데 유용한 배경 지식은 될 수 있을 것이다.

이때 여기서 말하는 기존의 조사란 두껍고 먼지 쌓인 서류들이나 그룹의 인터뷰 자료를 의미하는 것은 아니다. 스탠리 폴리트가 고안한 어카운트 플래닝 시스템의 장점 중 하나는, 어카운트 플래너들은 항상 어느 동일한 사업 분야에 대해서만 작업하고, 그래서 시간이 지나면서 미래의 문제에 적용할 수 있는 가치 있는 지식들을 축적한다는 것이다. 이는 수많은 광고주 사업들 중 어느 특정한 문제에 대답하기 위해 그때그때 조사를 하는 전통적인 조사자들과 다른 점이다.

이러한 지식은 때때로 유용하기는 하지만 주의가 필요하다. 특정한 대상들이 어떤 메시지에 대해 어떻게 반응할지에 대한 감을 갖고 있다는 것은 소중하다. 하지만 너무 많은 지식으로 인해, '나는 이미 전에 모두 본 적이 있어'라는 식의 자만심을 갖게 된다면 소비자들의 미묘한 변화를 알아채지 못할 수도 있다.

영국에서 플래너로 일하던 당시, 나는 맥주라는 하나의 주제를 가지고 4, 5년에 걸쳐 300회 이상의 그룹 인터뷰을 실시했었다. 그 당시 나는 음주자들의 습관과 동기에 대해 구석구석까지 파악했다고 느꼈다. 그러나 또한 그들이 왜 맥주를 마시는지, 또는 왜 특정 브랜드의 맥주를 마시는지에 관해서 물어보는 횟수가 늘수록 그들의 말에 점점 더 귀기울이지 않게 되었다. 그들의 말이 듣기 싫어서가 아니라, 질문을 하기 전부터 어떤 대답이 나올지 알고 있다고 생각했기 때문이다. 결국 시간이 지날수록 진실로부터 점점 더 멀어졌다는 생각이 든다.

비행기를 자주 이용하는 사람들은 이런 현상을 경험해보았을 것이다. 비행기가 이륙하기 전, 승무원은 안전 수칙을 이야기하고 비상구 위치, 문 여는 방법, 구명복 위치와 사용법을 알려준다. 나의 경우는 승무원의 그러한 안내를 수백 번이나 듣다 보니, 이착륙 때 사고가 나지는 않을까 염려하면서도, 내가 그 내용을 알고 있다고 생각하고 더이상 귀를 기울이지 않는다. 또한 나는 비행기를 자주 이용하는 거의 모든 승객들이 승무원들이 말하는 동안 옆 사람과 이야기하거나 책이나 신문을 읽는 것을 볼 때, 나만 그런 것은 아니라고 생각한다. 그러나 만약 비행기가 바다로 추락하는 불행한 사고가 닥친다면, 나는 구명복을 잘 찾지 못하거나, 설령 찾더라도 엉뚱한 구멍에다가 바람을 불어넣고 끈을 잘못 묶어서 얼굴이 아래쪽으로 향한 채 물에 뜨고 말 것이라고 확신한다.

'정말로 조사가 필요한가?' 라고 자문해보는 것은 앞으로 실행될 어떤 조사에도 긍정적인 영향을 미칠 수 있다. 적어도 다루어져야 할 핵심 사안에 주의를 집중하게 하고 가장 적절한 방법론을 찾는 과정을 시작하게 한다.

잘못된 질문이 종종 던져진다

정량조사든 정성조사든 조사를 통해 얻은 정보의 질은 그 조사를 위해서 투입된 정보와 사고의 질에 비례한다. 이는 조사 타겟, 조사할 핵심 이슈 그리고 검증 가능한 몇몇 예비 가설에 대한 명확한 생각을 갖는 것뿐 아니라, 앞서 설명한 유형의 사고를 적용하는 것이 중요하다는 것을 의미한다. 그리고 무엇보다도 중요한 것은, 조사를 통해서 얻은 결과를 어떤 용도로 사용할지 명확하게 정의해두는 것이다.

플래닝이나 사전준비 단계에서의 가장 흔한 실수는 명확성 부족이나 완전한 부주의로 인해 잘못된 질문을 하는 것이다. 잘못된 질문 다음에는 종종 잘못된 사람에게 물어보거나, 잘못된 장소에서 물어보거나, 잘못된 시간에 물어보거나, 잘못된 인터뷰 담당자가 질문하는 것과 같은 잘못이 이어지기도 하며, 이런 잘못의 조합은 결과적으로 잘못된 응답을 산출한다. 하지만 이러한 방법론적인 부분들이 적절히 다루어진다고 해도, 잘못된 질문을 하는 최초의 전략적 문제는 거의 극복할 수 없는 장애물이다.

내가 소속된 광고대행사의 광고주 중에는 신체장애보험 부문에서 세계적인 회사인 우넘UNUM이 있다. 짐작컨대 여러분은 신체장애보험에 대해서 많이 알지는 못할 것이다. 직원들을 위해 건강보험을 제공하는 회사는 어떤 종류이든 간에 신체장애보험을 제공하고 있다. 하지만 많은 직원들은 그것에 관해 알지 못한다. 비록 알고 있다하더라도, 왜 그것이 필요한지를 이해하지 못하는 경향이 있다. 신체장애는 일반적으로 사람들이 생각하거나 이야기하고 싶어하지 않는 주제이다. 그리고 모든 보험들이 기껏해야 필요악 정도로 여겨진다. 두 사람이 모였을 때 이것에 대해 열심히 논쟁하는 경우는 거의 없다. 심지어 신체장애보험을 파는 보험 모집인들조차도 그러한 대화를 어려워한다. 사실상 신체장애보험은 사람들의 관심도가 낮아서 의료보험이나 종신보험보다 판매하기가 어렵다.

이러한 점들을 염두에 두고 보험 중개인, 기업의 직원복지 담당자, 신체장애보험 가입자들이 모여 포커스그룹 인터뷰를 하는 상황을 떠올려보자. 인터뷰 진행자는 가장 먼저 다음과 같이 말할 것이다. "오늘 우리는 신체장애보험에 대해 이야기하려고 합니다. 신체장애보험 상품에 대해 가장 중요하게 생각하는 부분은 무엇입니까?" 이 질문은 이론적으로는 합당하지만, 논의의 시작 단계에서 제기하는 것은 조사를 완전히 잘못된 방향을 이끌어 갈 수 있다. 이 질문을 받은 사람은 자신이 생각하는 중요한 점들에 대해 말할 것이다. 그리고 이는 의심의 여지없이 그룹 인터뷰를 참관하고 있는 사람들에게 신체장애보험이 그 응답자의 삶에서 정말 중요한 사안이라는 인상을 심어주게 된다. 여기서 문제는 광고주가 자신의 보험상품에 관해 묻고 싶어하는 질문들에 대한 어떠한 맥락도 설정되지 않았다는 것이다. 결과적으로 그 자리에서 이러한 보험상품에 관해 말해지는 내용들은 응답자들의 의견이 아닌 그 보험상품에 대한 광고주의 의견을 반영할 가능성이 높아질 것이다.

제품이나 업종이 사람들의 삶의 맥락에 들어맞는 지점을 이해할 수 있는 폭넓은 시각 없이 기업이나 제품의 절대적 강점을 암시하는 대답은 사실상 상대적인 평가에 지나지 않으며, 결과적으로 아무런 쓸모가 없다.

많은 조사들이 다소 근시안적인 시각에서 출발한다는 것은 어쩌면 그리 놀라운 일이 아닐지도 모른다. 결국 화장지를 생산하는 기업에서 일하는 사람은 화장지의 부드러움과 흡수력, 두루말이의 길이를 생각하는 데 업무 시간의 거의 전부를 쏟아부을 것이다. 그는 자기 회사 밖의 사람들도 화장지에 대해 자신과 같은 정도의 지식과 흥미, 열정을 가지고 있다고 가정하고, 조사를 시작할 때도 그런 자세로 임할지 모른다.

내가 들었던 유명한 이야기가 하나 있다. '클럽Club'이라는 브랜드의 초콜릿 쿠키를 출시한 나비스코 사Nabisco에 관한 이야기다. 어느 날 나비스코 사의 광고주는 광고대행사에 자신들의 제품 생산 기술이 향상된 것에 대해 설명했다. 그 내용인즉, 새로운 기술을 도입해 비스킷 둘레의 초콜릿을 0.5밀리미터 늘렸다는 것이었다. 당시 그 기술은 지금까지의 한계치를 뛰어넘는 것이었고, 광고주는 신기술이 우리의 생활을 바꿀만한 획기적인 진보로 평가받으리라면서 흥분감을 감추지 않았다. 그 쿠키에 두툼한 초콜릿 층이 있다는 사실을 알면, 주부들이 그것을 사려고 슈퍼마켓 문을 부수고 뛰어들 것이라고 말했다. 그런데 나비스코 사 광고주의 환상은 광고대행사 플래너의 말을 듣는 순간 무참히 깨져버리고 말았다. "이런 말씀드려서 정말 죄송합니다만, 이건 그냥 초콜릿 쿠키일 뿐입니다."

자신들이 만든 제품과 함께 먹고, 자고, 생활하는 사람들로서는 소비자가 자기들처럼 느끼지 않는 것이 슬픈 현실로 보일지 모른다. 그런데 그 슬픈 현실을 뒤늦게야 깨닫는 사람들이 너무 많다.

GS&P가 '캘리포니아 유가공 협회'의 광고를 맡았을 때, 우리는 유가공 업계의 다양한 집단들이 수년에 걸쳐 실행한 방대한 양의 조사 자료를 접할 수 있었다. 그 자료들 중에서 설문지 하나가 유난히 눈에 띄었다. 그것은 우유 소비와 소비자의 습관을 파악하기 위한 것으로 "얼마나 많은 양의 우유를 마십니까?"라는 질문, 혹은 그와 비슷한 유형의 질문들이었다.

겉보기에 이 질문은 매우 합리적이고 적절해 보인다. 그러나 응답자가 질문 내용을 말 그대로 해석해서 답할 경우, 그것은 소비자들의 우유 소비량과 소비 방식에 대해 거짓말을 하는 것이 될 수도 있다. "얼마나 많은 우유를 마십니까?"라는 질문은 우유를 몇 '잔'이나 '마시느냐'를 의미하므로, 매일 (우유를 섞은) 시리얼을 열일곱 그릇이나 먹는 경우에도 우유를 마시지 않는다고 응답할 가능성이 있다. 실제로 우유를 먹는 사람들 중 절반 이상은 시리얼과 함께 먹는다. 나는 광고에서 우유를 벌컥벌컥 들이키는 장면을 보여주는 것은 부분적으로 조사자들이 조사 과정에서 이러한 질문을 하였고, 그 결과 우유 소비에 대한 왜곡된 이미지가 만들어졌기 때문이라고 본다.

개별 질문이 조사를 잘못된 방향으로 이끌 잠재적 기능성 외에도, 정량조사 설문지나 정성조사 토론 지침(포커스그룹 사회자가 토론을 유도하기 위해 사용하는 질문과 주제 목록)은 그것들의 유도 방식에 의문이 제기될 수 있으며, 때때로 조사 과정과 거기서 추출된 응답의 타당성을 왜곡할 수도 있다.

설문지와 토론 지침 모두 일관성과 효율성의 이점이 있기 때문에 사용된다. 즉 모든 응답자에게 똑같은 질문을 똑같은 방식으로 물을 수 있으며, 따라서 응답자의 의견을 동시에 분석하고 비교할 수도 있다. 토론이나 질문 순서는 핵심 사안을 가장 효율적으로 탐색할 수 있게 하고 (광고주와 조사자의 관점에서) 가장 논리적 흐름이 되도록 결정된다.

그런데 개중에는 보고서를 망치는 장황한 설문지와 토론 지침도 있으며, 그 구조는 특정한 질문 순서가 아닌 특정한 응답 순서에 따라 만들어져 있다. 다시 말해, 조사자들은 의식적이든 무의식적이든 간에 응답자가 어떤 대답을 할지 예상하고 그에 따라 설문 순서나 방식을 정해 놓았으며, 그 결과는 거의 자기 충족적이다.

이런 식으로 행해진 조사는 사람들의 인식과 완전히 다른 방식으로 작동되며 논리적이거나 일관되지 않은 경향이 있다. 또한 이러한 조사에서 응답자의 생각과 대화는 일련의 임의적인 사건들일 뿐이다. 조사를 실행할 때 순서를 정하고 통제를 가할수록 그 조사에서 나온 정보의 질은 더 떨어진다는 것이 나의 견해다.

잘못된 질문을 하는 것과 관련해 마지막으로 지적해야 할 사항은 '올바른 질문을 너무 자주 빠뜨린다'는 점이다. 이는 대개 질문할 내용을 미리 충분히 생각하지 않았거나, (내가 너무도 좋아하는) 상식적이고 명백하고, 우둔한 질문을 회피하기(혹은 두려워하기) 때문에 일어난다. 명백한 질문을 꺼려하는 사람들이 고려해야 할 점은 조사 당시에는 당혹스러움을 피할 수 있겠지만 그 질문들을 무시한 결과 일이 잘못되었을 때는 더 크나큰 당혹스러움에 직면할 수 있다는 사실이다. 광고/마케팅 분야와 직접적인 관련은 없지만, 명백한 질문을 회피하는 것이 얼마나 심각한 문제를 야기하는지 보여주는 예를 하나 들어보겠다.

최근에 나는 하와이의 동식물에 관한 책을 한 권 구입했다. 그 책을 읽으면서 나는 하와이에 인디언 몽구스가 대규모로 서식하고 있다는 사실을 알고 깜짝 놀랐다. 인디언 몽구스는 족제비나 수달처럼 생겼는데, 큰 독사도 죽일 수 있는 능력을 가진 사나운 동물이다.

원래 하와이에는 인디언 몽구스가 서식하지 않았다. 이 이야기와 직접적인 관련은 없지만, 하와이에 서식하는 포유류는 박쥐뿐이었다. 박쥐 이외의 다른 여러 종들은 세월이 지나면서 유입된 것으로, 의도적이거나 혹은 우연히 아메리카 대륙이나 폴리네시아에서 오는 배를 타고 하와이에 들어와 정착하게 된 것들이다.

환영받지 못한 동물 이민자 중에는 쥐도 끼어 있었다. 쥐는 천적이 없는 하와이에서 빠르게 번식했고, 마침내 하와이 섬을 점령했다. 뿐만 아니라 그 수가 너무 늘어나 급기야 사탕수수 농장을 쑥대밭으로 만들어버렸다. 농장주들은 온갖 방법을 동원해 쥐를 없애려 했지만 번번이 실패하고 말았다. 그래서 한동안 낙심해 있다가 마침내 자연에서 그 해답을 찾았다. 쥐의 포식자를 들여오기로 한 것이다.

쥐의 포식자는 새로운 환경에 쉽게 적응할 수 있어야 하고, 쥐를 제압할 만한 힘과 공격성을 지녀야 했다. 또한 한번에 한정된 수만 섬에 들여올 수 있으므로 번식력도 왕성해야 했다.

연구를 한 끝에 그들은 마침내 완벽한 쥐의 천적을 찾아냈다. 바로 인디언 몽구스였다. 용감하고 빠르며 힘이 센 인디언 몽구스는 코브라를 죽일 정도로 사나웠고, 설치류를 즐겨 먹었다. 인디언 몽구스와 쥐를 한 우리에 집어넣는 실험을 했을 때, 인디언 몽구스가 쥐를 잡아먹는다는 것도 사실로 검증되었다. 매 실험마다 인디언 몽구스는 쥐를 죽이고, 먹어치우기까지 했다.

모든 조사를 마친 뒤 수많은 몽구스를 들여와 카우아이 섬^{Kauai}을 제외한 모든 섬에 몽구스를 풀어놓았다.(카우아이 섬이 빠진 것은 그 섬 추장이 몽구스와 같은 배를 탔기 때문이다. 추장은 무섭게 으르렁거리는 몽구스가 자기네 섬에 맞지 않는다고 생각하고 몽구스 우리를 바닷속으로 던져버렸다.)

하지만 몽구스를 풀어놓아도 쥐로 인한 농작물 피해는 여전했다. 왜 그랬을까? 조사 과정에서 몽구스가 쥐를 잡아먹는다는 실험을 확실히 했지만, 중요한 사실 하나를 간과한 것이 문제였다.

몽구스가 주행성 동물인 반면 쥐는 야행성 동물이었다. 그런데 어느 누구도 거기에 대해 물어볼 생각을 하지 못했다. 즉 쥐들이 사탕수수를 갉아먹는 동안, 무시무시한 쥐의 포식자인 몽구스는 깊이 잠들어 있었다. 쥐들이 모두 사라져버리고 나서야 잠에서 깨어난 몽구스는 닭이나 날지 못하는 토종 야생 조류들을 잡아먹을 뿐이었다. 결국 쥐를 잡기 위해 몽구스를 포식자로 들여왔던 이 시도는 커다란 재앙을 불러온 셈이었다.

분명 조사가 잘못된 것은 아니었다. 조사자들은 적어도 하와이 농장주들의 요구 사항을 충족시켜줄 수 있는 해결책을 찾아냈다. 그들은 쥐의 천적인 몽구스를 찾아냈는데, 그것은 완벽한 해결책으로 보였다. 몽구스가 쥐를 잡아먹을 확률을 측정한 실험도 유효했고, 번식 속도와 개체수 증가에 대한 자료도 매우 정확했다. 단, 한 가지 중요한 질문을 빠뜨린 것이 문제였다. 그 결과, 쥐 문제를 해결하기 위해 투입한 시간과 비용은 모두 물거품이 되고 말았다. 더 심각한 문제는 이제 하와이 사람들이 쥐뿐만 아니라 몽구스 문제까지 해결해야 했다는 것이다.

그렇다면 몽구스와 쥐 이야기는 광고/마케팅과 어떤 관련이 있을까? 코카콜라의 예를 살펴보자. 여러 책에서 많이 인용되고, 또 자주 이야기되어 왔기 때문에 여기서는 간략한 요점만 살펴보겠다.

1985년 코카콜라에서 뉴 코크New Coke를 출시했을 당시, 모든 조사 결과들은 새로 나온 뉴 코크의 전망이 매우 밝다는 것을 보여주었고, 기존 콜라보다 맛도 더 좋다는 반응을 얻었다. 이때 중요한 사실 하나를 빠뜨렸다. 조사자들은 사람들이 기존 콜라를 마시면서 느껴온 정서적 유대의 힘을 간과했고, 맛은 좋지만 아직 생소한 신제품 때문에 길들여진 입맛을 바꾸고 싶어하지 않는다는 점을 무시했던 것이다.

"우리가 소비자 조사를 위해 쏟아부은 시간과 비용과 기술로는 코카콜라 본래의 맛에 대한 느낌의 깊이를 밝혀낼 수 없었다." 거대 청량음료 회사의 대표인 도널드 커프Donald Keough는 『뉴욕 타임스』와의 인터뷰에서 이렇게 말했다. 그리고 코카콜라는 결국 소비자들의 원성 때문에 오리지널 콜라를 다시 생산할 수밖에 없었다.

그 원인은 무엇이었을까? 눈을 가리고 실시한 시음 테스트에서 신제품 대 기존 제품의 선호율은 55 대 45로 신제품의 맛을 선호하는 사람이 많다는 결과가 나왔다. 신제품에 코카콜라 로고를 붙이고 테스트했을 때는 61 대 39로 신제품 선호율이 더 올라갔다. 그런데 테스트 참가자들은 오리지널 코카콜라의 생산이 중지된다는 사실을 모르는 채 의견을 냈다. 즉 그들은 신제품과 오리지널 코카콜라를 함께 판매할 줄 알았다.

가장 중요한 질문, 즉 "오리지널 코카콜라가 더 이상 생산되지 않는다는 점에 대해 어떻게 생각합니까?"라고 물어보지 않았기 때문에 그에 대한 사람들의 반응을 예측하지 못한 것이다. 하지만 코카콜라가 그 사실을 알았을 때는 이미 때가 늦은 뒤였다.

잘못된 질문이
잘못된 방식으로 던져진다

클립 보드를 들고 있는 뚱뚱한 중년 여성이 쇼핑몰로 들어가는 나를 가로막았다.

"선생님, ○○시장조사 기관에서 나왔는데요, 잠깐 시간을 내서 설문에 응해주시겠어요?"

"도와드리고 싶지만 저는 이 조사를 진행하는 회사와 관련 있는 사람입니다. 지금 조사를 참관하러 왔고요. 조사 포스트가 어디죠?"

그녀는 좁은 복도로 들어가는 입구를 표시하고 있는 쓰레기통을 가리켰다. 마분지 위에 엉성하게 그려진 화살표가 조사 시설의 존재를 알리고 있었다. 그리고 복도에서 나는 또 다른 남성 응답자를 데려가고 있는 또 한 명의 여성 조사원과 마주쳤다.

그 때가 오전 10시였고, 나는 광고주가 의뢰한 조사를 관찰하기 위해 샌디에이고에 있는 이 쇼핑몰 안에 있었다. 조사는 특정 소비자를 겨냥해서 만든 광고 캠페인을 테스트하고 정량화하기 위해 기획된 것이었다. 우리는 조사의 설계에는 직접 관여하지 않았지만 조사의 실행을 참관하도록 초대받았다.

응답자들은 길거리에서 무작위로 뽑혀온 사람들이었다. 그들이 설문에 응할 마음이 있고, 응답자로서의 요건을 갖추었으면 약간의 선물을 약속받고 조사 장소로 안내되었다. 그리고는 작고 어두운 방에서 약 15분간 설문지를 작성한 다음 다른 방으로 옮겨 헤드셋을 끼고 편안한 의자에 비스듬히 누워 스크린을 바라보았다. 스크린에서는 잡지의 한 페이지를 연상시키는 이미지들을 보여주었다. 한쪽에는 광고물이, 다른 한쪽에는 기사가 나왔다. 응답자의 눈을 감싼 헤드셋은 눈동자의 움직임을 따라가도록 설계되었으며, 스크린 쪽으로 광선이 발사되어 응답자의 시선이 어디에 얼마나 오랫동안 머무르는지 알려주었다. 이 실험을 하고 나서 설문지를 마저 작성하면 조사는 완전히 끝이 났다.

이 조사를 통해서 남자들은 아름다운 여성 모델이 나오는 광고를 보면 광고의 헤드라인을 보지 않고 모델의 가슴 쪽으로 곧장 시선이 향한다는 흥미로운 사실이 드러났다. 물론 그 발견이 조사의 목적은 아니었지만, 그것은 전혀 기대하지 않았던 수확이었다.

어쨌든 나는 조사를 수행하는 방식이 조사 결과에 매우 극적인 영향을 미친다는 사실을 알아냈다. 이번 특정한 조사의 경우 광고에 대한 긍정적인 반응을 하지 않게 만드는 많은 요인들이 존재했다고 믿는다.

이제 이 조사가 쿠에르보 골드Cuervo Gold 데킬라 광고 캠페인을 위한 것이었음을 밝혀야 할 것 같다. 이 광고는 쿠에르보 데킬라는 파티의 수준을 한 단계 높여주는 일종의 촉매제라는 아이디어에 바탕을 두었고, 일단 그 브랜드를 경험한 사람은 이 말에 동의하지 않을 수 없을 거라는 전제를 깔고 있었다. 그 광고는 기분이 한껏 고조된 사람들, 유리잔과 마르가리따 제조 도구들(소금 분쇄기, 라임 주스)의 클로즈업된 사진들을 보여주면서, 동시에 커다란 문구들로 페이지 전체를 덮었다. 그리고 광고에 따라 특정 단어를 더 크게 부각시켰다. 한 광고에서는 'GET NAKED'를, 두 번째 광고에서는 'ROCKIN''를, 세 번째 광고에서는 'LICK'을 부각시켰다.

다시 방금 전의 조사 현장으로 돌아가보자. 그 날 조사는 수요일 오전 10시, 샌디에이고의 한 쇼핑몰에서 진행되었다. 오전 10시에 쇼핑몰을 찾는 사람들은 어떤 부류일까? 그들의 나이가 35세 미만이고 쿠에르보를 즐겨 마신다고 해도, 나는 그들이 이 광고 캠페인이 주요 대상으로 삼는 젊은 여론 주도층인지 솔직히 매우 의심스러웠다. 아마도 그런 젊은층은 그 시간대에 다른 장소에서 훨씬 재미있는 일을 하고 있을 테니 말이다. 설령 그들이 적합한 대상이라 하더라도, 수요일 오전 10시에 그들의 정신상태는 금요일 밤의 상태와는 분명히 다를 것이다. 따라서 작은 테이블 위에 올라서서 "벗어!Get naked!"라고 소리치는 누군가의 이미지가 그들의 마음을 자극할 가능성은 거의 없다. 더구나 이 감성적 광고 캠페인은 그다지 쾌적하지 못한 환경에서, 적절하지 않은 시간대에, 적절하지 않은 사람들(뚱뚱하고 호감이 가지 않는 중년 여성들)에 의해 이성적 기준에 따라 조사되고 있었다. 결국 이 광고 캠페인은 완벽한 것과는 거리가 멀었고, 더구나 이러한 환경하에서 그럴 기회조차 가지지 못했다.

객관성을 추구하는 데 평생을 보내는 많은 조사자들의 경우, 조사를 수행하는 단순한 행동이 그들이 관찰하고 평가하는 상황을 뒤바꿀 수 있다고는 생각하지 못하는 것처럼 보인다. 이는 광고 조사에도 하이젠베르크Heisenberg의 불확실성의 원리가 적용되는 것이라 볼 수 있다. 양자이론과 마찬가지로 광고 조사에서도 과학적 객관성이라는 것은 존재하지 않을지 모른다.

조사에 참여한 사람들은 표면적으로는 특정한 대상이나 계층을 대표하는 사람처럼 보일 수는 있다. 그렇지만 사실상 그들이 대표하는 것은 표본의 일부일 뿐이다. 즉 그들은 약간의 돈을 받는다는 조건으로 기꺼이 쇼핑을 포기하고 지루한 설문에 답할 용의가 있는 사람들이며, 또 그룹 인터뷰에 참석하기 위해 기꺼이 저녁 시간을 포기할 수 있는 사람들이다. 그들은 그저 얼마간의 돈이 필요해서, 혹은 광고나 마케팅에 유난히 관심이 많아서 조사에 참여했을 수도 있다. 어느 쪽이든 간에, 최악의 경우 신중하게 선별한 그 샘플들이 오히려 의도했던 다수의 타겟에 대한 더 부적절한 대표자일 수 있다.

인간 동물원

조사를 실행하는 장소는 조사 참여자들의 반응에 많은 영향을 미친다. 그 영향이 정확히 얼마만큼인지 말하는 것은 불가능하겠지만, 영향이 크다는 점은 확실하다.

내가 영국의 광고대행사에서 일할 당시, 영국과 미국의 그룹 인터뷰 방식은 많은 점에서 크게 달랐다. 그룹 인터뷰를 진행할 때 미국에서는 대개 도심에 위치한 특정한 시설을 이용했고, 영국에서는 일반 가정에서 실시했다. (나는 영국을 떠나온 지 8년이 지났는데, 이제 영국에서도 그룹 인터뷰를 진행하는 시설이 많이 생겼고 일반 가정에서 그룹 인터뷰를 진행하는 경우는 흔치 않다는 사실을 알고 몹시 실망했다.)

BMP는 주요 도시에 조사 대상자들을 선발하는 광범위한 리쿠르터 네트워크를 갖고 있었다. 리쿠르터들은 조사 대상자들을 뽑아서 자신의 집에서 조사를 수행했다. 참석자들은 점심이나 저녁 시간에 맞춰 그 집을 방문하는데(대개는 서로 이웃이다), 조사가 시작되기 전까지 잠시 기다리며 부엌에서 맥주나 와인을 마셨다. 그리고 마침내 거실에서 조사를 시작하는데, 참석자들은 편안한 의자에 앉아 술을 한 잔 더 마시면서 이야기를 나누었다. 그런 환경에서는 아무리 말수가 적기로 유명한 영국인이라도 할 말이 많은 법이다.

미국에서는 상황이 완전히 다르다. 그룹 인터뷰에 참석하기로 한 사람들은 대개 시내 중심가로 나와 건물 24층까지 엘리베이터를 타고 올라온다. 참석자들이 앉아 있는 대기실에는 모두 4개 집단의 참석자들이 같은 시간에 열릴 그룹 인터뷰를 위해 기다리고 있다. 참석자들 중에는 운동화 회사를 위해 농구에 관해 이야기해 줄 흑인 십대 그룹이 있을 것이다. 또 9살짜리 아이들을 데리고 온 한 그룹의 주부들은 초콜릿 우유에 관해 이야기하러 왔을 것이다. 어쩌면 거기엔 얼마 전 포르셰를 구입한 부유한 (백인) 남성 그룹도 있을지 모른다. 그리고 전화회사에 관해 이야기하도록 초청받은 25세에서 45세 사이의 남녀들로 이루어진 그룹도 있을 것이다. 그래서 그들은 완전히 낯선 사람들 틈에 조용히 앉아 저녁식사용으로 받게 될 델리 샌드위치를 생각하고 있을 것이다.

정해진 시간이 되면 참석자들은 그룹 인터뷰실로 들어간다. 어쩌면 영국식 억양을 쓰는 진행자는 참석자들이 기다란 회의실 탁자를 따라 자리에 앉게 한 뒤 이름표를 본인 앞에 내놓으라고 말할 것이다. 별다른 지시가 없으면, 들어온 순서대로 4명의 여성들이 나란히 줄지어 앉고, 나머지 6명의 남성들이 따로 무리를 지어 앉는다. 흑인 2명이 짝을 지어 앉듯이 히스패닉계인 다른 두 사람도 짝을 지어 앉을 것이다. 회의실 한쪽 구석에는 붉은 머리를 말꼬리처럼 묶은 덩치 큰 남자가 비디오와 모니터 장비로 둘러싸인 삼각대 위의 비디오 카메라를 조작한다. 테이블 위 천장에는 마이크가 달려 있다. 테이블 앞쪽에 진행자가 선생님처럼 앉아 있고, 뒤로는 유리벽이 있다. 그 유리벽은 바깥에서만 안을 볼 수 있는데, 뒤쪽에는 광고대행사와 광고주 관계자가 M&MS 초콜릿을 먹거나 전화를 걸면서 인터뷰에 참석한 못난이들을 놀려댈 것이다. 때때로 농담이 지나쳐 웃음소리가 터져나오기도 하는데, 그 소리는 유리벽 너머 참석자들에게 들릴 수도 있다.

내가 그룹 인터뷰를 진행했을 당시, 마거릿이라는 한 여성 참석자는 특정 광고를 이해하지 못해 엉뚱한 이야기를 했다. 그러자 다른 참석자들은 별다른 반응을 보이지 않았지만, 유리벽 너머에서 낮은 목소리가 울려나왔다. "오, 이런! 마거릿, 멍청하기는!" 그 뒤부터 마거릿은 별로 말을 하지 않았다.

이런 상황에서, 그룹 인터뷰 진행자가 참석자들에게 "오늘 밤 모임에서 가장 중요한 점은 여러분이 가장 편안하고 자연스럽게 자신의 생각을 털어놓는 겁니다"라고 말한다면 참석자들의 기분이 어떨지 생각해보라.

진행자가 매우 노련할 경우, 몇몇 참석자들은 특정한 사안에 대해 자신이 본래 생각했던 점을 털어놓을 수도 있다. 하지만 그 반대인 경우가 더 많다. 낯선 환경, 회의실 탁자, 카메라 장비 따위가 미묘하게, 혹은 강하게 참석자들에게 영향을 준다. 어떤 참석자는 분위기에 짓눌려 아예 입을 다물어버리고, 그들의 의견은 전혀 들을 수 없게 된다. 어떤 사람은 카메라를 의식해서 연기를 하면서 입을 다물 줄 모른다. 어떤 이는 자신의 역할을 비평가로 착각하고 광고업자와 마케터의 잘못을 조목조목 지적한다. 능숙한 진행자라면 그러한 문제를 줄이거나 극복할 수 있을 것이다. 하지만 실제로 그런 유능한 진행자는 찾아보기 어렵고, 또 아무리 유능한 진행자라 해도 그러한 환경 때문에 종종 완전히 실패하거나 일을 반쯤은 망치게 된다.

나는 동물원의 고릴라나 침팬지뿐 아니라 야생 상태의 것들도 본

적이 있다. 탄자니아 곰비Gombe 숲에 사는 침팬지는 샌프란시스코 동물원의 침팬지와 거의 똑같고, 몸짓이나 소리, 그밖의 행동 양식도 매우 흡사하다. 하지만 실제로는 많은 점에서 다르다. 사육되는 침팬지는 자신의 환경에 적응해서 행동한다. 그러므로 동물원 침팬지의 행동을 보았다고 해서 야생 상태의 침팬지를 본 것과 같다고 말할 수 없다.

제인 구달은 곰비 숲의 침팬지가 작은 나뭇가지로 흰개미를 잡는 도구를 만드는 것을 보았을 때, 인간과 동물을 구분하는 오래된 정의, 즉 사람만이 도구를 만들어 사용할 수 있다는 이론에 의문을 제기했다. 그녀가 관찰한 것이 사실이라면 우리는 침팬지를 인간으로 인정하거나 아니면 새로운 이론을 만들어야 할 것이다.

오랫동안 침팬지를 연구한 제인 구달 외에도, 디안 포세이Dian Fossey 역시 르완다에서 수년 동안 산고릴라를 연구했다. 그는 고릴라가 유전적으로 인간과 닮았고, 가족관계나 권력투쟁, 감정까지 인간과 유사하다는 점을 세상에 알렸다. 그러한 모든 발견은 야생 상태의 서식지에 직접 들어가서 관찰하지 않으면 알 수 없는 것들이었다.

그룹 인터뷰 참석자들의 생각과 행동이 실제 소비자의 생각과 행동을 대변한다고 생각하는 것은, 동물원의 침팬지를 보면서 숲속의 침팬지와 똑같다고 생각하는 것과 마찬가지다. 결국 표본만으로 전체를 안다는 것은 불가능한 일이다.

다음 장들, 특히 4장에서는 조사가 전통적인 조사시설에서 벗어나 '자연 상태'를 더 잘 대표할 수 있는 환경에서 사람들과 관계를 창출할 수 있는 방법을 탐색해볼 것이다. 더 자연스럽고 편안한 행동을 유도하는 이러한 환경에서 참석자들은 실질적으로 그들의 경험이나 느낌을 말할 가능성이 높다.

질문을 하는 조사 방식에 관해 마지막으로 지적해야 할 사항은, 편안하고 비공식적이며 비계획적인 방법으로 의견을 수집하는 정성조사의 경우조차 많은 인터뷰들이(그것이 일대일 인터뷰이든 그룹 인터뷰이든 간에) 토론보다는 심문에 가깝다는 점이다. 긴 설문지나 토론 지침이 안고 있는 문제는, 올바른 질문을 올바른 순서로 해야 한다는 강박관념에 사로잡힌 나머지 올바른 답변을 얻는 것을 부차적인 것으로 만들어버린다는 것이다. 그리고 조사가 응답자와 함께 하기보다는 응답자를 대상으로 행해진다는 것이다. 만일 응답자들이 하는 일이 지루한 질문지나 작성하는 것뿐이라면 그들은 단순히 반응적이 되어 피상적인 응답만 하게 될 것이다. 특정 그룹 인터뷰에서 최상의 결과를 얻어내고자 한다면 참석자들에게 생각할 시간을 주어야 한다는 점이 매우 중요하다. 내가 그룹 인터뷰에서 얻어낸 최상의 소비자 통찰은 어떤 이들은 불편해할 수도 있는 긴 침묵이 지난 후에 나온 것들이다. 침묵은 참석자들로 하여금 주어진 사안에 대한 의견을 제시하기 전에 충분히 생각하게 만든다. 이러한 통찰은 내가 만약 긴 항목의 질문들을 시작했더라면 아마 얻지 못했을 것이다.

　이러한 심문 같은 인터뷰에서는, 참석자보다 인터뷰 진행자나 광고주 관계자들이 더 많은 말을 한다는 사실은 놀랍기까지 하다. 많은 광고들에서 보여지는 문제들, 즉 광고들이 소비자의 언어가 아닌 기업의 언어로 이야기를 하는 문제는 이러한 조사 단계에서부터 시작된다. 조사 단계에서 진행자들은 제품을 설명하기 위해 어려운 전문 용어를 사용하면서 참석자들이 그것을 이해하리라고 가정한다. 나이키의 글로벌 광고 디렉터인 제프리 프로스트는 이런 버릇을 '성급한 일반화의 오류 them-r-us marketing' 라고 표현했다. 말하자면 회사 내부의 모든 사람들이 소비자들이 그들과 똑같을 것이라 의심의 여지 없이 믿는다는 것이다. 하지만 실제로 그런 경우는 거의 없다.

마케터나 광고대행사 관계자들이 실제로 그 물건을 구매하거나 사용하는 소비자와 다른 용어로 제품을 표현한다는 것은 문제가 있다. 예를 들어, 'SUV(스포츠 유틸리티 차량)' 라는 단어는 자동차 회사의 마케팅 부서 복도에서는 흔히 발견할 수 있지만, 소비자들은 포드 익스플로러, 지프 체로키, 도요타 포러너 같은 차들을 모두 '트럭' 이나 '사륜구동차' 또는 (다른 자동차 메이커들은 억울할지 몰라도) '지프' 라고 부를 것이다. 만일 그룹 인터뷰에서 참석자들에게 'SUV' 에 대해 어떻게 생각하느냐고 질문한다면 그들은, 심지어 그런 차를 갖고 있는 사람조차 그 질문을 이해하지 못할 것이다.

나 역시 그런 실수를 한 적이 있다. 당시 참석자들 가운데 두세 명이 어리둥절한 표정을 지으며 대화에 끼지 못했는데, 한참이 지난 뒤에야 그 중 한 명이 "아, 트럭 말씀이시군요. 맞아요, 제 포드 익스플로러는요……" 하며 말문을 열기 시작하는 것이었다.

이것은 단지 제품 이름만의 문제가 아니다. 많은 기업들은 고객들이 자신들과 같은 방식으로 생각하고 행동하리라 기대하며, 종종 그들이 수행하는 조사 방식은 그러한 믿음을 가중시킨다. 예를 들어, 첨단기술이나 통신 분야의 기업들은 그들 사업을 '기업 부문' 과 '소비자 부문' 으로 구분하고 각각을 책임질 임원을 배치하며 서로 다른 광고 캠페인을 진행한다. 이 모든 것들의 기본 가정은 업무용으로 전화를 사용하는 사람과 집에서 전화를 사용하는 사람이 서로 다른 부류라는 것이다. 전화기뿐만 아니라 많은 통신 제품의 경우, 여러 측면에서 이러한 주장은 어느 정도 타당성이 있다. 하지만 첨단기술 업종에 종사하는 사람도 가정 생활을 할 것이며, 만약 그들이 통신 회사 광고를 본다면 대개는 가족과 함께 텔레비전 앞에 앉아 있을 때일 것이다. 그래서 특히 전반적인 브랜드 인식과 관련된 사안의 경우, 단지 그들을 사업가로만 보고 이야기하는 것은 한계가 있으며, 심지어 잘못된 것일 수도 있다. 조사를 할 때는 대상자들의 사업가적 측면만이 아니라 그들의 전반적인 삶이 고려되어야 한다.

사람들의 말과 그 실제 의미가 항상 같지는 않다

잘못된 방법으로 잘못된 질문을 하면 잘못된 답변을 얻을 수밖에 없다. 그런 답변은 사람들이 고의로 거짓 정보를 주려고 해서가 아니라 조사 자체가 그들을 벗어나기 힘든 길로 몰아가기 때문이다. 이는 마치 가파른 협곡 사이를 흐르는 강물에 빠지는 것과 같다. 거기에 출구는 하나밖에 없는 데, 그것은 하류로 떠내려가는 것이다.

보다 폭넓은 맥락에서 논의를 하지 않는 경우, 신체장애보험이 매우 흥미로운 대화 주제라거나 세상 사람들이 분당 15센트짜리 장거리 전화가 나오기를 학수고대한다든지, 혹은 우유 광고들이 우유 속 지방 함유 물질에 대해 소비자들을 안심시켜야 한다는 식의 섣부른 단정을 할 가능성이 있다. 나는 올바른 토론 지침과 질문 순서에 대한 확고한

116

자세를 가지고 그러한 모든 사실들을 발견해낼 수 있다는 것을 안다. 그리고 한치의 꺼리김도 없이 내 조사의 주요한 결과로서 그 사실들을 보고할 수 있을 것이다. 그것들은 틀렸겠지만 여전히 주요한 조사 결과 일 것이다.

앞에서도 말했지만 어떤 참석자들은 진행자가 가장 듣고 싶어하는 이야기를 들려주기도 하고, 또 어떤 사람들은 의도적으로 그 반대자가 되기도 한다. 그러나 단순한 그룹 내의 역학관계뿐만 아니라 참석자들이 좀체로 자신이 생각하는 바를 정확히 말하지 않을 수 있는 또 다른 이유가 있다. 문제는 이러한 특정한 경우에 있어서, 참석자들이 그들이 생각하는 바를 실제로 말하고 있다고 믿을 수 있다는 것이다. 이 부분은 이상한 회색지대로서 진실과 허구의 중간쯤이다. 참석자들은 점잖고 똑똑하고 배운 사람이라면 그렇게 말해야 한다고 생각하기 때문에 그런 식으로 말한다.

다른 사람을 의식해서 말하는 이른바 '정치적 표현Political Correctness' 은 미국 전역에서 조사의 물을 흐려놓는 중대한 요인이었다. 샌프란시스코에서는 특히 그 정도가 심했다. 그것은 모든 이슈들에 영향을 미치는데, 일반적인 경우("나는 광고에 영향을 받지 않습니다")에서부터 특정한 경우("나는 그 사람이 광고의 마지막 부분에서 우유를 마셔야 한다고 생각합니다. 왜냐하면 이미 세상에는 너무 많은 불행이 있기 때문이죠"), 그리고 극단적인 경우("나는 우유를 광고하는 것이 잘못된 일이라고 생각합니다. 왜냐하면 종교적인 이유로 소를 신성시하는 사람들이 불쾌하게 생각할 수 있기 때문이죠")까지 다양하다.

언젠가 한 참석자가 그룹 인터뷰 도중 울면서 밖으로 뛰쳐나가는 바람에 조사가 중단되었던 적이 있다. 다른 참석자가 형편이 어려워도 엄마라면 아이를 잘 먹여야 한다며 훈계를 늘어놓았기 때문이다. 그 여자는 "내가 당신이라면 아무리 돈이 없어도 아이에게 과일과 야채만큼은 꼭 먹이겠어요" 하고 말했다. 그 여자는 실제로는 자기 아이에게 그렇게 하고 있지는 않지만, 도덕적으로 올바르다고 생각되는 쪽으로 말했을 가능성이 있다. 불행히도, 그 과정에서 그녀는 엄마의 의무에 충실하지 못한 다른 엄마를 비난하고 말았다.

그룹 인터뷰를 진행하면서 참석자들의 이야기를 듣다 보면, 혹은 정량조사에서의 답변들을 실제로 믿는다면, 미국인들은 세상에서 가장 깨끗하고 건강하게 사는 사람처럼 생각될 것이다. 미국인들은 모두 잘 먹고 잘 살며 열심히 일할 뿐만 아니라 콜레스테롤 수치도 매우 낮다.

최근의 어느 설문 조사에서는 사업가들에게 호텔 선택에 가장 큰 영향을 미치는 시설물이 무엇인지를 물었다. 응답자들 가운데 70퍼센트가 운동시설이 매우 중요한 요소라고 답변했다. 이 조사 결과를 곧이곧대로 받아들일 경우, 호텔 소유주들은 운동시설을 더 확충하려 들 것이다. 투숙객의 70퍼센트가 운동시설을 이용할 경우 러닝 머신 두 대와 자전거 한 대로는 충분하지 않기 때문이다. 그런데 운동시설을 이용하는 사람은 전체 투숙객의 17퍼센트밖에 되지 않으며, 대부분은 바에서 칵테일을 마시거나 룸에서 성인 영화를 본다.

마찬가지로, 미국에서 최근 5년 사이 감자튀김의 섭취에 대해 우려를 표명한 사람이 39퍼센트나 증가했다. 그런데 같은 기간에 감자튀김의 실제 소비량은 겨우 7퍼센트 하락했다. 그리고 붉은 고기를 먹는 것에 대해 무수한 반대가 있지만, 쇠고기는 여전히 미국인들이 가장 좋아하는 고기이며, 스테이크 레스토랑은 미국 전역에서 번창하고 있다.

사람들의 말과 행동이 왜 이렇게 일치하지 않는 걸까? 그것은 조사 대상자들이 자신이 실제로 갖고 있는 습관이나 개성이 아닌, 갖기를 원하는 습관이나 개성에 대해 말하는 경향이 있기 때문이다. 때로는 조사에 참석한 다른 사람들에게 깊은 인상을 주기 위해 그렇게 말하는 경우도 있다 그러나 나는 종종 그들이 스스로에게 자신이 분별력 있고, 항상 바라는 몸과 마음의 상태로 살고 있다는 확신을 주기 위해 그런 말을 한다고 진정으로 믿는다. 결국 낯선 사람들 속에 있을 때는 누구도 진실을 알 수 없다.

내가 맥주에 관한 조사를 위해 영국을 돌아다니던 당시, 조사의 시작은 항상 그들이 어떤 맥주를 즐겨 마시는지에 대한 질문에서 출발했다.(여성에게 질문한 적은 거의 없었는데, 당시 여성은 전체 맥주 소비에서 차지하는 비중이 매우 작았다.) 각 응답자들은 자신이 즐겨 마시는 맥주 이름을 댔는 데, 종종 Theakston's Old Peculiar, Old Sweatysocks, Marston's Pedigree 같은 그다지 대중적이지 않은 브랜드를 대기도 했다. 이들은 다른 맥주는 거의 마시지 않는 것처럼 말하면서, 자신이 맥주에 관한 한 미식가임을 과시하는 듯했다. 그러나 대화 후반부에서 그들이 실은 그런 비싼 맥주를 한 잔 마신다면, 양 많고 값싼 맥주는 15잔씩이나 마신다는 사실이 드러나곤 했다. 응답자들의 주장은 항상 시장 점유율 자료와 비교해 봄으로써 현실적인지를 확인해야 한다.

위의 사례가 너무 영국적이거나 혹은 너무 남성적인 것으로 생각된다면, 여러분 자신이 설문지에 답했던 순간을 떠올려보라. 여러분은 여가활동이나 미디어 시청 습관에 대한 질문에 대해 항상 진실만을 말했는가?

솔직히 나도 그런 설문지를 받았을 때 교양 프로그램을 주로 시청하고, 독서를 하는 데 많은 시간을 보내며, 마라톤과 스쿠버 다이빙을 즐긴다고 대답한다. 사실 나는 아들과 함께 가끔 '바니Barney'를 시청하고 (10년 전에) 몇 번 마라톤을 한 적도 있고, 1년에 평균 한 번은 스쿠버 다이빙을 한다. 그러니까 완전히 지어낸 얘기는 아니라는 것이다. 자, 이제 여러분도 그런 설문을 받았을 때 완전한 진실을 말하지 않았음을 고백하라. 그리고 잠시 그러한 설문 자료를 분석하는 일을 직업으로 삼고 있고, 그 설문 내용을 바탕으로 상사에게 조언을 하는 사람이 있다는 사실을 떠올려보라.

"대중" 리서치

조사에서 거짓말, 혹은 절반의 진실이나 절반의 거짓을 듣게 되는 것은 좀더 나은 삶에 대한 인간의 욕망 때문이지만, 한편으로는 외부적인 영향 때문인 경우도 있다. 미국에서는 삶에 대한 대중들의 사고방식, 더 나아가 투표나 상품 구매 방식에 영향을 미치는 대중의 태도에 있어 근본적인 변화, 즉 사회적 트렌드를 밝혀내는 강력한 산업이 성장해왔다. 특히 후자의 트렌드가 중요한데, 그것은 학술적, 인류학적 관심사라기보다는 돈벌이이기 때문이다. 새로운 트렌드에 부응하는 책들이 발간되고, 세미나가 열리고, 『포춘』 상위 500대 기업에서는 프리젠테이션이 개최된다. 그리고 아마도 가장 중요한 것으로, 많은 트렌드 관련 인터뷰들이 미디어에 실린다.

우리는 매일매일 신문이나 잡지 혹은 TV 뉴스에서 우리의 삶을 형성하게 될 소위 트렌드에 대해 듣게 된다. 그 이유는 텔레비전 프로그램이나 인쇄매체에 실을 내용은 충분치 않는 데 반해 방송 시간이나 지면

이 너무 많기 때문인 것 같다. 사회적 트렌드는 언론인들에게는 매우 좋은 소재이다. 왜냐하면 누군가가 사회적 트렌드를 밝혀내면, 단지 그 사람과 인터뷰를 해서 일정한 포맷으로 편집하기만 하면 되기 때문이다. 그래서 미디어에서 이를 테면, 동맥경화에 관한 자료 화면과 함께 사람들이 붉은 고기를 덜 먹고 있으며, 현재 소들을 감전사시키고 있다는 등의 내용이 나온다. 그리고 세계의 모든 사람들이 이 이야기를 보게 된다. 그리고 나서 조사자가 사람들에게 붉은 고기에 대해 어떻게 생각하는지 묻는다면, 그들은 TV에서 본 대로 답변하게 된다. 그러면 그 조사자는 이를 양돈협회 등에 보고하고, 협회는 돼지고기를 흰 고기로 포지셔닝하는 광고를 만들게 된다. 그러면 미디어는 다시 이 광고를 새로운 사회적 트렌드의 증거로 거론하면서 보도한다.

1970년대를 '자아의 시대the me decade' 로 묘사한 톰 울프Tom Wolfe는, 80년대가 채 끝나기도 전에 성급하게 90년대를 '복지의 시대the caring 90s', 혹은 '품위의 시대the decency decade' 라고 이름 붙이는 점쟁이 같은 부류들을 못마땅하게 생각했다. 울프는 그 말을 만들기 위해 자신은 70년대가 끝날 때까지 기다렸음을 지적한다. 그는 일어날 일에 대한 추측이 아니라 실제 일어났던 일들에 대한 통찰에 기초해 그 말을 만들어냈다.

대담하게 미리 90년대를 규정한 사람들은 80년대의 '과도한 소비주의'에서 벗어나 삶에서 진실로 중요한 것을 높게 평가하는 방향으로 미국인들의 가치관이 근본적으로 변화할 것이라고 예측했다. 가족이 삶에서 최우선 순위가 되고, 돈보다 시간이 더 중요해질 것이라고 했다. 이는 많은 기업들에 즉각적인 영향이 미칠 것이며, 특히 독일 자동차 메이커들처럼 사회적 지위를 대변하는 제품을 만드는 기업들은 큰 어려움을 겪을 것이라고 했다. 하지만 BMW나 메르세데스, 포르셰 같은 기업들은 1990년대에도 활황을 누렸다. 그리고 1997년에는 그 전 해에 거둔 성과 덕분에 과거에 지급되었던 가장 많은 보너스의 두 배가 되는 보너스가 지급되었다.

"90년대에 일어난 일의 전부는 돈의 흐름이 멈추었다는 것이다"라고 말하면서, 울프는 이 모든 것을 "미디어가 만들어낸 허상media construction"이라고 부른다. 80년대 후반과 90년대 초반 적어도 1년 또는 2년간은 실제로 그랬다. 한동안 사람들은 고가의 독일제 스포츠 카를 살 형편이 안 되는데도 그 차를 소유하고 싶다는 욕망을 버리지 않았다. 그 후 사람들은 돈이 없어서 그 차를 사지 못한다는 사실을 인정하지 않고, 대신 새롭게 발견된 원칙과 가치관에 근거해 자신들의 욕망을 행동으로 옮기지 못하는 것을 정당화했다. 울프는 "우주적 관점에서 그것이 신과 관련 있다고 생각하는 편이 훨씬 더 만족스러울 것이다"라고 말한다. 그리고 어쩌면 '우주'와 '신'은 더 나은 텔레비전을 선사하기도 한다.

1992년과 1996년 선거에서, 가족의 가치는 정당이나 개인 후보자들 간의 토론에서 중요한 역할을 수행했고, 무수한 광고 캠페인들이 그 특정한 사회적 트렌드에 대한 경의를 명시적, 암묵적으로 표시하기에 바빴다. 뉴욕의 컨설팅 회사인 와이너 에드리치 브라운에 근무하는 아놀드 브라운이라는 미래학자는, 『포춘』지에 가족적 가치의 시대에 "암벽 등반과 래프팅이 사회의 자극 촉진제로서 사랑 행위를 대체했다"라고 썼다. 이 얼마나 실없는 소리인가. 만일 클린턴 대통령의 선거 참모였던 딕 모리스Dick Morris가 창녀와 놀아나는 대신 암벽 등반에 몰두했다면 그는 여전히 자신의 직업을 갖고 있을 것이고, 빌 클린턴에게도 가족의 가치를 강조해야 표를 얻을 수 있다고 조언할 수 있었을 것이다. 그리고 가족에 관해 말하자면, 오늘날 미국의 30세 미만 여성들은 평생 동안 아이보다도 더 많은 수의 남편을 갖게 될 것이라는 점은 슬프지만 사실이다.

한편, 우리는 최근 몇 년간 새로운 사회 집단의 출현에 대해 많은 얘기를 들어왔다. 더글러스 쿠플랜드Douglas Coupland가 처음 이름을 붙인 그 집단은 그가 쓴 소설 제목과 같은 'X세대'로 불리게 되었다. 나는 X세대 음악을 듣고, X세대 패션을 입었으며, X세대 영화를 보았다. 그리고 아마도 전생에 무슨 잘못을 했는지, X세대에 관한 조사 보고서까지 읽었다. 리서치 디렉터들은 X세대는 우리에게 중요한 기회이므로 광고에서 X세대에게 소구해야 한다고 주장하면서, 그저 염소 수염을 기른 배우 한 명을 광고에 출연시키기만 해도 훨씬 더 "X-어필"할 수 있을 것이라고 말했다.

나 역시 X세대에 대해 할 말이 많지만, 거기에 관해서는 더글러스 쿠플랜드에게 맡기고 싶다. 그가 이 주제를 처음으로 언급했으므로 마무리 역시 그에게 맡기겠다. 1995년 『에스콰이어』지의 어느 기사에서 쿠플랜드는 이렇게 썼다. "X세대는 끝났다. 커트 코베인은 하늘나라에 있고, 슬랙커스Slackers는 영화로 만들어졌으며, 미디어에서는 13세부터 30세까지의 모든 사람을 X세대라고 부른다. 이는 마케터와 광고인들이 X세대란 나이를 말하는 것이 아니라 세상을 보는 방식이라는 것을 이해하지 못하고 있음을 보여줄 뿐이다."

많은 마케터들이 이미 존재하고 있으며 또한 그들에게 가장 합당한 기회들을 활용하기보다는 새로운 기회를 잃지 않기 위한 노력에 훨씬 더 많은 시간을 쓰고 있다. 그들은 굳이 이해할 필요도 없고, 어쩌면 존재하지도 않는 트렌드와 사람들을 쫓아다니느라 주의력과 시간과 자금을 분산시킨다. 많은 광고대행사들이 "이번 광고에서 X세대를 빠뜨리면 절대 안 돼요"라는 말을 들어왔고, 조지 부시의 '더 친절하고 더 부드러운 미국' 비전에 순응하는 캠페인을 만들도록 요구받는다. 이 상황에서, 10시 뉴스나 샌프란시스코의 그룹 인터뷰에서 들은 말이 전부 다 진실은 아닐지 모른다는 생각을 해볼 시간을 갖자고 이야기하는 사람은 한 사람도 없다.

대중의 의견과 다른 경우 수치에
오류가 있을 수 있다

미국의 조사업계는 매일같이 제품과 광고의 효과를 추적한 수많은 수치들을 쏟아낸다. 시장의 실제 상황에 대해서뿐만 아니라 제품과 광고가 시장에 나간다고 가정했을 때 어떤 성과를 거둘 수 있는지에 관해서까지도 추정한다. 그러한 수치들은 많은 조직들 내에서 막강한 영향력을 행사한다. 패스트푸드 회사의 간부들은 출근하자마자 책상 앞으로 달려가 전날 그들이 시장에 새로 선보인 샌드위치가 어느 정도 호응을 받았는지를 나타내는 도표부터 확인한다. 조사 담당자들은 자신들이 제작에 참여한 회사의 광고가 브랜드 인지도나 설득력에서 기준치 이상, 혹은 이하의 점수를 받았는지 확인하기 위해 거래처에 주요 결과치의 자료를 요구한다. 심지어 정성조사를 실시한 경우에도 브랜드 매니저들은 10명의 응답자 중 그들의 기준치인 8명 이상이 긍정적인 반응을 보였는지만을 확인한다. 이처럼 수치 위주의 평가는 매우 냉정하고 메마르다. 미리 정해둔 어떤 점수 이상이면 좋고, 그 이하면 무조건 나쁘다는 식이다. 그리고 미국에서는 이러한 뉴턴주의적 방법과 측정을 근거로 시시각각 수백만 달러짜리 의사결정들이 이루어지고 있다.

경영학의 권위자인 톰 피터스는 『경영 혁명Thriving on Chaos』이란 책에서 "영감이 넘치는 비전에는 대부분 수치가 들어 있지 않다"라고 말했는데, 나는 그 말에 전적으로 공감한다. 다른 많은 어카운트 플래너들과 달리, 나는 문제의 정도를 분석하고 정의하기 위해 수치를 많이 활용한다. 또한 정성조사 결과를 보강하기 위해서도 수치를 활용한다. 하지만 그 수치가 훌륭한 광고를 만드는 데 영감을 주는 것을 본 적은 없다. 혹시라도 그러한 사례가 있다면 다행이지만, 나는 그 사례가 어떤 법칙이라기보다는 예외에 불과하다고 생각한다.

나는 딱 한 번 수치에 의해 '고무된' 전략을 가지고 일해야 했던 적이 있었는데 그 결과는 참담했다. 1989년 GS&P가 쿠에르보 브랜드 건을 맡았을 때, 우리는 값비싼 다변수 통계 분석을 통해 정의되는 전략에 따라 일해 달라는 요청을 받았다. 사람들은 여러 속성들에 기초해서 일반적인 데킬라에 대해 평가했고, 특별히 쿠에르보와 경쟁 브랜드들을 평가했다. 그리고 사람들의 반응은 나로서는 그 방법을 이해할 수 없었지만 다른 브랜드나 술에는 없는 쿠에르보가 대변하는 특성들을 확인하기 위해 도표로 나타내졌다. 도표에서는 다음과 같은 세 문구가 크게 부각되었다.

'좋은 술Good Drinks'

'즐거운 시간Fun Times'

'진실한 사람들Real People'

이 세 문구는 서로 잘 어울렸고, 그것들은 우리가 광고에서 그려내야 할 쿠에르보의 이미지였다. 나는 종종 이 세 문구를 혼동해서 '즐거운 술, 진실한 사람, 좋은 시간'으로 생각하곤 했는데, 사실 문제는 그것이 아니었다. 사람들의 반응을 평균화하는 과정은 본질적으로 '온순한benign' 쿠에르보의 특성을 만들어냈고, 그러한 특성들은 다른 음료, 가령 버드와이저나 코카콜라, 혹은 와인 쿨러나 서니 딜라이트에도 모두 적용할 수 있는 것이었다.

계량화는 여기서 멈추지 않았다. 우리는 쿠에르보와의 관계를 끝내기 전까지 30여 개의 광고 캠페인 안을 개발했는데, 그 중 많은 수가 정량적으로 광고 문안 테스트를 받았고, 각각의 캠페인은 '좋은 술, 즐거운 시간, 진실한 사람들'이라는 세 가지 컨셉을 전달하는 능력에 따라 평가되었다. 안타깝게도, 우리는 이 세 가지 기준 전부를 동시에 통과할 수 없었다. 일찍이 언급된 'Get Naked!(옷 벗어!)' 캠페인은 누구나 예견할 수 있듯이 '즐거운 시간'과 '진실한 사람들'이라는 항목에서는 높은 점수를 받았지만, 실망스럽게 '좋은 술'에 대해서는 그렇지 않았다. 하지만 다른 광고 캠페인들은 '좋은 술'에 대해서는 높은 점수를 얻었지만 '진실한 사람들'에 대해서는 낮은 평가를 받았다. 이러한 경험들은 정말로 맥빠지는 일이었다.

쿠에르보가 브랜드로서 가진 독특한 특성을 고려하면 더욱 침울해진다. 사실 나는 쿠에르보처럼 그 이름을 단순히 언급하는 것만으로 즉각적이고 본능적인 반응을 불러일으키는 브랜드를 가지고 일해본 적이 없다. 정성조사를 실시해보면, 사람들은 자신의 기억을 떠올리면서 웃기도 하고, 다른 사람에게 눈길을 주기도 하고, 머리를 흔들거나 심지어 무언가 생각난 듯 손으로 얼굴을 가리기도 했다. 사람들에게는 각자

자기만의 이야기가 있고, 그것들 대부분은 글로 나타내기에 적당하지 않았다. 우리는 사람들에게 여섯 개들이 맥주 박스를 들고 파티에 온 손님들을 문 앞에서 맞이하는 장면을 상상해보라고 했다. 이어서 다른 손님이 쿠에르보 골드 한 병을 들고 도착하는 장면을 상상해보라고 했다. 그것이 어떤 의미를 전달하는가? 반응은 한결같았다. 그들은 말과 표정, 몸짓으로 말했다. 그것은 광란의 파티가 될 거라는 것이었다. 그들은 쿠에르보에 대해 '좋은 술, 즐거운 시간, 진실한 사람들'이라고 말하지 않았고, 앞으로도 그런 말을 떠올릴 가능성은 전혀 없었다. 그런데도 수치들은 쿠에르보의 특성을 그렇게 나타냈으며, 그러한 특성을 반영하지 않으면 광고가 잘못될 거라고 제시했다. 하지만 그 수치의 정당성에 의문을 제기하는 사람이 아무도 없었다.

특히 미국인들은 수치에 대해 일종의 경외감을 가지는 것 같다. 미국인들은 수치를 사랑하고 모든 것을 수치로 표현하려고 한다. 그런 점을 가장 여실히 볼 수 있는 것이 스포츠 분야다. 신문의 스포츠 면을 읽거나 TV 중계를 봐도 그 사실을 분명히 알 수 있다. 야구선수의 평균 타율은 그냥 타율이 아니라 6월 야간 원정 경기에서 우완 투수를 상대로 좌타석에 들어섰을 때의 평균 타율을 따지는 정도일 만큼 구체적이다. 선수들의 실력을 반영하는 통계 수치가 그들의 능력과 연봉을 결정하며, 그것은 일반들에게도 알려져 모든 이들이 그 수치를 공유하게 된다. 그래서 수치가 없으면 무언가가 빠진 것 같다. 아마도 그 무언가는 진실일 것이다.

미국 사회가 수치에 얼마나 집착하는지 보여주는 단적인 예가 1994년 6월 2일자 『샌프란시스코 크로니클』에 실렸다.

타이거즈 승리, 꼴지에서 탈출

오리올즈는 타이거즈와의 3연전에서 모두 패하면서 최근 여섯 경기에서 5패를 기록했다. 마이크 무시나(7승 3패)는 6회에만 4실점을 했고, 안타 10개를 맞았으며, 이날까지 디트로이트와 통산 8번 맞붙어 5승 0패, 방어율 1.57을 기록했다.

벨처(3승 8패)는 4실점에 사사구 3개, 삼진 3개를 기록했으며 최근 일곱 경기 동안 3승 1패를 기록하는 등 좋은 모습을 보여주고 있다. "그는 2승 8패의 성적을 거둔 투수 같지 않았습니다. 8승 2패는 충분히 가능한 피칭이었어요"라고 무시나는 말했다.

디트로이트는 7회에만 6점을 보태 10대 0으로 승리했다. 1루수 라파엘 팔메이로의 실책 이후 타선이 폭발했으며, 팔메이로는 오늘로서 161경기 연속 무실책 기록을 마감했다.

스포츠 뉴스는 전형적으로 이런 식이라는 점을 누구도 부인하지 않을 것이다. 그러면 이제 3주 전인 1994년 5월 29일자 영국의 『선데이 타임스』 기사를 위와 비교해보자.

힘든 상황에 처한 로즈베리 플라워즈

그날은 주머니에 손을 넣고 다녀야 정도로 싸늘한 영국의 전형적인 날씨였다. 두어는 까다롭게 공을 던지는 상대 팀과 영국 크리켓 경기의 일부가 되어버린 변덕스러운 날씨

사이에서 고전하고 있었다. 그런 그의 경기 모습은 우리의 젊은 시절 꿈을 산산이 부숴버리고, 우리의 어리석은 기억들을 바로잡아주었다……

……그는 비록 여전히 뛰어난 타자이지만, 그의 크리켓 인생은 우발적이고 다혈질적인 행동들로 점철되어 있다. 타석에서 물러날 때, 그가 그 자신에게, 아니면 심판이나 크리켓 인생 자체에 싫증을 느꼈는지 알 길은 없다. 하지만 그는 늘 그렇듯이, 어떤 것에 싫증을 느꼈다.

위의 예들이 미국인과 영국인의 속성을 단적으로 보여준다고 단정하기는 어렵다. 하지만 이와 유사한 두 문화권 간의 비교는 전혀 다른 분야인 와인의 평가 방식에서도 분명히 드러난다. 최근 나는 영국의 『데일리 텔레그래프』지에서 와인 비평가이자 『와인 애드보케이트』의 발행인인 로버트 파커에 관한 기사를 읽었다. 만약 미국에서 와인을 사려는 사람은 와인 가게 선반 위에 놓인 '파커 점수표Parker Score'를 발견하게 된다. 파커 점수표란 파커 자신이 시음 후에 와인에 점수를 매기는 것으로, 최하품 와인에 50점, 최상품 와인에는 100점을 주는 식이다. 파커 점수표의 영향력은 매우 커서 85점 이상을 받은 와인은 인기가 아주 높다. 점수가 85점 미만일 경우에는 와인 제조업자와 소매상 모두에게 큰 손실이다. 어떤 기자는 "파커가 와인을 한 모금 마실 때마다 와인 업계는 공포에 떤다"고 쓴 적도 있다.

한편 영국의 와인 비평가들은 파커의 와인 평가 방식에 대해 몹시 회의적이다. 그들은 와인 점수표가 와인의 시적인 맛을 빼앗아 간다고 우려한다. 무엇보다도 그것으로 인해 와인 제조업자들이 파커 한 사람의 취향에 맞는 와인만 생산하게 될지 모른다고 걱정한다.

광고도 마찬가지다. 쿠에르보의 광고 캠페인을 '좋은 술, 즐거운 시간, 진실한 사람들'이라는 세 가지 기준에 맞춰 높은 점수를 받게 하는 것은 어려운 일이 아닐지 모른다.(위의 기준에 맞춰 '한 무리의 사람들이 웃으면서 서로 어깨를 두드리고, 다른 한 손에 술잔을 들고 즐겁게 부딪치는 장면을 보여줌으로써 눈속임을 할 수도 있다.) 그러나 광고 캠페인이 각각의 기준에 맞추어 가는 동안, 결국 형편없는 메시지 조각들을 전달하게 될 것이다. 우리는 조사 점수에 따라 광고가 좌지우지되는 주객전도의 상황을 마냥 보고만 있을 수 없었고, 결국 그 광고는 제작되지 않았다.

불행히도 몇몇 광고인들은 광고를 올바르게 만드는 데보다 광고가 기준에 맞는지 조사하고 내보내는 데 더 많은 관심을 쏟고 있다. 매일 나는 작가와 아트 디렉터가 사람들이 듣고 싶어하는 것에 대해 생각하기보다는 정량 테스트를 통과하는 데 필요한 것에 관해서만 생각했다는 인상이 드는 광고 캠페인들을 접한다.

문제는 수치가 그것의 본래 영역을 넘어서까지 영향력을 행사한다는 점이다. 『USA 투데이』의 애드트랙 서베이가 바로 그러한 예다. 이 조사는 잘 알려진 광고 캠페인 하나를 매주 선정해서 사람들에게 그 광고를 얼마나 좋아하는지, 그 광고가 효과적이라고 생각하는지를 묻는다. 1996년에 이스즈 로데오Isuzu Rodeo 광고에 대해 조사가 이루어졌는데, 특히 광고 효과에 대한 점수가 낮게 나왔다. 결국 이즈스 사의 마케팅 담당자는 광고를 당장 교체하라는 판매업자들의 요구에 시달려야 했다. 이스즈는 여론 조사 결과, 특히 광고 효과에 대한 점수를 무시하기로 결정했다. 여론 조사의 표본이 로데오의 타겟 집단을 적절히 반영하지 못했고, 따라서 광고 효과에 대한 제품의 구매 대상이 아닌 사람들의 판단은 무의미하다는 것이 그 이유였다. 그러한 사실을 증명이라도 하듯, 이 기사가 나온 그 달의 이스즈 로데오의 매출은 종전 대비 최고 기록을 갱신했다.

『USA 투데이』의 여론 투표는 권위와 경쟁력을 겸비한 루이스 해리스 어소시에이츠에서 실시했다. 비록 내가 그들의 조사 방법론(광고의 효과에 대한 의견을 묻는 방식)에 대해 이의를 제기하지만, 조사 자체는 잘 수행되었다. 문제는 조사가 이루어지고 그것이 활용되는 방식에 있다. 사람들은 정확한 질문 방식에는 관심을 기울이지 않고 오직 응답에만 신경 쓰는 경향이 있다. 그래서 정확하지 않은 질문으로부터 얻어진 응답들을 집계에 사용하거나, 또 전체를 대표하지 못하는 표본의 응답을 전체 의견인 양 간주하는 위험한 유혹에 빠지기 쉽다.

1997년 7월 6일, 『뉴욕 타임스』의 스티븐 홀름스 기자는 「놀랍고 끔찍하다! 그렇지만 염려할 일은 아니다」라는 제목의 기사에서 1995년에 나온 몇몇 조사 기관의 보고서를 인용하며 "매우 높은 비율의 (한 조사에 의하면 65퍼센트) 10대 여성들이 성인 남성의 아이를 임신하고 있다"고 밝혔다. 이 충격적인 수치를 접한 몇몇 주의 관계 당국은 젊은 여성을 보호하고 사생아의 증가를 막으려는 강간죄 처벌 법률을 강화했는데, 문제는 그 보고서에서 제시한 정보가 실제와 차이가 있었다는 점이다.

기사를 인용하자면, "많은 보고서들이 임신한 10대 여성들의 62퍼센트가 18세 혹은 19세이며, 그녀들이 아기 아버지와 마찬가지로 성인이란 점을 언급하지 않았다. 또한 조사자들은 임신한 10대 여성들이 기혼인지 미혼인지도 밝히지 않았다. 이후 진행된 조사에서는 아기를 낳은 15세부터 17세의 여성 중 결혼하지 않은 채 자기보다 다섯 살 이상 나이가 많은 남성의 아이를 임신한 비율은 오직 8퍼센트뿐이라는 결과가 나왔다." 홀름스 기자는 이처럼 잘못된 조사 결과나 잘못된 해석이 대중에게 빠르게 전파되고 이로 인해 새로운 법령이나 규정들의 제정을 촉발시키는 것을 '웁스 현상whoops factor'이라고 불렀다.

이러한 사례는 우리 주위에 널려 있으므로, 자신이 믿고 있는 것에 대해 유의해야 할 것이다.

최고의 조사라도 잘못 다뤄지면 위험하다

지금까지 언급된 사례들은 조사에는 많은 함정이 있고, 조사 결과에 의해 진실이 오도될 수 있다는 것이었다. 물론 철저하게 사전 준비되고 원활하게 실행되는 조사도 많다. 하지만 그렇게 진행한 조사라도 잘못된 방법으로 다뤄진다면 심각한 문제에 봉착한다. 나는 총기 사용에 관한 논란 중에서 "문제는 총기가 아니라 총기를 사용하는 사람이다"라는 주장을 자주 접했다. 이 점은 광고 조사에서도 마찬가지다. 여러 번 언급했다시피, 광고 조사 자체는 잘못이 아니다. 하지만 나는 많은 광고주나 광고대행사 책임자가 마치 사담 후세인이 화학무기를 이용하듯이 훌륭한 광고 조사를 비건설적이고 바람직하지 않은 방식으로 다루는 것을 목격해왔다.

나는 항상 조사가 목표를 달성하는 수단이라고 생각해왔으며, 이러한 면에서 조사를 실행하고 관리하기만 하는 많은 사람들과는 다른 점이 있다. 조사는 목표 지점에 도달할 수 있도록 방향을 제시하지만, 정답(정답이 실제로 존재한다하더라도)을 알려주는 법이 거의 없다. 한편 대부분의 조사 결과는 있는 그대로 받아들여지거나, 매우 드물게 해석이 수반된다. 조사가 제대로 실행되었을 때조차, 이것은 큰 문제다. 더욱이 그 조사가 잘못되었다면, 그것은 재앙이다.

포커스그룹 인터뷰시 관찰실에 있어본 사람이라면, 광고주 측(마케팅 혹은 조사 담당 임원)과 크리에이티브 담당자들이 인터뷰가 진행되는 동안 얼마나 임의적이고 편파적인 관심을 보이는지 보았을 것이다. 그들은 선입견을 가지고 인터뷰 장소에 오며, 그들의 우려가 인터뷰 참석자들의 입을 통해서 말해지기를 기다린다. 한편 크리에이티브 담당자들은 그러한 우려가 아무런 근거가 없다고 생각하며, 자신들의 아이디어가 승인받기를 기대한다. 인터뷰 참석자들이 긍정적인 이야기를 할 때마다 재미있는 상황이 벌어진다. 즉 크리에이티브 담당자는 열심히 필기를 한 다음, 광고주 쪽을 향해 뭔가를 알고 있다는 눈길을 보내거나 때로는 주위에 있는 동료들과 하이파이브를 주고받기도 한다. 반대로 참석자가 부정적으로 이야기할 경우에는 광고주 측 사람들이 열심히 받아 적고 나서 뭔가를 알고 있다는 눈길을 보낸다. 하지만 그들은 자신들이 더 이성적이고 분별력 있다고 생각해서인지 부정적인 말이 나왔다고 시끄럽게 기뻐하지는 않는다.

인터뷰 진행자로서, 나는 항상 인터뷰를 진행하는 동안 관찰실에서 어떤 일이 일어나고 있는지 몹시 걱정이 된다. 왜냐하면 그곳은 내가 어떤 통제도 할 수 없기 때문이다. 관찰실에 있는 사람들은 초콜릿을 열심히 먹어대거나 어쩌다 참석자들이 하는 말에 귀를 기울인다. 그리고는 그날 자신이 들은 내용만으로 결정을 내린다. 그 동안 여러 차례 진행되어 온 인터뷰들의 종합적인 의견이 무엇이든 간에, 그들은 자신들이 참관한 인터뷰에서 나왔던 말을 근거로 자신들의 주장을 굽히지 않는다.

"광고를 바꾸자니 그게 무슨 소리요? 그날 인터뷰에서 그 남자의 말을 생각해봐요. 퇴근 길에 꼭 하나를 살 거라고 했잖소."

"그날 인터뷰에서 나온 의견들을 고려할 때, 나는 결코 상사에게 그 광고를 진행하자는 의견을 낼 수 없소."

이 예는 자신의 의도에 맞게 조사를 자의적으로 해석하는 상황을 보여주는 것이다. 이러한 경우는 생각보다 훨씬 자주 일어나고 있으며, 한편으로 불가피한 측면도 있다. 하지만 진실에 반하는 의견을 내놓는 편협한 광고주나 크리에이티브 담당자들보다 조사 결과를 놓고 훨씬 더 미묘하게 잘못된 해석을 제시하는 사람들이 오히려 설득하기가 더 어렵다.

단순한 관찰자의 위치에 있는 사람과 조사에 깊이 관여한 사람의 경우, 서로 관점이 다르기 때문에 해석도 전혀 다를 수 있다. 관찰실 안에서 포커스그룹을 지켜보는 사람들은 인터뷰를 직접 주관하는 진행자가 회의실 안에서 느끼는 많은 것들을 놓치기 쉽다. 그것은 관찰실과 회의실을 가로막은 유리벽 때문만은 아니다.

포커스그룹 인터뷰를 능숙하게 진행하는 사람은 관찰실이나 녹화된 비디오테이프로 알아채기 어려운 참석자들 몸짓의 미묘한 의미를 간파할 수 있다. 진행자들은 토론되고 있는 아이디어, 제품, 그리고 광고와 참석자들 간에 존재하는 미묘한 분위기를 본능적으로 느낄 수 있으며, 동일한 주제에 대해 이번 포커스그룹이 지난번 그룹과 어떻게 다르게 느끼는지도 알 수 있다. 그러한 분위기나 느낌, 섬세한 차이들은 아주 미묘하게 표현되지만 그 의미는 꽤나 중요한 것이다

이러한 모든 것들이 그냥 인터뷰를 관찰하는 사람에게는 보이지 않는다. 내가 많이 경험해왔던 것처럼, 이는 포커스그룹 진행자와 관찰자가 서로 다른 결론에 이르게 한다. 결론의 차이는 정도의 문제만은 아니다. 그것은 본질적이고 중요한 사안에 대해서도 존재한다.

나는 포커스그룹에 참여하기보다는 단지 프로젝트의 진행 상황을 비디오 테이프로 받아보길 원하는 몇몇 광고주들과도 일해본 적이 있다. 그리고 그들 중 대부분은 프로젝트와 떨어져 있었기 때문에 조사에 깊이 관여한 사람과는 다른 결론을 내리게 된다. 이러한 차이는 그들이 포커스그룹 인터뷰를 보기 위해 녹화 비디오 테이프를 사용하는 방식 때문에 더욱 확대된다. 그들은 종종 비디오를 보면서 빨리감기 기능을 사용하는데, 이로 인해 대화의 일부를 놓치거나 토론 분위기의 변화를 알아채지 못한다. 스포츠 팬인 나로서는 경기장에 가서 경기를 직접 보고 나서 녹화된 경기를 본 사람과 토론을 할 때마다 이런 경험을 수없이 하였다. 마치 우리는 전혀 다른 경기를 본 것 같았다.

O. J. 심슨의 재판 결과가 나오던 날, 나는 TV 뉴스의 여성 진행자가 배심원단의 평결에 대해 놀라움을 금치 못하는 것을 보았다. 그녀는 모든 재판 진행 과정을 지켜봐왔지만 무죄가 선고될 줄은 꿈에도 몰랐던 것이다. 한편 재판이 열릴 때마다 법정을 출입한 기자가 그 여성 진행자에게 실제로 법정에 와본 적이 있느냐고 묻자, 그녀는 TV를 통해서만 보았다고 말했다. 그러자 기자가 이렇게 대답했다. "저는 이 결과가 하나도 놀랍지 않습니다. 한 번이라도 법정에 나와서 재판을 지켜보았다면 전혀 다른 인상을 받았을 겁니다. 배심원들이 조니 코크레인에

게 어떤 반응을 보였고, 또 마샤 클라크에 대해 좋지 않은 인상을 가졌다는 것도 알았을 겁니다. 또한 DNA 증거물에 대해 얼마나 지루해했는지도 알 수 있었을 것입니다. 이런 것들은 텔레비전을 통해서는 전혀 알 수 없는 것들입니다." 기자가 설명하고 있는 것은 바로 인터뷰 진행자의 육감에 관한 것이다. 이러한 육감은 관찰자와 참여자 사이에 유리벽이나 TV 화면이 놓여 있을 경우 사라져버린다.

앞서 나온 사례들은 적어도 관찰자와 의사결정권자가 조사에 관해 어떤 의견을 제시하고 판단을 내리는 경우다. 하지만 사실상 조사가 의사결정권자의 판단을 대신하기도 한다. 점수를 매겨서 결과가 평균 이상이면 당장 광고를 내보내고, 그렇지 않다면 광고를 내보내지 않으면 되기 때문이다. 또 인터뷰 참석자들이 좋은 아이디어라고 말하면 광고를 계속 진행하고, 그렇지 않다면 처음부터 다시 시작하면 된다.

영국의 와인 전문가들이 파커 점수표에 대해서 갖는 선입견도 이와 비슷하다. 『데일리 텔레그래프』의 한 기사에서도 파커 점수표가 와인에 대한 자신만의 견해를 형성하는 것을 회피할 구실을 제공한다는 영국인들의 선입견을 엿볼 수 있다. "미국인들은 어떤 것을 선호해야 하는지에 대해 듣기를 좋아한다. 즉 파커 점수표는 그들을 고민하지 않게 해준다." 이 기사는 그 증거로서 한 가지 사례를 든다. 최근 샤르도네 와인 한 상자를 구입한 워싱턴 D.C.에 거주하는 남자가 한 병을 따서 마셔본 다음, 입맛에 맞지 않는다며 바로 반품해버렸다고 한다. 다음 날 파커가 바로 그 와인에 높은 점수를 매기자, 남자는 자신이 반품한 와인 11병을 다시 사갔다. 그 와인은 여전히 맛이 없었다. 하지만 남자는 주위에서 그 와인 맛이 아주 좋다고 하자 결국 그 와인을 좋아하게 되었다고 한다.

광고나 마케팅에 종사하는 많은 사람들은 어떤 질문을 받으면 어깨를 한번 으쓱하고는 "조사 결과가 어떤지 볼까요?" 하고 말한다. 그들은 조사 결과가 반드시 진실이 아닐 수도 있으며, 자신들의 고정관념이나 편견으로 인해 조사를 잘못 이해할 수 있고, 조사에 직접 참여하지 않아서 조사가 의미하는 바를 모두 알고 있지 않을 수 있다는 점들을 전혀 고려하지 않는다. 그들은 조사가 그들에게 말하고 있다고 생각하는 것을 맹목적으로 따른다.

상식이나 개인적 의견에 비추어보지 않은 채 어떤 결정을 내리기 위해 조사를 활용(혹은 남용)하는 것은 팀 딜레이니Tim Delaney의 말처럼 "성숙한 사람이 할 일"이 아니다.

법칙 따르기

마지막으로, 기업이 어째서 자신들의 의사결정에 도움이 되지도 않고, 최악의 경우 아주 치명적인 결과를 가져올 수 있는 조사 방법을 고수하는 이유를 살펴볼 필요가 있다. 나는 그런 질문을 여러 번 던져보았는데, 가장 양호한 대답은 "우리는 늘 그런 식으로 해왔으니까"였다. 다시 말해, 그들은 기존 업무 절차와 일관성을 유지하고, 지난 몇 년간 축적된 데이터와의 비교를 위해 잘못된 조사를 계속한다는 것이다.

앨버트 허버드는 "인간이 진보를 반대하는 이유는, 정말로 진보를 반대해서가 아니라 관성을 좋아하기 때문이다"라고 말했다. 광고 조사에서도 그와 같은 관성의 힘은 매우 강하다. 조사는 기업에서 광고 아이디어를 평가하는 수단으로 쓰이는 데 그치지 않는다. 주요 조사 측정

결과는 간부의 실적 평가나 광고대행사에 대한 보상과 연계되어 있다. 그래서 조사 방법은 한번 굳어지면 바꾸기가 매우 어렵다.

조사 연구의 축적된 지혜, 산업계와 업종의 경험을 대변하는 '법칙'은 끈질기면도 치명적이다. 데이비드 오길비는 『오길비의 광고론』에서 그러한 몇 가지 법칙을 소개했다. 가령 '광고에서 활자를 뒤집는 방식은 흰 바탕에 검은 글씨를 넣는 방식만큼이나 효과가 없다', '첫 문단은 최대 열한 단어를 넘어서는 안 된다', '헤드라인에 인용 부호를 넣으면 그렇지 않은 경우보다 회상률이 28퍼센트 증가한다.' 등과 같은 것이다. 이러한 것들은 모두 반박할 수 없는 사실인 양 제시된다.

유사한 맥락에서, 조사 기관들이 보내는 우편물에는 종종 광고를 제작하는 방식을 근본적으로 변화시킬 혁신적인 발견을 했다는 내용들이 들어 있다. 오길비의 법칙과 마찬가지로, 그 법칙들은 마치 석판에 새겨진 계율이라도 되는 것처럼 들린다.

최근에 받은 우편물 중 하나는 "복잡한 구성이 단순한 구성보다 많은 사람의 관심을 끈다. 최근의 실험에 따르면 구성이 복잡한 경우 그렇지 않은 때보다 관심도가 14퍼센트 올라갔다"라는 등의 내용을 담고 있었다. 그 글의 결론은 바로 광고에 기묘한 어떤 것을 넣으면 사람들의 관심을 더 끌 수 있다는 것이었다. 그 근거로 데이비드 오길비의 해더웨이 셔츠 광고에 나온 안대를 언급했다. 그 글을 읽고 나서 나는 인도네시아의 어떤 부족이 국부를 가리는 데 사용하는 호롱박을 "기묘한 어떤 것"으로 광고에 활용해 그 이론의 정당성을 검증해보고 싶었다. 그런데 아직 그 아이디어에 공감할 만한 광고주를 찾지 못했다.

그러한 법칙들은 30초짜리 광고 속에 브랜드명이 얼마나 자주 언급되어야 하고 옥외 광고판에는 몇 글자가 적합한지, 혹은 글자 크기를 어느 정도로 해야 하는지에 대해서 이야기한다. 분명한 사실은 모든 광고대행사가 그 법칙을 따른다면 모든 광고가 다 비슷해질 것이라는 점이다.

위에서 살펴본 법칙들이 모든 업종에 적용될 수 있는 일반적인 법칙이라면, 특정 업종의 법칙도 있다. 이러한 법칙들은 이를테면 자동차, 맥주, 패스트푸드 같은 특정 분야 전문가들의 집합적인 지혜라 할 수 있다. 그들은 대개 "내가 23년간 이 분야에 몸담았는데……"라거나 "내가 자네와 같은 문제에 처해 있었을 때, 나는 ……해서 일이 잘 풀렸다네" 하는 식으로 말한다.

그들이 말하는 법칙이란 햄버거 광고에는 늘 즐거운 웃음과 먹음직스럽게 한 입 베어 무는 장면이 나와야 하고, 우유 광고에는 우유곽을 들고 춤을 추거나 조깅하는 사람이 나와야 하며, 자동차 광고에는 태평양 연안의 도로를 질주하는 자동차가 나와야 한다는 것이다. 그리고 유람선 광고에서는 하얀 배와 푸른 바다, 거대한 랍스터, 그리고 반짝이는 드레스를 입은 여성이 석양을 배경으로 칵테일을 마시는 모습을 보여줘야 하고, 마약퇴치 광고에서는 아이들에게 "그냥 싫다고 말해"라고 이야기해야 한다는 것이다.

특정 시기 특정 브랜드의 경우 이러한 법칙이 잘 먹히기도 한다. 하지만 일반적으로 그 법칙들을 따르는 것은 이미 다른 사람이 했던 것을 반복하는 것이며, 광고 메시지를 덜 흥미롭거나 차별화되게 만드는 것이고, 결국 브랜드들 간의 경계를 흐려놓는 것이다.

그 법칙들은 오늘날 마케팅과 경영 부문 시스템의 기초가 된 환원주의자들 즉, 뉴턴주의적 모델을 떠올리게 한다. 그리고 광고에서 원인과 결과를 이해하고 예측하고, 주어진 상황에서 산출 결과에 영향을 미치는 변수들을 통제하려는 광고 업계의 영원한 싸움을 대변한다. 더 나아가, 그 법칙들은 우리가 상황을 통제하고 있다는 느낌을 갖게 하고 안정감을 준다. 또한 우리가 잘못된 어떤 일을 하지 않을 것임을 보장해준다. 하지만 우리가 옳은 어떤 일을 할 거라는 것을 보장해줄 수 있을까? 나는 그렇게 생각하지 않는다.

탈출하기

만약 광고대행사와 광고주가 소비자와 관계를 맺는 데 성공하기 위해서는 300년 전에 만들어진 사물의 작동 방식 모델에 집착해서는 안 된다. 그들이 수행하는 조사는 사람들에게 내재되어 있는 예측 불가능한 부분을 잡아내야 한다. 또한 (브랜드, 타겟 청중, 광고 캠페인) 전체가 그 부분들의 합보다 더 크다는 사실을 인식해야 한다.

브랜드와 사람, 그리고 광고 캠페인이 작동하고 움직이는 더 넓은 맥락과 우리가 통제할 수 없는 외부적 요소들이 그것들 간의 관계에 미치는 영향을 간과해서는 안 된다. 세계를 바라보는 이러한 '새로운 과학적' 방식에서 위험과 불확실성은 통제보다도 더 강력한 동맹군으로 간주되어야 한다. 왜냐하면 에너지, 파괴, 아이디어, 그리고 획기적인 발전은 위험과 불확실성과 함께 오기 때문이다.

다음 장에서 제시하는 조사 방법론의 초점은 누군가를 편안하게 만드는 데 있지 않으며, 오히려 차이를 만드는 데 있다. 차이를 만든다는 것은 그것을 다른 방식으로 하는 것을 의미한다. 다음 장에서는 또한 광고인과 광고대행사가 조사 과정에서 여러 유형의 함정을 피하면서,

140

소비자와 관계를 강화하고, 기대하지 않았던 통찰을 얻고, 진정한 혁신을 성취하는 다양한 방법을 제시한다. 때때로 그것은 두려운 일일 수 있다. 무질서하고 체계가 없어 보이기도 한다. 하지만 뉴턴보다 전 시대 사람인 이탈리아의 정치가이자 전략가인 마키아벨리를 인용하자면, "목적은 수단을 정당화한다."

양파 벗기기

조사를 통한 진실 규명과 크리에이티브 아이디어 자극

진정한 거장들은 항상 시인이었다. 그들은 사실로부터
상상력과 아이디어의 영역으로 도약한다.

_빌 번벅

들어가며

내가 미국으로 건너온 후 처음 만난 기업 회장은 애완동물 용품 회사 하인즈Heinz Pet Product의 빌 존슨이었다. 그의 책상 너머에는 "직관은 조사보다 싸다"라는 글귀가 쓰여 있었다. 솔직히 처음 그 글귀를 보았을 때 나는 은근히 걱정을 했다. 그 날 내가 존슨 회장을 방문한 이유는 오직 조사에 대해 말하기 위해서였는데, 그 글귀를 보는 순간 아무래도 그가 내 말에 관심을 기울일 것 같지 않았기 때문이다.

다행히 내 걱정은 기우에 불과했다. 그는 조사 반대론자가 아니었다. 오히려 그의 회사는 조사를 상당히 많이 실시했고 나중에 알게 된 사실이지만, 내가 미국에서 일을 시작하게 된 이유도 간접적이나마 그들이 요청한 조사와도 관련이 있었다. 하인즈는 QRC라는 정성조사 기관을 고용해 신상품에 관한 조사를 실시했고, 이후 굿바이, 벌린 앤 실버스타인Goodby, Berlin & Silverstein 등과 긴밀히 협력해 '리워드Reward'라는 애완견 사료의 네이밍, 포지셔닝, 패키징을 하고 광고도 내놓았다. 리치 실버스타인은 QRC의 빅키 존스, 아니 야콥센과 일하면서 조사가 좋은 광고를 만드는 데 장애물이 아니라는 사실을 알게 되었다고 말했다. 오히려 큰 도움이 되었다. 존스와 야콥센은 흥미로운 사람들이었고, 아이디어가 풍부했으며, 그들의 비판은 건설적이었다. 또한 비즈니스와 크리에이티브적 고려 간의 세심한 균형을 이해했다. 실버스타인이 두 사람은 "핵심을 알고 있다."라고 말했는데, 그것은 크리에이티브 부문에 몸담지 않은 사람에게 크리에이티브 디렉터가 해줄 수 있는 최고의 찬사였다. 그 후에 실버스타인은 자신의 광고대행사에서 그들처럼 조사 업무를 담당할 정식 직원을 뽑고 싶어했다.

빌 존슨은 문제 해결에 도움이 된다고 생각되는 경우 조사를 하는 것에 대해 만족했지만, 그렇다고 조사에 모든 것을 의지하지는 않았다. 그는 자신의 판단을 끌어내는 정보의 원천으로 조사를 활용할 뿐이었다. 존슨 회장은 마케팅, 광고, 그리고 생활 속의 오랜 경험에서 나온 직관을 중요시했고, 그것은 의사결정의 도구인 값비싼 조사만큼이나 유용했다. 그는 아주 보기 드문 유형의 사람이었다.

수년 동안 내가 만나본 광고주 중에서 자신의 결정에 책임을 지는 진정한 오너는 그다지 많지 않았기 때문에 나는 스스로 주체적인 판단을 하는 광고주를 만나면 무한한 존경심을 느낀다. 그들의 판단이 항상 옳은 것은 아니며 때로는 실망스러운 경우도 있다. 그러나 어느 정도

시간이 지난 뒤에 살펴보면 조사만을 맹목적으로 따르는 광고주들보다 그들이 평균적으로 훨씬 균형감 있는 의사결정을 내린다는 점은 분명하게 드러난다.

어릴 때 나는 이해하지 못하는 것이 꽤 많았던 것 같다. 그럴 때마다 어머니는 "얘야, 상식적으로 생각해보렴" 하고 말씀해주시곤 했다. 어쩌면 내가 사물을 너무 복잡하게 생각했거나 다른 사람에게 깊은 인상을 주려고 너무 어려운 방식을 택했거나 혹은 순전히 멍청이였는지 모른다. 이유야 어쨌건 어머니는 내가 잠시 머릿속을 깨끗이 비운 다음, 마치 처음인 것처럼 그 상황을 바라보게 하셨다. 우습게 들릴지 모르지만, 그 방법이 때로는 효과가 있었다.

우주탐사 경쟁이 한창 치열했던 1960년대 NASA의 과학자들은 우주비행사가 우주 궤도에 머물면서 각종 자료와 경험을 기록할 수 있게 하는 방안을 놓고 난관에 부닥쳤다. 문제는 무중력 상태에서는 펜으로 글을 쓸 수 없다는 것이었다. 나사는 이 문제를 해결하기 위해 많은 비용을 들여 연구 및 개발 작업에 착수했다. 얼마 후 백만 달러의 비용(당시로서는 상당한 액수다)을 들여서 '우주비행사용 펜'을 개발했고 실용화할 수 있었다. 우주비행사들은 머릿속에 떠오르는 생각들을 마음껏 기록할 수 있게 되었고, 외계 공간에서 지구를 관찰하는 동안 느낀 심오한 감정들을 글로 썼을 뿐만 아니라, 가족들에게도 인류의 첫 '우주 엽서'를 적어 보낼 수 있게 되었다. 우주비행사용 펜은 신기한 제품으로 크게 인정을 받았고 나사 기념품으로 일반인들에게도 매우 비싼 값에 팔렸다.

반면, 소련 우주국은 무중력 상태에서 펜이 써지지 않는 문제를 간단하게 해결했다. 그들은 연필을 사용했다.

　나는 이것이 빌 존슨의 책상 너머 액자 속의 글귀('직관은 조사보다 싸다')가 정말로 말하고자 하는 것이라고 생각한다. 단순함을 유지할 것. 그리고 상식을 이용할 것.

　이 장은 광고 조사에 적용되는 단순함, 상식, 그리고 창조성의 원칙에 대해 다룬다. 이 세 가지 원칙은 어카운트 플래너에게 삼위일체처럼 중요한 요소이다. 하지만 다른 종류의 대행사에 소속된 조사자라도 만일 그들이 충분한 의지가 있고, 또 회사 조직이나 프로세스가 내가 제안하는 방법으로 운영될 수 있는 수준이라면 그들 역시 이 원칙을 따르지 못할 이유는 없다.

　광고 조사의 가장 중요한 목적은 소비자를 포용하는 것이다. 즉 소비자가 생각하고 느끼고 행동하는 방식을 심도 있게 이해하고, 그러한 관찰과 발견을 토대로 크리에이티브 과정을 시작하고, 광고 자체를 통해 소비자와 관계를 형성하는 것이다.

　이러한 발견의 초기 과정은, 이 장의 제목에서 언급했듯이, 알맹이에 도달할 때까지 양파를 한 꺼풀씩 벗기는 방식과 유사하다. 비록 이것은 썩 좋은 비유는 아닐 수 있다. 양파의 알맹이는 그것을 덮고 있는 껍질과 전적으로 다른 부분이 아니기 때문이다. (그것들 모두는 눈물이 나게 하며, 어떤 부분을 먹더라도 입냄새를 피할 수 없다.) 또한 그것은 1장에서 언급한 뉴턴주의 과학적 방법론처럼 논리적이고 순차적인 과정을 의미한다. 하지만 한 꺼풀 한 꺼풀 벗겨내는 것이 양파의 알맹이에 이르는 유일한 방법이 아니다. 그냥 단순히 칼을 가지고 반으로 잘라볼 수도 있다.

　다음에 나오는 몇몇 아이디어들은 사람들이 중요한 진실을 드러내는 것을 방해하는 불안, 편견, 그리고 다른 장애 요소들을 조심스럽게 벗겨내는 접근 방식을 따른다. 다른 아이디어들은 칼로 양파를 단번에 자르는 접근 방식을 따른다.

많은 사람들이 플래너가 소비자와 이야기를 나누고, 소비자의 생각을 이해하고, 그 다음에 조사결과를 해석하기 위해 직관과 상상력을 활용하며, 최종적으로 크리에이티브 팀에게 방향을 제시한다고 가정한다. 하지만 이런 경우는 거의 드물다. 상상력이나 직관은 조사의 모든 단계에서 요구된다. 즉, 조사결과를 해석할 때뿐만 아니라 그것을 얻는 과정에서도 요구된다. 상상력과 직관 그리고 창조성이 조사 과정의 초기에 충분히 활용된다면, 소비자의 의견과 풍부한 잠재력의 광고 아이디어 간의 거리를 극적으로 좁힐 수 있다.

어쩌면 3장에서 언급한 문제들에 대한 해결책 리스트(가령 '올바른 질문을 하는 법', '수치를 현명하게 사용하라', '직관을 믿어라')들로 이 장을 쉽게 써내려갈 수 있을 것이다. 하지만 나는 그러한 해결책들은 굳이 여기에서 다룰 필요가 없을만큼 분명하다고 결론지었다. 다만 중요한 예외가 있다면, 조사결과에 대한 환경 또는 거주지의 영향에 관한 것이다. 조사에서 사람들이 자연스럽게 행동하게 하는 것에 대한 논의의 일부로서, 나는 몇가지 프로젝트 사례를 공유하고자 하는데, 그 프로젝트들에서는 응답자들을 편안하게 해주고, 그들이 성공적으로 크리에이티브 아이디어의 촉매 역할을 하도록 유도한 환경이 제공되었다.

나는 또한 양적 혹은 질적 조사의 세부적인 방법론을 제시하지 않기로 했다. 그 주제를 다루려면 몇 권의 책이 필요할 것이다. 포커스그룹 인터뷰실을 어떻게 꾸밀지, 논의 목록은 어떻게 작성할지, 질문지를 어떻게 구성해야 하는지, 조사기관의 보고서를 어떻게 분석해야 하는지 등의 문제는 나의 관심사 밖에 있다. 그것들이 중요하지 않다거나 어떤 스킬이 필요하지 않다는 말은 아니다. 다만 큰 맥락에서 보면 그러한 요소들은 세부적인 것에 지나지 않는다. 세부적인 부분에 아무리 완벽하게 관심을 기울인다해도, 잘못된 맥락에서 또는 잘못된 이유로 사용되다면 조사 프로젝트는 무용지물이 될 수 있다. 따라서 포커스그룹 인터뷰실을 어떻게 꾸미는지 아는 것보다는 인터뷰실이 필요한지 여부를 아는 것이 더 중요하며, 바로 그러한 점을 중점적으로 다루고자 한다.

나는 조사에 대한 몇가지 접근 방식을 제시하고 싶다. 이것은 어떤 문제를 이해하고 해결하려고 하기 전에 한 걸음 뒤로 물러나 새로운 눈으로 문제를 바라볼 수 있게 해줄 것이다. 이러한 접근방식은 방법론적이면서 상당히 철학적이다. 비록 내가 제시하는 대부분의 사례들이 본질적으로 정성적이지만 일반적인 아이디어들은 정량적인 조사에서도 똑같이 적용될 수 있다. 이 장에서 나는 주로 전략개발 단계에 초점을 맞출 것이다. 이러한 접근 방식은 조사 과정의 다른 단계에서도 분명히 적용 가능하지만 이 단계에서 가장 유용하다. 다음에 제시할 내용들은 성공을 위한 처방이 아니다. 이러한 아이디어들은 수년 동안 내게 많은 도움을 주었지만 그렇다고 모든 문제를 해결할 수 있다거나 전혀 오류가 없는 것은 아니다.

나는 굿바이, 실버스타인 앤 파트너에서 내가 맡았던 광고 사례들을 소개할 것이다. 이 사례들은 논의 중인 어떤 한 측면을 보여주기 위한 예로 선택되었을 뿐이며 모든 측면을 고려한 사례로 간주되어서는 안된다. 그리고 소제목을 어떤 특정한 광고 사례와 연관지어 생각할 수는 있겠지만, 이 소제목들이 연대나 우선순위 같은 특정한 순서에 따른 것은 아니다.

끝으로, 다음의 소제목들을 반드시 따라야 하는 '법칙'으로 여기지 않기를 바란다. 광고업계에서 맹목적으로 어떤 법칙들을 따를 때 발생하는 문제에 관해서는 앞서 지적한 바 있으며, 나 역시 그러한 실수를 되풀이하게 하고 싶지 않다. 차라리 이 내용을 가벼운 조언으로 보아주기 바란다. 나는 그 조언들이 '합당하다'는 생각과 몇가지 긍정적인 개인적 경험 외에는 그것을 뒷받침할 어떠한 증거도 갖고 있지 않다.

주관적이 되라

나는 객관성이 플래너의 개성과 작업 방식에 있어 결정적인 요소라는 애기를 수없이 들어왔다. 객관성이 없으면 플래너는 타겟 소비자를 진정으로 이해할 수 없다는 것이다. 왜냐하면 선입견과 편견이 그것을 방해하기 때문이다. 그리고 객관성 없이면 그들의 가장 중요한 상품이라고 할 수 있는 크리에이티브 담당자와 광고주의 신뢰를 잃을 수 있다는 것이다.

이러한 주장은 전략 개발 단계에서 타당성을 갖고 있다. 플래너는 특정 회사 혹은 특정 제품에 대해 사람들이 어떻게 느끼는지를 기록하고, 광고대행사가 사람들을 변화시키거나 영향을 주기 전에 가장 순수한 형태로 사람들의 태도와 행동을 이해하기 위해서는 이 단계에서 객관성을 유지할 필요가 있다. 이것은 또한 크리에이티브 개발과 그 과정의 평가 단계에서도 타당하다. 왜냐하면 이 단계에서 플래너는 타겟 소비자를 끌어들이고 움직이는 상업적 아이디어의 잠재력에 대해 냉정함이 요구되기 때문이다. 플래너가 그 아이디어에 대해 어떤 애착을 갖고 있는지 여부가 분석에 영향을 미쳐서는 안된다.

과학적 방법론의 주창자들에게는 유감이지만, 나는 광고 조사에서 진정한 객관성이 존재하는지, 누가 그것을 실행에 옮길 수 있는지, 또 만약 그것이 가능하다면, 그것이 어떤 식으로 도움이 되는지에 대해 의문을 갖고 있다.

크리에이티브 개발 단계에서 어떤 아이디어가 아주 완벽해서 조금도 고칠 필요가 없거나, 혹은 완전히 쓸모가 없을 만큼 극단적으로 엉터리인 경우는 찾아보기 어렵다. 오히려 아이디어가 가능성은 있지만 좀더 단순하고 명확할 필요가 있다든지, 혹은 심각한 결함을 뜯어고쳐서 바로 잡아야 하는 경우가 훨씬 빈번하다. 두 경우 모두 플래너는 필요한 조치를 알아내고, 때로는 즉석에서 가능한 개선책을 내놓든지, 불필요한 사항을 삭제해야 한다. 한편, 이러한 조치들은 객관성보다는 주관성과 창조성에 바탕을 둔 것일 가능성이 높다.

주관성의 적용은 단지 조사 자료를 해석하는 데만 국한되지는 않는다. 조사 과제를 계획하고 토론 지침을 작성하고 질문을 던질 때도 주관성이 필요하다. 누구에게 질문할지 객관적으로 항상 가장 잘 알 수 있는 것은 아니다. 때때로 조사자로 하여금 색다르고 예상치 못했던 장소 또는 명백히 이상한 인물이나 집단으로 인도하는 직감이 가장 확실하고 유용한 정보를 가져다주기도 한다. 참석자들이 놀랄 만한 곳에서 대화를 시작하는 것은 거의 항상 조사자가 전혀 예상하지 못하던 결론에 도달하게 한다. 더 나아가 조사 응답자들은 그들 자신의 상상력과 창의성을 사용하도록 장려되어야 한다. 그리고 조사를 덜 무미건조하고 과학적 실험같지 않게 만드는 노력들은 분명히 큰 수확을 거두게 될 것이다.

폭넓은 시각을 가져라

이 과정은 조사 프로젝트의 영역과 광고주 제품의 역할에 대한 정의에서 시작하는 가장 좋다. 3장에서 지적한 대로, 회사 내부의 사람들에게는 외부 사람들이 회사 제품에 대해 자신들과 같은 수준의 지식과 열광을 공유하고 있다고 가정하려는 강력하고 이해할 수 있는 충동이 존재한다. 그런 환상을 깨는 것은 종종 플래너의 역할이다.

어떤 조사를 실시하든지, 조사에 참석한 피실험자 혹은 응답자는 진정한 피실험자나 응답자이기 이전에 평범한 일반인이라는 점을 명심해야 한다. 그들은 어떤 상점에서 제품을 우연히 구입한다든지, 어느 특정한 자동차를 운전하거나, 혹은 지난 달에 통신사를 다른 업체로 옮긴 사람들이다. 그들이 조사에 참석하도록 요청받은 것은 바로 그 이유 때문인데, 아무튼 그들에게는 그들 나름의 삶이 있고, 인간관계를 맺고 있으며, 애완동물을 기르거나 자녀가 있다든지, 그들만의 고민과 취미도 있고, 특이 체질일 수도 있으며, 혹은 사실과는 다른 어떤 편견을 지녔을 수도 있다.

해결책이 아니라 문제를 설명하기 위해 앞서 언급했던 한 가지 예는 보험 모집인, 기업 복지 담당자, 신체장애보험 가입자들로 이루어진 가상의 포커스그룹의 예였다. 참석자들은 지체없이 신체장애보험의 특성에 대해 토론하도록 요청받았다. 실제로 이런 상황은 드물지 않다. 왜냐하면 광고주와 조사자들은 그러한 조사 시설의 임대료와 참석자들을 위한 인센티브를 위해 상당한 돈을 지불하고 있고, 그래서 핵심을 신속하게 얻는 것이 낫다고 생각하기 때문이다. 그런데 그 핵심이란 무엇일까? 만일 신체장애 보험을 더 많이 팔 수 있게 하는 광고를 제작하는 것이 목적이라면, 물론 그들의 소비자들이 (직접적이든, 간접적이든) 보험 상품과 특징에 대해 느끼는 방식 뿐만 아니라, 보험 판매원들이 보험 상품을 판매하는 방식, 그리고 특정한 보험 상품의 특징에 대해 느끼는 방식을 이해하는 것이 중요하다. 그런데 이렇게 직접적이고, 초점을 맞춘 질문으로는 가장 중요한 정보를 얻지 못할 수도 있다.

모든 정성조사들이 흔히 간과하는 한 가지 측면은 처음 한두 개의 그룹을 상대로 먼저 시험을 해볼 필요가 있다는 점이다. 실제로 특정한 주제에 대해 얼마나 많이 논의를 진행해야하는지, 질문지의 어떤 사항이나 기법이 가장 유용한지에 대해서 아무도 알지 못한다. 따라서 조사 진행자가 토론 지침에서 벗어난 주제를 다룬다거나, 논의 주제의 순서를 바꾼다거나, 혹은 더 흥미있는 대화가 이루어지도록 자극을 주는 완전히 새로운 아이디어를 제시할 수 있는 재량권을 갖는 것이 중요하다.(그러한 이유로 어떤 조사든 공식적으로 '테스트 그룹'을 두 곳 정도 지정해두는 것이 좋다.)

우넘UNUM의 보험 관련 조사가 적절한 사례에 해당한다. 우리는 보험 판매원, 기업의 복지 담당자, 보험 가입자의 신체장애보험에 대한 관심도가 공통적으로 매우 낮다는 사실을 금세 알아챘다. 회사의 복지 담당자는 직원들에 대한 복지 혜택을 강화하기 위해 신체장애보험을 도입했는데, 이미 그 전에 건강검진제도, 치과진료제도, 기업 연금, 헬스클럽 회원권 제도 등을 모두 도입한 상태였다. 직원들은 자신들의 고용 조건을 살펴보면서 신체장애보험이라는 단어를 발견하고서는 그 생각에 몸서리를 치든지, 아니면 자신은 그것과 아무 상관이 없다고 치부해버리고는 다시는 생각하지 않는다(혹은 그러기를 바란다). 보험 판매원들은 자신이 그 상품 이름을 꺼내자마자 사람들의 표정이 흐려진다는 사실을 발견했다. 만일 '신체장애보험'이라는 용어 자체가 사람들을 움츠려들게 만든다면, 우리는 광고와 보험 모집인의 판매 선전을 위해 대화를 시작하는 또 다른 방법을 찾아야 했다.

그래서 우리는 탐색적 포커스그룹 인터뷰에서, 토론 시간의 처음 절반 동안은 보험에 대한 이야기를 전혀 꺼내지 않기로 결정했다. 그 대신 조사 참석자들에게 그들 자신과 그들의 삶에 관해 이야기하도록 요청했다. 즉, 그들의 가족, 직업, 주말에 무슨 일을 했고, 10년이나 20년 전에 지금의 삶을 예상했는지, 그리고 앞으로 10년 후 그들의 모습이 어떨지에 관해 이야기하게 했다.

우리는 보험 판매원과 기업의 복지 담당자, 그리고 보험 가입자에게 똑같은 질문을 했는데, 서로 다른 집단들에서 나온 대답이 유사하다는 재미있는 사실을 발견했다. 참석자들은 공통적으로 자녀에 대한 희망과 걱정, 교육비 문제(나이가 많은 부모들은 이미 그런 부담을 덜었다며 안도했다), 부모로서의 책임감에 대해 말했다. 그리고 그들은 은퇴, 수년 동안 간직해왔던 꿈, 그리고 퇴직 이후 삶의 재정적 불확실성에 관해 이야기했다. 어떤 이들은 보살피고 부양해야 할 나이든 부모들이 있었고, 또 어떤 이들은 언젠가는 그들 역시 그런 처지가 될 거라는 사실을 두려워했다. 즉 자녀를 대학에 보내야 하고, 은퇴 후를 대비해 저축을 하면서도, 경제력이 없는 부모 역시 보살펴야 하는 것이다. 그들의 주된 관심사는 건강이었는데, 이는 자연스럽게 건강보험과 사회보장, 그리고 그 동안 자신들이 낸만큼 미래에 되돌려 받을 수 있을지에 대한 의문으로 이어졌다.

토론에서 가장 주요한 주제는 바로 '불확실성'이었다. 이미 그들은 과거에 급작스러운 일들을 많이 겪었는데, 그런 일들이 앞으로 더 많이 일어날 것이라는 점은 거의 의심의 여지가 없었다.

바로 이 때 우리는 참석자들 각자의 재정 계획과 안정성에 대해 질문했다. 그들은 자신과 자녀들을 위해 어떤 재정 계획을 세워두고 있었을까? 참석자들은 부동산, 뮤추얼 펀드, 주식, 채권, 기업 연금, 그리고 여러 종류의 보험에 대해 말했다. 우리의 질문은 어어졌다. "좋습니다. 그럼, 보험에 대해 좀더 말씀해주세요. 개별 보험 상품에 대한 것 말고요, 전체적인 보험에 대해서 말입니다. 보험은 필요합니까? 왜 보험을 들까요?"

참석자들은 보험을 필요악으로 여기는 것 같았다. 자동차를 운전하려면 보험에 들어야 하고, 주택을 소유할 경우 재난에 대비하기 위해서, 또 생명보험은 자신이 가족을 보살필 수 없는 경우를 대비하기 위한 것이었다. "그렇다면 왜 보험이 필요악일까요?" 우리는 그 점을 알고 싶었다. "글쎄요, 보험회사는 다른 사람의 불행으로 돈을 벌죠"라고 한 참석자가 대답했다. 다른 사람들도 동의한다는 듯이 고개를 끄덕였다. 잠시 침묵이 흘렀다.

"글쎄요, 저는 그렇게 생각하지 않아요"라고 한 기업의 복지 담당자가 말했다. "저는 보험회사가 사람들의 불행으로 돈을 번다고 생각하지 않습니다. 오히려 불행한 일이 생겼을 때 정말 도움을 주는 건 보험회사죠. 저는 보험이란 미래의 불확실성으로부터 우리를 보호해주는 것이라고 생각합니다. 방금 전에도 나왔던 이야기들처럼 말이죠. 저는 부모님들이 스스로를 돌보지 못하실 때를 대비해 보험을 들 생각도 있습니다."

다른 포커스그룹에서 한 보험 판매원은 이렇게 말했다. "문제는 많은 사람들이 자신들에게 일어날 가능성이 높은 일들에 대해 실제로는 그렇게 생각하지 않는다는 점이죠. 우리가 은퇴한 후에 늙은 부모님을 보살펴야 할 가능성이 아주 높은데도 불구하고, 장기 수발care 보험이 좋은 점을 사람들에게 설득시키기가 너무 어렵다는 것입니다. 통계 자료를 보면 우리는 네 명에 한 명꼴로 언젠가는 신체장애로 일자리를 잃는다고 합니다." 그는 사람들을 한번 둘러보고 나서 말을 이었다. "그 통계가 맞다면 우리 가운데 세 사람이 그렇게 되겠죠. 그런데 사람들은 그런 사실을 모른 척하죠. 자신에게만은 그런 일이 생기지 않을 거라고 생각하는 것입니다."

- 보험은 갑작스러운 사고에 더 쉽게 대처할 수 있게 해준다.
- 아무런 사고가 없어야 보험회사가 이득을 본다.
- 자신에게 재난이 닥칠 수도 있다는 점을 인식할 필요가 있다.

위 생각들은 보험과 더 나아가 신체장애보험에 관한 주제로 이어졌던 대화들에서 나온 것들로, 우리는 어떤 재촉도 하지 않았다. 조사 참석자들의 관심사로부터 그러한 생각들이 자연스럽게 나오도록 했기 때문에 다른 사안들에 대한 그것들의 상대적 중요성을 측정하기가 훨씬 용이했다. 그리고 이러한 많은 생각들은 우리가 알고 있던 우넘의 철학과 실행과도 잘 맞아떨어졌다.

우넘은 교육 프로그램을 통해 직장과 가정에서의 신체장애 원인들을 감소시키고, 그들이 다시 직장으로 복귀할 수 있게 재활을 돕는데 적극적이다. 그리고 조사를 통해 신체장애 원인들을 미리 규명하고 사전 예방을 시도한다. 이 조사는 우넘과 일반인들 모두에게 유익하다. 우넘은 새로운 형태의 신체장애로 인해 자신이 받는 영향(기존 보험 상품에 대한 불만의 측면에서)을 줄일 수 있고, 일반인들은 맨 처음 그러한 신체장애로 고통당하는 일을 피할 수 있다.

기업의 철학 및 실행과 포커스그룹 인터뷰에서 나온 아이디어의 결합은 광고 캠페인 아이디어와 주제로 즉각 이어졌다.

광고 전략은 업계를 괴롭히는 보험에 대한 낮은 관심도와 불신의 장벽을 극복하기 위해 우넘은 인간적이고 개인적인 관점에서 이러한 문제들을 이해하고 있음을 전달하는 것이었다. 또한 전략은 이해하기 쉬운 일상 용어를 사용해 그들 상품의 중요성을 보여주는 것이었으며, 그리고 미래에 대한 비전을 가지고 있고, 고객이 미래를 가장 잘 대비하게 도울 수 있는 기업으로 자신을 포지셔닝하는 것이었다. 그들은 더 넓은 관점에서 바라보았고, 더 멀리 앞을 내다보았다. 그리고 그들은 보험이 어두운 측면을 갖고 있다는 점을 인정하지만, 그것은 또한 안정과 건강, 행운, 장수를 제공할 수도 있다. 놀랍게도 그것은 보험 가입자와 보험사 모두의 관심사였다.

알래스카의 강물 속에서 곰 한 마리가 입을 딱 벌리고 있고, 연어 한 마리가 곰의 입속으로 뛰어 오르는 장면의 광고에는 "아마 자신을 곰이라고 생각하실 겁니다. 우리는 당신이 연어라는 사실을 알려드리고 싶군요."라는 문구가 적혀있다. 그 밑에는 작은 글씨로 "이제 그럼 신체장애보험에 대해 알아봅시다."(그림 4.1) 라는 문구가 나온다.

다른 광고는 사람들을 직장으로 복귀시키고자 하는 우넘의 노력에 관한 내용으로, 집을 나와 일하러 가게 하는 자극제로서 낮시간 TV 토크 쇼에서 다루는 끔찍한 화제들을 활용했다. "왼손잡이 쌍둥이 비흡연자와 그들을 사랑하는 남자들, 물병자리로 가장하고 싶어하는 사수자리 사람들, 엄마의 전남편과 결혼한 여성들, 도둑질하는 애완동물들.

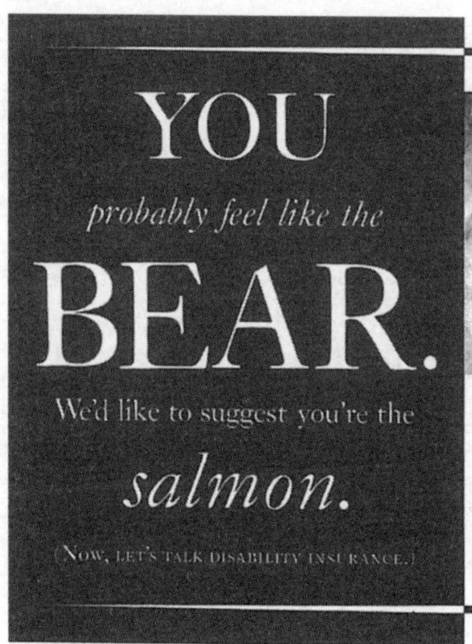

〈그림 4-1〉 우넘: 곰과 연어

〈그림 4-2〉 우넘: 아빠와 아기

(그 누가 하루빨리 직장으로 돌아가고 싶지 않겠는가?)"

세 번째 광고에서는 아기를 안고 있는 한 남자의 사진과 함께 "50년 뒤에는 처지가 뒤바뀔 가능성이 매우 큽니다."라는 문구가 쓰여 있다.(그림 4-2) 이 세 편의 광고는 모두 "긴 인생을 위해"라는 명쾌한 문구로 끝을 맺는다.

우넘의 해결책은 아주 일반적인 대화에서 나왔고, 그것이 어떤 식으로든 보험이라는 주제와 연결되는 방법을 찾기를 바랬다. 실제로 대화가 어디로 향할지는 아무도 알지 못했고, 예측이 어려운 만큼 겁이 나지 않을 수 없었다. 그렇지만, 다른 예에서는 참석자들이 대화를 주도하게 하는 것과는 반대로 더 폭넓은 시각으로 유도하는 것도 가능할 것이다.

1989년에 굿바이, 벌린 앤 실버스타인이 '북부 캘리포니아 혼다 판매상 광고연합NCHDAA'을 위해 만든 광고 캠페인을 예로 들어보자. 그들은 지역 자동차 판매상들의 전형적인 광고("특별하고, 두번 다시 없는 기회, 이 번 주만의 한정 이벤트, 1,500달러 캐쉬백cash back을 제공합니다... 등등"의 고래고래 소리를 지르는) 방식을 그대로 따르기 보다는, 혼다의 전국적 광고와 유사한 톤으로 광고를 제작하기로 결정했다. 왜냐하면, 우리는 전국적 광고와 지역 판매상의 광고를 구별할 줄 아는 사람은 업계 종사자뿐이라고 판단했기 때문이었다. 현실 세계에서, 사람들이 보는 전부는 광고의 맨 마지막에 나오는 '혼다'라는 이름이다. 로스앤젤레스 광고대행사인 루빈 포스테르Rubin Postaer의 지적이고 스타일리시한 광고를 내보내고 나서 혼다 자동차 세일즈맨의 지겨운 선전 광고를 30초 동안 내보내는 것은 정말 어리석은 짓이다. 첫 번째 광고에 의해 형성된 좋은 이미지가 두 번째 광고에 의해 사라져버리는 것이다.

우리는 전국적인 광고 메시지를 어떤 식으로든 '지역화regionalize' 하는 방법이 없을지 자문해보았다. 다시 말해서, 루빈 포스테르의 광고와 같은 톤과 수준을 유지하면서도 북부 캘리포니아만의 독특한 광고를 만들 수 없을까? 북부 캘리포니아의 지역 판매상들은 모두 북부 캘리포니아 체비/포드/도요타 판매상이라는 문구와 함께 광고를 끝내지만, 어떤 광고도 플로리다나 위스콘신 주를 벗어나지 못하는 것처럼 보였다. 사실 그 광고들은 그곳에서 만들어졌을 것이다.

조사를 진행하면서 우리는 참석자들에게 자동차나 자동차 판매상에 대해 묻지 않고 북부 캘리포니아에서의 삶에 대해서만 질문했다. 북부 캘리포니아에서의 삶은 어떤 모습입니까? 그것은 어떤 의미가 있죠? 다른 지역 사람들에게는 그것을 어떻게 설명하시겠습니까?(당시 나의 영국식 악센트가 도움이 될 때가 많았다.) 남부 캘리포니아와는 어떻게 다르죠? 등등.

"북부와 남부는 아주 다릅니다." 포커스그룹 인터뷰에 참석한 한 남자가 말했다.

"어떻게 다릅니까?"

"음, 샌프란시스코 자이언트와 L.A. 다저스 간에는 경쟁심이 대단히 치열하죠. 그런데 다저스 팬들은 그 점을 몰라요."

참석자들 모두 크게 웃음을 터뜨렸다. '남부인' 들은 다른 별에 사는 사람들이었다. 그들의 주된 관심사는 잘 그을린 피부와 멋진 자동차였다. 반대로, 북부 캘리포니아 사람들은 겸손하고 분별력이 있으며 과시하기 위해 제품을 사는 경우가 적었다. 제품 외양보다는 성능을 중시했고 환경 의식도 강하며 삶의 질에 관심을 가졌다.

우리는 이미 혼다가 제공한 조사 보고서를 통해 북부 캘리포니아 사람들이 혼다 자동차에 대해 어떻게 생각하는지 알고 있었다. 혼다는 화려하지 않지만 스타일이 있고, 단아하며, 값어치 있는 믿음직한 자동차로 인식되고 있었다.

크리에이티브 브리프는 북부 캘리포니아의 독특한 정서를 고려할 것과 혼다 자동차가 북부 캘리포니아를 염두에 두고 디자인되었다고 상상할 것을 요구했다. 광고의 태그라인tagline을 쓰기 싫어하고, 또 그럴 능력도 없다고 말하던 데이브 오헤어Dave O' Hare는 "북부 캘리포니아에서는 혼다가 제격이 아닐까요?"라는 광고 문구를 가지고 즉시 돌아왔다.

런칭 광고는 북부와 남부 캘리포니아 사람들의 경쟁의식을 이용한 것이었다. 세크라멘토에 있는 의사당 안에서 의장은 의원들을 진정시키며 "자, 북부 캘리포니아 의원께서 발언할 차례입니다"라고 말한다.

그 의원은 다른 편을 향해 서류 뭉치를 흔들어대며 격렬하게 고함을 친다. "남부 캘리포니아 의원님들의 제안은 도덕적 폭거와 다름없습니다. 태평양 연안 고속도로를 10차선으로 확대하자는 게 말이 됩니까?"

그러자 불룩한 머리 모양에 핑크색 넥타이를 맨 남부 캘리포니아 의원이 어깨를 으쓱하며 "도로가 너무 구불구불하잖소"라고 푸념을 한다. 그의 남부 동료 의원들은 하이파이브를 하며 그 발언에 동의를 표시한다. 북부 의원들은 화를 내고 의장이 질서를 지킬 것을 요구하지만 소용이 없다. 소란이 최고조에 달하는 순간, 카메라는 밖으로 나가고 주차장이 화면에 들어온다. 남부 의원들의 주차 구역에는 하나같이 크고 기름 먹는 하마 같은 차들이 있는 데 반해, 북부 의원들의 주차 구

역에는 혼다 자동차만 줄지어 있다. 광고의 마지막 문구는 다음과 같
다. "북부 캘리포니아에서는 혼다가 제격이 아닐까요?"

어떤 제품을 겉만 보고 "이것은 자동차다" 또는 "이것은 보험 상품
이다"라고 생각하기는 너무도 쉽다. 하지만 제품의 품격을 높여주고,
더 중요하게는 경쟁의 늪에서 빠져나오게 하는 이야기 방식을 찾아보
는 것은 어떨까? 그것은 어떤 제품을 가지고 하든 흥미로운 연습일 것
이다. 만일 자신의 제품을 '차' 또는 '카메라'라고 부를 수 없게 하는
새로운 법이 제정되었다고 가정해보자. 이때 그 제품들을 어떻게 부르
는 것이 신뢰감을 줄 수 있을까? 우넘이나 북부 캘리포니아 혼다 판매
상 연합뿐만 아니라 이후 다루게 될 폴라로이드 광고, 노르웨이 크루즈
라인 광고의 경우, 제품을 전통적 카테고리의 경계 밖에서 정의하는 것
은 교전 규칙rules of engagement을 바꾸었고, 그 기업이 잠재적으로 취약하
거나 경쟁이 심한 영역을 피하면서 가장 잘 하는 영역에서 경쟁할 수
있게 했다. 물론 이러한 방식이 모두에게 효과적이지는 않지만, 만약
효과적이라면 그것은 매우 강력할 것이다.

벗어나 있기

『물에 빠진 남자The Man in the Water』라는 책의 서문에서 로저 로젠블래트
는 자신이 콜롬비아 대학에서 언론학 전공 학생들에게 시도해보게 하
는 일련의 '비상식적 규칙들'에 대해 언급하고 있다. 그는 그것을 하는
주된 목적이 "학생들에게 저널리즘을 즐기는 법을 알려주기 위한 것"
이라고 말한다. 로젠블래트가 말하는 많은 규칙들은 플래너인 나에게

도 충분히 공감이 되며, 제대로만 적용한다면 개인적 즐거움 차원을 넘어서 독특한 시각과 통찰을 제공할 수도 있을 것이다. 중요한 것은, 그것이 누군가를 제한하는 것이 아니라 자유롭게 만드는 규칙이라는 점이다.

'벗어나 있기be out of it'에 대해 그는 이렇게 말한다.

> 그것은 대부분의 저널리스트들이 따라하기에 매우 부자연스러운 규칙이다. 왜냐하면 저널리스트는 광적으로 '그 안에', 즉 세상사의 꼭대기에 있으려고 기를 쓰기 때문이다. 그러나 나는 뉴스에 관한 한, 거기에서 벗어나 있는 것이, 과감히 벗어나 있는 것이 업무에 훨씬 더 유용하다고 믿는다. 나는 학생들에게 하나의 사건에 관한 10개의 기사를 읽기보다는 기사는 하나만 읽고, 생각이 무르익을 동안 그 기사와 관련이 없는 9가지 일을 하라고 말한다. 역사책과 소설과 시를 읽어라. 특히 시를 읽다 보면 시와 저널리즘의 구조, 목소리, 의도의 유사성에 깜짝 놀랄 것이다. 일간 신문을 읽느라 시간을 허비하지 말고 과거로 여행을 떠나보라. 혹은 정처 없이 오랫동안 산책을 하거나 다른 지식을 사용해야 하는 어떤 것을 해보라.

나는 미국 동부 해안에서 열리는 회의에 참석하기 위해 비행기를 타고 미대륙을 가로질러 갈 때면 기내에 비치된 책과 잡지를 통해서도 내가 소비자 조사를 수행하며 얻는 것만큼이나 많은 아이디어를 얻을 수 있다고 확신한다. 그 읽을 거리 중에는 우연히도 비즈니스에 관한 책자는 거의 없다. 젊은 플래너들이 읽어야할 책을 추천해달라고 하는 경우 나는 광고에 관한 책은 절대로 추천하지 않으며, 그들이 다른 자료들에서 아이디어를 끌어오기를 바란다. 내가 추천한 일부 도서들은 이 책에서 인용되고 있고 참고 문헌 목록에도 포함되어 있다. 하지만 나는 사람들이 마음을 열고 가능한 한 폭넓은 자극을 받기를 바라며, 어떤 흥미로운 사실을 발견해 내게 알려주었으면 좋겠다.

물론 플래너가 진정으로 정통한 판단을 내리기 위해 사업이나 고객에 관여하는 정도와, 사물을 명확히 바라보기 위해 필요한 초연함 간에는 미묘한 균형이 있다. 하워드 고시지는 그 초연함을 묘사하기 위해 '초환경적 인간extra-environmental man'이라는 용어를 썼다. 초환경적 인간이란 현실과 충분히 거리를 두고 떨어져 있어 다른 사람이 보지 못하는 것을 볼 수 있는 사람을 뜻한다. 가령, 미국에 사는 영국인을 예로 들 수 있을 것이다.

언젠가 오스카 와일드는 "물론 언어를 제외하고, 영국인과 미국인은 공통점이 아주 많다"라고 말했다. 내가 샌프란시스코에 온 지 일주일이 채 지나지 않았을 때의 일이다. 당시 사무용품이 어디 있는지 몰라서 부하직원에게 지우개를 빌려달라고 했다가 당황스러운 경험을 한 적이 있다. 적어도 나는 제대로 물었다고 생각했지만, 내가 지우개를 뜻하는 영국의 단어를 입밖에 내자, 그녀는 미국에서는 지우개를 'rubber'라고 하지 않는다고 친절하게 설명해주었다.

초창기의 그 당황스러운 사건을 제외하고는, 그 이후 나는 이방인의 낯설음을 꽤 유용하게 활용할 수 있음을 깨달았다. 즉, 소비자 조사를 할 때마다 무지에 대해 변명할 수 있고, 또 미국인끼리라면 좀 이상하게 들릴지 모를 정말로 어리석은 질문을 던질 수도 있었던 것이다.

한편 나는 같은 상황을 보더라도 보통의 미국인들과는 전혀 다른 시각을 지닐 수 있었는데, 그것은 내가 미국에서 성장하지 않아 그러한 상황을 해석하는 방법을 배우지 않은 덕분이었다.

이러한 점에서 볼 때, 어떤 상황에서 벗어나 있는 것은 두 가지 이점이 있다. 첫째, 그 환경에 너무 익숙해진 사람들이 볼 수 없는 것을 볼 수 있게 된다. 둘째, 사람들은 나를 가르쳐 줄 필요성을 느끼고, 따라서 그들이 평소의 대화에서는 언급하지 않았을 사실과 견해까지 전해준다.

어떤 상황이나 기존의 지식에서 벗어나 있는 능력을 키우기 위해 반드시 다른 대륙으로 건너와서 일할 필요는 없다. 내 영국식 억양은 유용한 도구지만, 그것이 내 일에서 필수적인 요소는 아니다. 영국의 광고대행사에서 일할 당시, 나는 다른 사람과 동일한 억양을 쓰면서도 벗어나 있기를 할 수 있었고, 또 현재 내가 아는 많은 미국인 플래너들 역시 미국에서 일하면서도 성공적으로 벗어나 있기를 하고 있다. 관건은 대화를 하면서 한 발을 외부에 걸쳐놓도록 자신을 훈련하는 것이고, 마찬가지로 다른 사람들, 즉 조사 참석자들 역시 그와 같이 행동하게 만드는데 있다.

어린아이의 눈으로 바라보라

플래너에게는 상황을 폭넓게 바라보는 것 못지않게 조사 참석자들로부터 흥미로운 관점을 끌어내고 창조적인 의견을 유도해 내는 것이 중요하다. 많은 조사 참석자들은 자신이 진정으로 생각하고 느끼는 것들을 제대로 표현하지 못하는 경우가 많다. 그럴 때는 다른 사람의 처지에서 생각해보게 하거나, 혹은 심지어 그들의 삶의 다른 시기에 경험했던 것처럼 생각하게 함으로써 그들의 마음을 열 수 있다.

창의력에 대한 워크숍을 운영하고 있고, 『크리에이티브 씽킹A Whack on the Side of the Head』이라는 책을 쓴 로저 본 외흐Roger Von Oech는 사람은 나이가 들수록 마음이 닫히고 창의력이 저하된다고 말한다. 그러한 정신력의 쇠퇴는 아이가 성인이 될 때만 나타나는 것은 아니다. 한 연구에 따르면 어린아이는 초등학교 2학년이 되기 전에 창의력이 급격히 쇠퇴한다고 한다. 로저 본 외흐는 급격한 창의력 쇠퇴의 원인으로 학교의 교육 방식을 꼽았다. "세상에는 하나의 정답만 존재한다고 주장하지만, 때로는 답이 여러 개일 수 있다. 정답이 하나뿐이라고 믿는 사람은 첫 번째 해답을 구하자마자 생각을 멈출 것이다."

미국에서 일하는 영국 출신의 플래너들은 영국에 우수한 플래너가 많은 이유로, 영국의 교육 제도는 학생들이 생각해 낸 해답에 대해서뿐만 아니라 문제에 대한 접근 방식과 그것에 대한 토론에 대해서도 보상을 주기 때문이라고 주장했다.

나는 미국과 영국의 교육 제도에 차이가 있다는 그들의 분석에 어느 정도 동의하는데, 한편 미국에서 태어나고 미국에서 교육받은 매우 뛰어난 전략가, 창조적 사고력을 지닌 이들과 함께 일한 경험도 있다. 따라서 미국인들도 영국인 못지않게 열린 마음으로 탐구하거나 토론 기술을 개발할 수 있으리라고 믿는다.

사실 개방성과 창의력의 쇠퇴 원인을 잘못된 교육 제도의 탓으로만 돌릴 수는 없다는 점은 분명하다. 시대를 불문하고 어떤 사회 집단이든 그들이 속한 집단의 질서를 무너뜨리지 않으려는 압력은 매우 강하며,

그것은 사람들로 하여금 다른 견해를 지니지 못하게 막기도 한다. 어른이 된다는 것은 수많은 질서와 규칙과 제한 속에서 살아야 한다는 것을 뜻하며, 스스로 그 짐을 짊어진다. 좋은 아이디어를 갖고 있는 사람도 다른 사람들의 눈에 어리석어 보이지 않기 위해 침묵하는 경우가 있다. 그들은 위험을 무릅쓰려 하지 않으며, 모험을 두려워한다면 창의력은 결코 발휘되지 못할 것이다.

그렇다면 왜 조사에 참석한 사람들에게 창의력을 발휘하기를 기대하는 걸까? 물론 광고대행사에는 크리에이티브 팀이 있지만, 크리에이티브 팀과 조사 참석자들에게 바라는 창의력은 각각 다르다. 웹스터 사전은 '창의성creativity'을 다음과 같이 정의한다.

1. 창조적인 상태나 자질
2. 의미 있는 새로운 형태나 해석을 창조하는 능력

이는 내가 추구하는 의미이자 해석이다. 나는 조사 참석자들이 내 대신 문제를 해결해주거나 광고 문구를 써주기를 바라지 않으며, 다만 다양한 시각에서 내가 이해할 수 있게 '진실'을 말해주기만을 기대한다. '진실'이 중요하다. 나는 문제를 복잡하게 만들고 싶지 않다. 다만 그들이 스스로 미처 깨닫지 못하고 있는 진실의 열쇠를 발견하고 싶을 뿐이다. 그리고 그 진실을 크리에이티브 팀에 제공해서 영감을 불러일으키기를 바라므로, 그것이 간결하고 흥미로운 형태이기를 희망한다.

광고주로부터 커뮤니케이션 전략 개발 요청을 받으면 나는 먼저 그 회사 사람들과 가능한 많은 이야기를 나누며 그들이 스스로 문제를 어떻게 정의하는지를 살핀 후에 외부의 의견을 구한다. 수많은 기업을 상대로 다양한 부류의 사람들을 만나 사내 조사를 실시할 때면, 나는 두 가지 사실에 크게 놀란다. 첫째, 같은 회사에 몸담고 있는 관리자들이 그 회사의 존재 이유에 대해 전혀 다른 관점을 지닌 경우를 빈번히 볼 수 있다는 점이다. 어떤 회사의 경우 고위급 관리자 20명을 대상으로 그들 조직의 존재 목적을 물었을 때, 모두 제각각의 대답이 나온 적도 있었다. 회사 내에서 그들 각자의 존재 이유를 물었을 때는 대개 비슷한 반응이 나왔는데, 그들은 자신의 존재 이유보다도 자신이 하는 일에 대해 말하곤 했다. 둘째, 이러한 임원들은 일반인이 이해하기도 어려운 전문 용어를 사용해 자신들이 하는 일을 설명하는 공통된 경향이 있다는 점이다.

몇 년 전 업계 선두를 달리는 한 회계법인의 특별한 업무를 위한 컨설팅 프로젝트의 일부로서, 나는 다른 언어로 이야기하는 외부의 잠재적 광고주와 우리 회사 내부의 크리에이티브 담당자들과 의사소통을 하기 위해 그 업무의 목적과 이상을 표현할 명확하고 단순한 방법을 찾아야 했다. 그런데 그 회사 사람들과 이야기를 하면 할수록 문제는 더욱 복잡해졌다. 경영진은 자신들의 업무에 대해 서로 다른 견해를 제시했고, 그 내용은 그들을 찾아올 고객에게 별로 유용하지 않은 것이 대부분이었다. 결국 나는 경영진 중 한 명에게 자녀가 있느냐고 물어보았다. 그는 잠시 당황스런 표정을 짓더니 아이가 둘이라고 대답했다. 나는 아이들의 나이를 물었다.

"사내아이는 여섯 살, 딸아이는 네 살입니다."

"아이들이 아빠가 무슨 일을 하느냐고 물어보면 뭐라고 대답하시죠?

그러자 그는 눈을 반짝이며 이렇게 설명해주었다고 대답했다. "아빠는 다른 사람들이 사업을 더 잘 운영할 수 있게 도와주는 일을 한단다. 리틀 야구단의 코치가 공을 더 잘 치고, 더 잘 던지는방법을 가르쳐주는 것처럼 아빠는 돈을 벌고 싶어하는 사람들에게 그 방법을 알려준단다." 그런 다음 그는 회계의 진정한 기술은 회사가 과거에 한 일을 감사하는 것이 아니라 회계 숫자들을 해석해서 미래의 전략을 수립할 수 있게 도와주는 것이라고 나에게 말했다.

그 답변은 흥미로웠고, 고객에 대한 혜택의 관점에서 자신의 일을 설명하는 것도 유익했다. 만일 내가 그 경영자와 계속 "어른스런" 대화를 나누었다면 그는 결코 그런 식으로 설명하지 않았을 것이다.

같은 맥락에서 우리는 다양한 광고주들을 위한 포커스그룹 인터뷰에서 참석자들에게 자신의 생각을 그림으로 표현해보라는 요청을 자주 한다. 대개 그 효과는 두 가지로 나타난다. 우선 그들은 몹시 겁을 낸다. "맙소사, 저는 그림을 못 그려요."라며 거부하는 사람도 있다. 그렇지만 그들은 곧 그림그리기를 즐기게 된다.

나는 1993년에 새로운 포르셰 광고를 개발하면서 위 기법에 기초한 세 가지 변형된 방식의 포커스그룹 인터뷰를 실시했고, 그 결과 몇 가지 중요한 정보를 추출할 수 있었을 뿐 아니라 크리에이티브 기회들을 발견할 수 있었다.

그 배경을 간략히 설명하자면, 당시 포르셰는 미국에서 수년째 급격한 매출 감소를 겪고 있었다. 1986년에 미국에서 3만 대를 팔았지만, 1993년에는 4천대도 팔지 못했다. 매출 감소의 원인은 판매 모델의 교체(포르셰는 86년의 기록적인 매출에 기여한 값싼 924 모델의 생산을 중단했다)와 가격 상승(89년에서 93년까지 가격이 평균 117퍼센트 상승했다), 그리고 불경기의 여파로 포르셰를 구매하려는 소비자가 줄어든

〈그림 4-3〉 포르셰 조사에서 타자동차 운전자가 그린 그림: 정지선에서의 생각

탓이었다. 한편 포르셰는 조사를 많이 실시했는데, 그 결과 포르셰 브랜드에 대해 사람들의 호감이 사라졌다는 사실이 드러났다. 포르셰는 탐욕과 과시적 소비의 상징으로, 이미 지나가버린 80년대의 자동차가 되어버린 것이다.

우리는 포르셰를 소유하지 않은 포커스그룹과 인터뷰를 했고, 참석자들이 운전을 하다가 정지선에 걸렸을 때 바로 옆에 포르셰가 멈춰 서면 어떤 느낌을 받을지 상상해보라고 했다. 그런 다음 참석자들에게 그림을 한 장 나눠주고, 그들이 포르셰 옆에 서 있는 자동차 주인이라고 가정하고 그 그림의 빈 칸에 떠오르는 생각을 적게 했다. 사람들은 포르셰와 포르셰 운전자를 보면 어떤 생각을 할까? 그들의 반응은 상당히 일관되었는데, "별꼴이야!"라는 한 마디 말로 요약할 수 있었다.(그림 4-3)

우리는 슬슬 걱정이 되기 시작했다. 우리가 특별히 실시한 정량조사는 포르셰에 대해 "별꼴이야!"라는 식의 사람들의 반응이 상당히 널리 퍼져 있음을 입증해주었다. 조사에 참석한 1,000명 중에서 200명이 포르셰와 포르셰 운전자에 대해 나쁘게 말했다. 다섯 명 중 한 명꼴이었다. 그것은 포르셰를 좋아하지 않는 많은 사람들이 출근길에 그 옆을 지나간다는 것을 의미했다. 한때 포르셰를 소유했던 포르셰 애호가들이 다른 브랜드의 차를 사려고 하는 것도 어쩌면 당연한 일처럼 여겨졌다. 우리가 어렸을 때 생각하던 꿈의 자동차, 포르셰의 위상이 도대체 왜 이렇게 추락한 것일까?

우리는 샌프란시스코의 한 초등학교에 협조를 구해 실험을 했다. 미술 시간에 8세에서 10세까지의 아이들에게 상상 속의 멋진 자동차를 그려보게 한 것이다. 몇몇 아이들은 화려한 색상과 기묘한 형태의 환상적인 미래형 자동차를 그렸고, 다수의 아이들은 스포츠카를 그렸는데

〈그림 4-4〉 포르셰 조사에서 초등학생이 그린 그림: 꿈의 자동차

그 대부분은 빨간색이고, 또 거의 포르셰였다(그림 4-4). 포르셰는 어떤 이들에게는 여전히 꿈의 자동차였다. 그 아이들은 아직 어리기 때문에 포르셰 운전자를 보면서 고위험 채권 딜러를 떠올리거나 영화에서 악당이 검은색 911 포르셰를 운전하는 장면을 떠올리지는 못했을 것이다.(우리는 자동차를 정겹고 디테일하게 묘사하는 아이들의 그림 실력에 매우 놀랐다. 그림은 아이들이 보여줄 수 있는 최고의 의사표현 방법이었다. 아마도 나이가 들어 언어 구사력이 늘면 그런 실력도 대부분 사라질 것이다.)

마지막으로 우리는 포르셰 운전자와 그외 다른 고급 스포츠카 소유자들을 조사했고, 그들의 차에 대한 느낌을 그림으로 표현하게 했다. 놀랍게도 둘 사이에는 분명한 차이가 있었다. 다른 브랜드의 차(BMW, 메르세데스, 인피니티, 렉서스 등)를 소유한 사람들은 대부분 그들의 차가 도로에 서 있는 모습을 그렸다. 그 그림들은 모두 바깥에서 안을 들여다보는 것들이었고, 많은 그림들이 차량의 보닛 장식, 에어백, 화려한 가죽 시트, 오디오 시스템을 부각시켰다. 그러한 차들의 즐거움은 그것을 소유하는 데 있었고, 완충 장치와 안락한 좌석이 도로의 덜컹거림을 완화시키고 음향 장치가 외부의 소음을 차단하는 식으로 운전자를 편안하게 하고 외부 환경과 분리시켜 주는 데 있었다.

3개 도시에서 포커스그룹 인터뷰를 총 6회 실시했는데, 포르셰 운전자들은 거의 모두 동일한 그림을 그렸다. 한두 사람을 제외한 대부분의 그림에는 차가 아예 보이지 않았다. 대신 산 속의 구불구불한 도로, 주변의 나무들, 그리고 빛나는 햇살 같은, 운전자가 좌석에 앉아서 바라보는 모습들이었다. 그들의 차 안에서 그들은 환경의 일부였고, 묘사된 전반적인 경험은 운전의 즐거움에 관한 것이었다.(그림 4-5).

〈그림 4-5〉 포르셰 조사에서 포르셰 운전자가 그린 그림: 나와 내 자동차

〈그림 4-6〉 포르셰: 벌레들을 재빨리 죽이다

〈그림 4-7〉 포르셰: 땅콩 버터

그 그림들은 그 전까지의 어떤 대화들보다도 많은 것을 말해주었다. 포르셰를 소유할 때의 기분, 그리고 포르셰를 운전하는 경험이 다른 고급차를 탈 때와 어떻게 다른지에 관한 독특한 진실을 생생하게 보여주었다.

결국 우리는 포르셰 운전자들의 그림이 불러일으키는 본능적인 느낌을 포착하는 지면 광고를 제작하기로 했는데, 그것은 이미 포르셰를 소유한 사람들(그리고 마음이 흔들리는 이들)에게는 포르셰의 특별함을 재확인시키고, 포르셰가 없는 사람들(포르셰를 보며 "별꼴이야!"라고 생각하거나 소리칠 이들)에게는 그 브랜드의 또 다른 면을 보여주려는 것이었다. 즉 그들에게 포르셰가 단지 콧대높고 거만한 종류의 차가 아니라는 점을 보여주기 위한 것이었다. 광고의 메시지는 포르셰가 운전하기 위해 만들어진 차이며, 운전을 즐기는 사람이 몰아야 한다는 것이었다. 운전을 좋아하는 것에 사회적 반감을 불러일으킬 만한 것이 있을까? 또 이 광고는 가벼운 유머를 사용해 메시지를 좀더 부드럽게 전달했으며, 그래서 포르셰를 지나치게 진지하고 독일 스타일이라고 여기던 사람들에게 놀라움을 자아냈다.

이 인쇄 광고는 도로 위의 차를 보여주면서, 도로의 소멸점이 항상 보이도록 했다. 911 터보 광고는 단순히 속도와 가속력에 대해 이야기하는 대신에, 그것을 다음과 같이 표현했다. "벌레들을 재빨리 죽이다 Kills bugs fast"(그림 4-6). 카레라 포Carrera Four의 놀라운 주행 안정성은 기술적인 용어 대신 "입천장의 땅콩 버터처럼"(그림 4-7)이라는 일상적인 비유로 표현했다.

조사 참석자들이 '어린아이가 되어 보게 하는 것'은 어떤 주제에 대한 솔직한 느낌을 드러내도록 하기 위해 내가 가장 애용하는 방법 중 하나이다. 그것은 응답이 초점에서 벗어나지 않게 하고 단순화하는 경향이 있으며, 대개의 경우 응답자들에게도 즐거운 일이다. 포커스그룹 인터뷰에 참석한 사람들이 회의 도중에 웃음을 터뜨리면 조사 진행자는 자신이 맡은 역할을 제대로 못하고 있다고 생각하는 경우가 많다. 하지만 그 생각은 틀렸다. 분위기가 좋을수록 참석자들은 더 유용한 정보를 드러낸다.

참석자들이 단순해지고 어린아이가 되어 보게 하는 것에는 여러 가지가 방법이 있다. 예를 들어, 잡지에서 사진을 오려 콜라주를 만들거나 간단한 언어 연상도 내가 많이 사용하는 방법이다. 조사 진행자가 좀더 모험심이 있다면 역할 놀이도 가능하다. 다만 여기에서는 그 방법론을 길게 다룰 생각이 없기 때문에 포르셰의 사례에서 멈추도록 하겠다. 하지만 그것의 일반적인 요점은 분명하다.

그들에게 가라: 그들이 오게 만들지 마라

3장에서는 너무도 많은 조사들이 '부자연스런 환경unnatural habitat' 하에서 수행되고 있음을 말했다. 그러한 환경은 조사 참석자들이 자연스럽게 행동하거나 토론 주제에 대한 진실한 느낌을 드러내는 것을 어렵게 한다. 이는 단지 조사 시설 사용의 문제만은 아니며, 조사 과정의 다른 여러 측면들이 장애 요소가 될 수 있다. 결과적으로 조사 장소의 단순한 변화가 그 자체로 해결책을 제공하지는 않지만 도움은 된다.

시간과 비용, 그리고 광고주의 동의가 있다면, 나의 목표는 조사 참석자들이 앞으로 특정한 브랜드나 광고를 실제로 접하게 될 때와 가장 유사한 장소나 분위기에서 조사를 수행하는 것이다. 그렇게 하면 조사 참석자들이 그들의 의견이나 기호를 사후합리화하는 것을 최소화할 수 있다. 다양한 광고주의 사업들을 대상으로 한 조사에 있어 우리는 대략 두 가지 방식으로 그 목표를 달성한다. 첫째, 주어진 과제에 적합해 보이는 장소에서 참석자들과 인터뷰를 하는 것이다. 둘째, 그것이 가능하지 않을 경우, 그들의 세계에 대한 통찰을 얻기 위한 특정한 과제를 그들에게 부여하는 것이다.

| 자연스러운 환경 |

세가Sega의 비디오 게임 사업에 대한 GS&P의 탐색적이고 전략적인 개발 조사는 주로 아이들의 방에서 이루어졌다. (이 실험은 상당히 모험적이었다. 플래너 한 사람은 인터뷰를 진행 도중에 조사 대상 아이의 여섯 살짜리 동생에게 물리기도 했다. 그 아이는 망토를 뒤집어쓴 채로 벽장에서 뛰쳐나와 자신의 치아를 플래너의 팔에 박아넣었다. 그런 괴상한 행동은 매우 당황스러운 것이었다.) 우리는 아이들에게 평소 비디오 게임을 함께 하던 친구들을 부르게 했고, 플래너들은 그 집에 머물면서 자리를 지키고 앉아 아이들이 노는 것을 지켜보거나 들었다. 아이들과의 인터뷰는 항상 방이나 (인원이 많을 경우) 거실에서 이루어졌다. 아이들은 익숙한 환경에서 친구들과 함께 있으므로(대부분의 포커스그룹 인터뷰에서 낯선 사람을 마주하는 것과는 다르게) 매우 자연스러운 상태였고, 10대 아이들답게 시끄럽게 떠드는 것도 다반사였다.

이스즈Isuzu 포커스그룹을 대상으로 조사를 할 때, 우리는 참석자들을 자동차 대리점으로 태우고 갈 버스를 준비해두었다. 물론 대리점의 판매원들은 늘 최선을 다하는 모습을 보이지만(자동차에 관심이 많고, 재정적 여력이 있는 10명의 잠재 고객을 데려간다고 미리 말해두었으니 당연히 그들은 친절할 수밖에 없었을 것이다), 아무튼 전시된 자동차를 직접 보면서 차량과 그 외양에 대해 의견을 나누고, 대리점의 분위기에 대해서도 기억이나 회상에 의존하지 않고 그것을 직접 느끼며 이야기 할 수 있었다.

저녁에 여러 가족들을 데리고 피자헛에 직접 가서 피자를 먹거나, 혹은 집으로 주문해서 먹은 적도 있다. 새로 나온 주류 브랜드에 대해 조사하기 위해 마티니 바에서 파티를 연 플래너도 있고, 노르웨이 크루즈 라인에 직접 올라 흥분이 채 식기 전에 배에 오른 느낌을 알아본 플래너도 있다.

노르웨이 크루즈 라인의 사례는 두 가지 점에서 흥미로웠다. 첫째, 배를 타본 경험에 대한 참석자들의 반응은 육지에서 조사를 진행할 때 와 배 위에서 진행할 때 확연히 달라졌다. 배 위에서는 같은 사실에 대 해서도 더 생생하게 표현했고, 배에 관한 합리적이고 명백한 사실 위주 로만 말하지도 않았다. 둘째, 이 조사 진행을 맡은 플래너 메리 스터비 노Mary Stervinou는 크리에이티브 디렉터인 스티브 루커Steve Luker와 스티 브 심슨Steve Simpson과 동행했는데, 세 사람 모두 크루즈 여행을 해본 적 이 없었고, 처음에는 별다른 기대를 하지 않았다. 그들은 배에서 함께 수영을 즐기고 식사도 들면서 흥미로운 이야기들을 나누었다. 스티브 심슨은 광고 캠페인의 개발에서 그 경험을 가장 중요한 요소로 묘사했 다. 그는 자신의 경험을 '바다에 머무는 것의 매혹', 육체가 '더 가벼 워지는' 느낌으로 기억했다. 배에 오른 모든 사람들이 그 같은 자유의 느낌을 경험했고, 그 느낌은 곧 "이 곳은 다르니까It's Different Out Here" 라는 광고 캠페인의 핵심 아이디어가 되었다(이 내용은 6장에서 자세히 다루어진다).

우리는 중요한 교훈을 얻었다. 즉, 광고할 제품을 사용해본 소비자를 찾아내는 것 외에도, 플래너와 크리에이티브 담당자 역시 직접 그 제품을 경험해보아야 한다는 것이다. 그 제품이 크루즈 라인이라면 더 말할 것도 없고, 아무리 사소한 제품이라도 그것을 제대로 이해하려면 직접 체험해볼 필요가 있다.

| **과제** |

'자연스러운 환경'에서 조사를 수행하기 어렵다면, 전통적인 조사과정에 들어가기 전에 참석자들이 미리 어떤 과제를 수행하게 함으로써 그들의 실제 생활 방식을 엿볼 수 있다.

여기에서 너무 많은 사례들을 이야기할 수는 없지만, 사전 과제를 부여해서 상당한 성과를 거둔 두 가지 예를 살펴볼 필요가 있다.

캘리포니아 유가공 협회California Fluid Milk Processors Advisory Board가 의뢰한 광고 캠페인을 위한 조사를 실행할 때의 일이다. 우리는 사람들에게 조사에 참석하기 앞서 일주일 동안 우유를 마시지 않고 지내도록 요청했고, 우유가 없는 며칠 동안 그들의 생활이 어떤 영향을 받는지 알아보기로 했다. 이 실험은 우리 생활에서 우유가 어떤 역할을 하는지에 대해 몇 가지 중요한 사실을 깨닫게 해주었는데, 단순히 포커스그룹 인터뷰만 했더라면 그것을 깨닫기는 무척 어려웠을 것이다. 이 광고에 얽힌 이야기 전체는 7장 '뜻밖의 발견'에서 다룬다.

여기에서 좀더 자세히 살펴볼 또 다른 사례는 즉석 카메라 폴라로이드의 조사에 참석할 사람들에게 미리 해보도록 요청한 간단한 연습

178

이다.

당시 폴라로이드 사의 조사에 따르면, 즉석 카메라와 필름은 35밀리미터 일회용 카메라, 한 시간 급속 현상, 동영상 이미지를 재생할 수 있는 캠코더의 등장으로 매우 어려운 상황에 처해 있었다. 우리는 사람들이 폴라로이드 카메라를 주로 어떤 용도로 사용하는지 알고 싶었다. 폴라로이드 카메라는 어떤 종류의 사진을 찍는데 쓸까? 폴라로이드 카메라만의 장점은 무엇일까? 혹은 앞서 언급한 경쟁자들과 차별화되는 점은 무엇일까?

조사 대상자로는 폴라로이드 카메라가 있는 사람과 없는 사람을 모두 선발했다. 그리고 포커스그룹 인터뷰를 실시하기 일주일 전에 카메라가 있는 사람에게는 필름 두 통을, 없는 사람에게는 카메라와 필름 두 통을 보내 각자 자신이 찍고 싶은 것을 찍어 오게 했다.

일주일 뒤, 조사 참석자들이 가져온 사진은 무척 흥미로웠다. 그 가운데 90퍼센트는 개나 고양이, 친구, 파티에 참석한 사람들, 공원을 산책하는 사람들의 사진처럼 값이 저렴한 일회용 카메라로도 찍을 수 있는 일반적인 것들이었다. 그런데 나머지 10퍼센트는 즉석 카메라로만 찍을 수 있는 종류였다. 한 여성은 모양이 각기 다른 안경을 쓴 모습을 여러 장 찍었는데, 안경점에 함께 가지 못한 남편이 자신에게 잘 어울리는 안경을 고르는 것을 도와주기를 원했다. 한 남성은 형편없이 망가진 자기 자동차 사진을 찍어 왔다. 그는 보험회사에 보낼 사진이 필요했는 데 폴라로이드 카메라가 제격이라고 말했다. 어떤 여성은 임신한 직장 동료의 모습을 찍었는데, 남들에게 그녀가 임신 몇 개월처럼 보이는지를 물어보기 위해서라고 말했다. 여자 친구의 알몸 사진을 스무 장이나 찍어온 한 젊은이는 "사진관에서 현상할 수는 없잖아요"라고 말했다. 그는 그 사진을 포커스그룹 인터뷰에 참석한 낯선 사람들에게만 매우 조심스럽게 보여주었다.

위의 예는 폴라로이드 카메라를 유용하게 사용할 수 있는 경우(한 장의 사진만 필요하고, 즉각적인 증거가 될 수 있으며, 남에게 현상을 맡길 필요가 없다는 점)를 잘 보여주고 있다. 다른 참석자들도 이러한 실제 사례들에 대해 무척 흥미롭게 생각했고, 그것이 바로 5장에서 다룰 "무슨 일이 일어나는지 보세요See What Develops" 광고 캠페인의 촉매제가 되었다. 전통적인 포커스그룹 인터뷰만으로는 그와 같은 통찰력을 얻지 못했을 것이며, 여자 친구의 '예술적인' 사진을 찍어온 젊은이가 아니었더라면 건축가Architect 광고(그림 5-7)의 아이디어도 나오지 않았을 것이다.

공에서 떨어져서 게임을 보라

공을 이용한 스포츠 게임의 진정한 열성팬이라면 경기 중에 공이 없는 곳에서 벌어지는 일들이 공이 있는 곳에서 벌어지는 일 못지않게 재미있다고 말할 것이다. 축구선수가 공간을 몰래 침투하고, 럭비에서 격렬한 몸싸움을 벌이며 팀 동료의 진로를 열어주고, 내야수가 더블 플레이를 하기 위해 미리 이동하는 장면 등은 공만 쫓는 카메라가 놓치기 쉬운 장면들이다. 그러나 그러한 모든 것들이 게임에서 결정적인 순간으로 판명될 수 있다.

로저 로젠블래트는 다음과 같이 썼다. "나는 순간의 소음에 고개를 돌리기보다는 지속되는 상태나 진행 과정에 초점을 맞추는 언론인을 존경한다. 미국의 빈곤층에 대해 알고 싶다면 거리 폭동이나 소요 같은 눈에 띄는 사건들만 살펴보아서는 안 된다. 가난한 사람들은 항상 가난하다." 3장에서 다룬 '팝' 리서치가 대부분 엉뚱한 방향으로 흐르는 것은 바로 그런 이유 때문이다. 최신의 트렌드만 쫓다가는(요즘은 워낙 경쟁이 치열해서 어떤 트렌드는 트렌드가 되기도 전에 미리 트렌드로 규정된다) 나무만 보고, 숲을 보지 못하는 수가 있다.

같은 맥락에서, 빌 번벅은 경쟁자와의 차별화 포인트만을 찾으려고 하는 많은 커뮤니케이터들이 특정 카테고리의 존재 이유나 소비자가 그 카테고리의 제품을 사고 싶게 하는 기본적인 본능에 관한 진실에서 갈수록 멀어지고 있다고 비난했다.

그는 말했다. "인간의 본능이 개발되는 데 수백만 년이 걸렸다. 그 본능이 변화하려면 또다시 수백만 년이 걸릴지도 모른다. 커뮤니케이터들은 생존하고, 존경받고, 성공하고, 사랑하고, 자신의 것들을 지키고자 하는 강렬한 욕구를 지닌, 변하지 않는 인간에 관심을 기울여야 한다."

노르웨이 크루즈 라인 광고는 그러한 철학을 실행으로 옮긴 좋은 사례다. 크루즈 업계 전체가 새로운 선박을 도입하고, 선상 오락을 강화하는 데 여념이 없을 때, 노르웨이 크루즈 라인은 한 발짝 뒤로 물러나서 "왜 사람들은 다른 방식의 휴가를 즐기기보다 크루즈 여행을 원할까? 크루즈 여행이 다른 여행과 다른 점은 무엇일까?"라는 질문을 던졌다.

그런 질문(그리고 그 결과로 나올 광고의 유형)에 대해 비판하는 사람들은 그것이 '일반적인 것generic'에 대한 찬사로 귀결된다고 주장한다. "누구라도 그런 말은 할 수 있어"라고 그들은 비웃는다. 이에 대해 나는 물론 그들은 할 수 있었다고 대답한다. 만약 그들이 진실과 기회를 보지 못할 정도로 땅 속에 머리를 처박고 있지 않았었다면 말이다. 거의 모든 업종에는 선점해야 할 유리한 고지가 있다. 만일 어떤 기업이 그것을 가장 먼저 말하거나, 다른 누구보다 말로 더 잘 표현할 수 있다면 그들은 이미 남들보다 유리한 위치에 있는 셈이다.

공에서 떨어진 곳을 보는 것은 거시적인 차원에서 귀중한 기술일 뿐만 아니라 미시적인 차원에서 개개의 조사 작업에도 매우 유용하다. 한편 나는 그러한 기술을 활용하고자 하는 플래너들에게 두 가지 조언을 해주고 싶다.

| 조사가 말하고 있지 않는 것을 주의 깊게 들어라 |

1995년 컨설팅사인 KPMG를 위한 프로젝트에서, 나는 바로 이 점에 대한 명백한 사례를 접했다. 나는 KPMG 고객 기업의 최고경영자CEO와 재무담당 책임자CFO를 만나 면담하면서, KPMG와 일하는 것에 대한 그들의 생각을 듣고자 했으며 그들의 사업을 강화할 수 있도록 도움을 주었던 KPMG의 통찰이 무엇인지 발견하고자 했다. 그들은 나와 면담하는 것을 즐거워했고 KPMG와의 관계에 대해 많은 점들을 알려 주었다. 그런데 정작 그들은 일반적인 이야기만 할 뿐 구체적인 사항들은 언급을 꺼려했다. 흥미 있는 이야기를 들려주려 했던 몇몇 사람들조차 녹음 테이프를 꺼달라고 요구했고, 대화 내용이 밖으로 새나가지 않게 하겠다는 약속을 하게 했다. 이는 광고에 활용할 이야기들을 밝혀내려는 내 의도와는 거리가 먼 것이었다.

하루는 고객 중 한 명이 농담하듯이, 그가 나에게 사실들을 말해줄 수 있지만, "그런 다음에는 내가 당신을 죽여야 할 거요"라고 말했다.

나는 내 자신이 '공'을 너무 가까이에서 보아왔음을 깨달았다. 나는 그들이 내 질문에 대답을 해주지 않아 실망했는데, 그들이 과묵하다는 사실 자체가 상당히 강력하고 흥미로운 대답이라는 점을 모르고 있었다. KPMG는 고객인 유명 기업들과 긴밀한 관계들을 광고에서 보여주고 싶겠지만, 기밀 유지 약속상 그것을 누설하기 어려웠다.

한 광고 캠페인은 그 광고의 메시지가 공개적인 포럼에서 공유될 수 없는 비밀이라는 아이디어에 바탕을 두고 제작되었다. "이 메시지는 30초 이내에 스스로 폭발합니다. 그러니 어서 보세요." 그리고 "아무 것도 못 본 겁니다. 아무 것도 읽지 않은 거에요. 무슨 뜻인지 아시죠?"라는 헤드라인 아래에, 스파이 차림을 한 KMPG의 간부가 카메라를 피해 달아나면서 자신이 누구인지 알리지 않기 위해 얼굴을 가리고 있는 사진이 실렸다. 광고는 KPMG의 관리 이사인 로저 시보니에게 연락하라는 요청을 하는데, 물론 그는 "모든 통화 내용을 공식적으로 부인"할 것이다. 그 광고는 "저희는 훌륭한 조언을 속삭여드립니다"라는 문구와 함께 끝났다.

| 눈으로 듣기 |

나는 3장에서 사람들이 속내를 드러내지 않으려고 한다는 문제에 대해 설명했다. 사실 이 문제는 알아채기도, 해결하기도 쉽지 않다. 하물며 인터뷰를 하면서 상대방이 말하는 것에만 신경을 쓴다면 그의 속마음을 알기는 더욱더 어렵다.

모든 사립 탐정들은 내 말에 동의할 것이다. 범죄 사실을 부인하는 용의자의 진술은 서면 상에서는 매우 설득력 있게 보일지 모르나, 신체의 미세한 움직임이나 몸의 자세, 시선은 전문적인 신문자에게는 그가 분명히 무언가를 숨기고 있다는 신호로 비춰진다.

포커스그룹 인터뷰를 진행하다 보면, 광고 비디오를 시청하는 참석자들이 몸을 화면 쪽으로 기울이거나 눈을 크게 뜬다든지, 혹은 유머에 웃음을 터뜨리는 모습을 볼 수 있다. 그런데 무슨 생각을 하는지 질문을 던지면 그 순간 그들의 얼굴에서 웃음이 사라지고, "제 생각에 일부 사람들은 저 광고로 인해 기분이 상할지도 모릅니다"와 같은 식으로 말한다. 그들의 몸짓 언어는 분명히 그들이 그 광고 때문에 기분이 상하지 않았음을 말해준다. 그들은 광고에 매우 몰두했고, 그것을 이해했고 좋아했다. 그런데 잠시 뒤에 정반대로 말하는 것이다.

조사 참석자들이 어떤 대화나 아이디어에 정말로 열중할 때는 감정을 쉽사리 숨기지 않는다. 자신이 듣거나 본 것이 제대로 이해가 안되거나 그것이 마음에 들지 않은 사람도 마찬가지다. 팔짱을 끼거나 인상을 찌푸리고, 노트에 마구 낙서하는 등의 행동은 모두 위험 신호이며, 설사 그들이 아이디어가 좋은 것 같다고 말한다해도 그 신호들을 절대 간과해서는 안 된다. 만약 내가 (1) 사람들이 눈짓, 자세, 관심 정도로 말하는 것, (2) 그들이 입으로 말하는 것, 이 두 가지 중에서 진실에 더 가까운 것을 선택해야 한다면 나는 매번 (1)번을 택할 것이다.

해답을 찾지 못해도 걱정할 필요 없다

플래너로서 내가 최악의 경험을 한 것은, 조사 과제를 부여받아 나름대로 가설을 세우고 각종 대책을 준비했지만 결국에는 소비자의 마음을 알아내지 못하고 빈 손으로 돌아와야 할 때였다.

그런 실패 이유가 조사를 제대로 진행하지 못해서라면 조사를 다시 실행해야 하겠지만, 어떤 경우는 정말 해답을 찾아낼 가능성이 전혀 없을 때도 있다. 가령 어떤 제품에 대해 다른 경쟁자가 모든 이야기를 해버렸기 때문에 더는 차별화를 꾀할 수가 없는 경우도 있다. 이럴 때는 차이점을 억지로 부각하거나 관련 없는 특성을 부풀려서 중요하게 만들기보다는 잠재적인 차별화 요소로서 광고의 실행에 의존하는 편이 더 나을 수도 있다.

다음 장에서 다루겠지만, 그럴 경우 크리에이티브 팀에 제공할 브리프는 실제로 매우 간단할 것이다.

"훌륭한 광고를 만들어 주시겠어요, 제발?"

Chapter 5

낚시꾼의 길잡이

크리에이티브 브리프의 중요성

그가 말했다. "저 물고기들은 물에 빠진 노란 날벌레를 먹고 살지." 내가 물었다.
"그걸 어떻게 알아냈죠?" 그는 기자처럼 무슨 일이 있었는지를 곰곰히 되돌아보았다.
그리고 대답하기 시작했다. 자신이 틀린 것을 깨달았을 때는 머리를 흔들었고,
그리고 나서 다시 시작했다. "사고에서 중요한 점은, 주목할만한 어떤 것을 보는 거야.
그것은 미처 주목하지 못했던 것을 보게 하고, 심지어 보이지 않았던 것까지 보게 하는 것이야."
나는 형에게 말했다. "담배 하나만 줘. 그리고 그게 무슨 뜻인지 말해줘?"

_노번 맥클린의 『흐르는 강물처럼』 중에서

크리에이티브 브리프란 무엇인가?

크리에이티브 Creative

  (krea tiv),　형용사　1. 창조적 성질이나 힘이 있는

                  2. 독창적 사고에서 기인하는, 상상력이 풍부한

브리프 Brief

  (bref),　　형용사　1. 잠시의, 잠깐의　2. 간결한 단어를 사용하는

                3. 무뚝뚝한, 퉁명스러운 4. 부족한, 짧은 (수영복)

          명사　5. 짧고 간략한 진술 또는 서류

|웹스터 사전|

많은 광고대행사들은 광고의 제작 과정에 대해 광고대행사 내의 이성적 좌뇌 집단이 자료를 수집, 분석, 종합해서, 그 정보를 직관과 상상력으로 그것을 흥미롭고 전혀 새로운 형태로 형상화하는 우뇌 집단에 넘겨주는 결정적인 순간이 있다고 말한다. 문서로 된 크리에이티브 브리프의 전달은 종종 구두 브리핑과 함께 이루어지기도 하는데, 이는 지적인 사전 작업이 끝났다는 신호이다.

크리에이티브의 결정체가 어떻게 만들어지는지 살펴보자

쉽게 말해서, 크리에이티브 브리핑은 날카로운 전략적 사고와 훌륭한 광고(소비자의 이성과 감성에 호소해서 그들의 생각과 행동에 영향을 주는 광고)를 연결하는 다리이며, 플래너와 그들의 어카운트 담당 파트너가 크리에이티브 담당자들로 하여금 재능과 상상력을 펼칠 수 있게 하는 중요한 수단이다.

대부분의 크리에이티브 담당자들은 브리프가 논리정연하고 통찰력 있는 정보를 제공하면 좋은 광고를 만들 가능성이 더 커지고, 또 그 과정도 상당히 수월해진다는 데 동의하지만, 일부 사람들은 브리핑 절차가 절대적으로 중요한 것은 아니라고 말한다. 불행하게도 그들은 통찰력 있는 브리프를 찾아보기 어렵다는 점도 지적한다. 브리프가 별로 도움이 되지 않거나 훌륭한 광고 제작을 방해하는 경우도 있다는 것이 그들의 주장이다.

크리에이티브 브리핑의 주요 과제는 "이제 당신들이 일을 시작할 차례야"라고 말하는 것이 아니라, 크리에이티브 팀에 정보를 제공하고 영감을 불어넣는 것이다. 그것은 광고주와 소비자 조사, 그리고 또 다른 경로를 통해 얻은 무수한 정보들을 압축해서 단 하나의 강력한 아이디어, 훌륭한 광고의 씨앗이 될 아이디어를 내놓는 것이다. 그래서 그것은 종합하고 동시에 확장하는 작업으로, 매우 흥미롭고 때때로 까다롭다.

제프 굿바이는 1995년 뉴욕에서 열린 AP 컨퍼런스에서 크리에이티브 브리핑을 낚시에 비유해 설명했다. 그는 브리프가 낚시꾼의 길잡이(낯선 물가에서 낚시꾼을 가장 좋은 장소로 안내하고, 좋은 미끼를 고르는 법을 알려준다는 점에서)와 같은 것이라고 말했다. 길잡이는 낚시를 하지 않지만, 낚시꾼(광고대행사의 크리에이티브 팀)이 물고기를 더 잘 낚을 수 있게 안내를 해준다.

간단히 말하자면 훌륭한 브리프는 세 가지 목적을 달성해야 한다. 첫째, 크리에이티브 팀에게 광고가 어떠해야 하는지, 그 광고가 성취해야 하는 그리고 성취 가능한 것에 대한 현실적인 관점을 제시해야 한다. 둘째, 광고가 목표로 하는 소비자들에 대한 명확한 이해를 제공해야 한다. 마지막으로, 목표 대상 소비자들이 받아들일 가능성이 가장 높은 쪽으로 메시지의 명확한 방향을 제시해야 한다.

엄밀히 말하면 '크리에이티브 브리프'와 '크리에이티브 브리핑'은 서로 다른데, 사실 나는 이 둘을 혼용하고 있다. 크리에이티브 브리핑은 플래너나 어카운트 담당자가 크리에이티브 팀을 위해 광고 문제의 성격을 대략적으로 설명하고, 그 해결 방안을 제시하는 회의를 일컫는다. 크리에이티브 브리프는 그 내용을 요약한 문서다. 그렇지만 나는 단지 한 번의 회의에서 브리프가 전달되는 경우를 본 적이 없다. 그래서 나는 브리프나 브리핑 모두 플래너와 어카운트 담당자, 크리에이티브 팀이 협력해서 광고의 방향을 결정하는 의사소통 과정 — 비교적 자유롭고 오랫동안 지속되는 과정 — 에 대한 적절한 명칭이라고 생각한다. 문서인 브리프와 말로 진행하는 브리핑의 경계는 아이디어가 지속적으로 발전하고 확장해가는 과정에서 점점 더 모호해진다.

이 과정이 오래 걸리고 덜 비공식적이 될수록, 논리적 분석에서 수평적 해석과 창조로 단번의 깔끔한 전환이 이루어질 가능성은 낮아진다. 나에게도 역시 그랬던 것 같다. 플래닝과 크리에이티브 브리핑 과정이 매우 효과적으로 진행되는 경우, 창조적 사고와 해석이 대개 공식적인 크리에이티브 브리핑 단계보다 먼저 일어난다.

일반적으로 많은 광고대행사들은 브리핑이 플래너의 독점 영역이며, 다른 사람들은 플래너가 가진 지혜의 수용자로서만 그 과정에 관여해야 한다고 생각한다. 나는 그 생각에 동의하지 않는다. 크리에이티브 팀은 수동적으로 브리프를 받아들이기만 하는 것이 아니라 능동적으로 참여해야 한다. 왜냐하면 초기 단계에서 그들의 사고는 브리프의 질을 높이고, 크리에이티브 개발 과정 자체를 위한 촉매 역할을 할 것이기 때문이다.

이 장에서 브리프를 창조하고 이행하는 과정에 대해 설명하면서 플래너만을 독자적으로 언급하는 경우는 없을 것이다. 나는 플래너와 어카운트 담당자가 크리에이티브 브리핑을 함께 책임져야 한다고 생각한다. 많은 광고대행사들이 그 과정에서 어카운트 담당자를 배제하는데, 그것은 엘리트주의자들의 어리석은 행동일 뿐만 아니라, 훌륭한 광고의 개발에 역효과를 가져오는 것이다.

브리프는 목표를 위한 수단이다

브리프를 작성하거나 크리에이티브 팀에게 브리핑을 하는 것은 크리에이티브 팀이 광고를 더 우수하게 그리고 더 쉽게 제작하도록 돕기 위한 것이다. 앞서 말했듯이 크리에이티브 브리프는 최종 결과물, 즉 차별화되고 적절한 광고 캠페인을 창조하기 위한 수단이다.

그런데 크리에이티브 브리핑에 대한 많은 공통된 오해(남용이 더 적절한 용어 일 수 있다)가 있는데, 그것은 브리프 자체를 최종 목표로 여기는 것이다. 하지만 이는 브리프가 완전한 잠재력을 발휘하는 것을 가로막는다.

1장에서 나는 가장 훌륭한 광고는 광고주와 광고 제작자, 소비자 사이의 파트너십을 나타낸다고 지적한 바 있다. 이들 세 당사자는 광고 제작의 모든 과정에 철저히 관여해야 하고, 광고 전략은 그들의 관점을 모두 반영해야 한다. 바로 이것이 이 책이 전달하려는 주제의 토대이며, 앞으로의 논의도 이러한 토대에서 벗어나지 않을 것이다.

그러한 서로 다른 관점들 간의 균형은 광고를 만드는 각 단계에 맞춰 다양하게 조정될 필요가 있다. 예를 들어, 광고의 비즈니스 목적을 정하는 경우는 광고주의 관점이 우선시 되어야 한다. 탐색적 조사 단계에서는 소비자의 관점을 중요하게 여겨야 하고, 광고를 개발하는 단계에서는 광고대행사의 크리에이티브 팀이 주도적 역할을 해야한다. 과도한 단순화일지는 모르지만, 어떤 단계에서는 광고주, 크리에이티브 팀, 소비자(그리고 그들의 플래닝 담당자)가 비록 일시적일지라도, 의자에 앉아 다른 누군가의 작업을 지켜보아야 할 것이다. 크리에이티브 브리핑도 바로 그런 순간들 중 하나이다.

1. 광고주는 크리에이티브 브리핑에 참여해서는 안 된다

크리에이티브 브리핑은 대개 한편에 자리를 잡은 플래너와 어카운트

담당자, 그리고 다른 한편에 자리를 잡은 크리에이티브 팀의 아트 디렉터와 카피라이터 간에 의사소통을 하는 자리이다. 이 작업이 효과적으로 이루어지려면 광고주는 뒷좌석에 물러나 앉아 있어야 한다.

많은 사람들, 특히 광고주라면 내 생각에 인상을 찌푸릴지도 모른다. 크리에이티브 브리핑에 광고주를 제외한다면? 분명 반발이 있지 않을까?

우선 내 견해를 분명히 밝힌다면, 브리핑 과정에서 광고주가 사실 직접적인 역할을 할 필요가 없다는 것은 실제로 그렇게 파격적인 생각은 아니다. 앞장에서 이미 설명한 바와 같이 광고주는 브리프의 토대가 되는 생각들에 항상 기여해야 한다. 그리고 광고 캠페인의 목적, 광고의 타겟, 크리에이티브 팀이 전달해야 하는 전반적인 아이디어에 대해서는 광고주의 전적인 동의가 필요하다. 그렇다고 해서 광고주가 반드시 크리에이티브 팀의 구두 브리핑에 참여하거나 문서화된 브리프를 보아야 하는 것은 아니다. 광고주가 일반적인 방향에만 동의한다면, 굳이 세부적인 사항까지 관여할 필요는 없다.

2. 소비자와 관계 없는 것은 브리프와도 관계 없다.

전략을 개발하는 과정에서 광고대행사(플래너는 말할 것도 없이)의 가장 중요한 과제는 광고주와 소비자에게서 얻은 정보들을 길러내어 몇 가지 핵심 사항으로 집약하는 일이다. 광고주는 자사의 제품, 디자인, 제조 과정, 경쟁 요소, 이전의 커뮤니케이션 등등에 관한 방대한 정보를 가지고 있는데, 광고대행사는 그 많은 정보를 수집하는 것 못지 않게, 그 중에서 크리에이티브 브리핑에 포함시킬 정보를 선별하는 것이 중요하다. 우선 광고의 대상과 관련이 없는 내용은 브리프에 포함시킬 이유가 없다. 더구나 정보가 넘쳐나는 것은 정보가 부족한 것만큼이나 크리에이티브 팀에 해가 될 수 있다. 그것이 혼란을 초래하기 때문이다. 비록 그 중에 매우 유용한 정보가 있다하더라도 흥미롭지만 무관한 정보 더미 속에 파묻혀 드러나지 않을 수 있다.

3장에서 광고주가 자신의 제품에 집착함으로써 발생할 수 있는 몇 가지 문제들을 살펴보았다. 그들은 자신의 제품에 강한 애착을 느끼기 때문에 다른 사람들도 자신과 같은 생각일 것으로 여기며, 제품에 대해서 나쁜 말을 듣고 싶어하지 않는다. 물론 그러한 애착은 여러 면에서 필요하다. 특히 광고주가 자신의 제품을 좋아하지 않는다면 어떻게 다른 사람들에게 제품을 사라고 권할 수 있을까? 또한 자사 제품이 품질이 떨어진다는 것을 알면 어느 누가 이른 아침에 회사에 출근해서 기분 좋게 일을 시작할 수 있을까? 자사 제품에 대한 광고주의 애착과 믿음은 자신의 의욕을 높이는데 필수적이지만, 그것이 지나쳐서 광고 제작에도 일일이 간섭한다면 심각한 문제가 될 수 있다.

3. 브리프의 목적은 제품 찬양이 아니다.

자신의 제품에 대해 남들도 자신과 똑같은 생각을 갖기를 원하는 광고주의 바람이 크리에이티브 브리프에 그대로 반영된다면, 그것은 마치 세일즈 선전 문구처럼 보일 것이다. 그래서 자신의 제품이 다른 경쟁 제품을 몰아낼 것이라는 가슴 두근거리는 비현실적인 기대를 담게 될 것이다.

크리에이티브 브리프에는 미사여구가 들어갈 자리가 없다. 브리프는 단지 제품의 성능과 소비자의 기대에 충실해야 한다. 브리핑 과정에서 플래너와 다른 팀의 멤버들의 핵심 과제 중 하나는 광고주의 언어를 광고를 제작하는 사람과 궁극적으로 그 광고를 시청하게 될 사람에게 적합한 언어로 전환하는 것이다. 특히 이는 복잡한 기술 분야의 경우에 더욱 더 자명하고 중요한데, 제품의 판매자와 구매자 간에 기술적 용어의 이해 수준에 상당한 격차가 있기 때문이다.

언젠가 BMP의 크리에이티브 팀을 대상으로 새로 출시될 소니 캠코더 광고 캠페인을 위한 브리핑을 실시한 적이 있다. 브리핑에 앞서 나는 소니 사무실에서 광고에서 강조해야 할 신제품의 특징에 대해 서너 시간 동안 기술적인 설명을 들었다. 소니 신제품의 주요한 특징 두 가지는 경쟁사보다 훨씬 뛰어났다. 즉, 매우 우수한 성능의 줌 렌즈와 일반적인 캠코더에 비해 훨씬 높은 화소를 지닌 새로운 CCD 이미지 프로세서를 장착한 것이었다. 화소에 관해 논의하는 데만 2시간이 넘게 걸렸다. 화소는 텔레비전에서 비디오 이미지를 구성하는 빛 또는 색상의 점을 일컫는 것으로, 신문의 사진을 구성하는 점과 같은 것이다. 동일한 면적에 점의 수가 많으면 그만큼 사진은 더 선명해진다.

나는 소니 캠코더의 성능을 소비자들에게 알기쉽게 전달하는 법을 찾아내야 했다. 한편 줌 렌즈와 화소를 하나의 전반적인 특징으로 통합하기 위해 다음과 같이 말했다.

> 강력한 줌 렌즈는 열 발자국이나 떨어진 곳에서도 벌의 불알을 알아보게 합니다. 그리고 수백만 화소의 ccd 이미지 프로세서는 단순히 불알을 보는 것 뿐만 아니라 그 위에 난 털의 숫자까지 셀 수 있을 만큼 선명한 사진을 제공합니다.

그것은 다소 점잖지는 않았지만 핵심을 잘 전달하는 것이었다. 하지만 크리에이티브 팀을 상대로 브리핑을 하기 전에 자신들의 승인을 받도록 주장해온 광고주는 소니 비디오 전략의 핵심인 정교하고 혁신적인 그 기술에 대해 내가 그렇게 경박한 표현을 쓴 것에 대해 경악을 금치 못했다. 결국 벌의 불알은 쓸 수 없게 되었다.

아직까지 나는 벌에게 고환이 있는지조차 모르는데, 그것은 중요하지 않다. 나는 단지 비유로서 그것을 사용했을 뿐이고, 또 크리에이티브 팀도 그 비유가 매우 단순하면서도 사실적으로 카메라의 성능을 설명한다고 느꼈다(나는 크리에이티브 팀과 사전에 그것에 대해 논의함으로써 규칙을 깼다). 물론 나는 벌의 생식기를 언급하는 것이 소니 광고에 어울리지 않는다는 점도 알고 있었다. 크리에이티브 팀도 마찬가지였다. 다만 나는 가능한 한 흥미롭고 즐거운 방식으로 줌 렌즈와 화소에 대해 설명하려고 그러한 유추를 사용한 것이었다. 물론 일반 소비자에게 더 적절한 사례를 찾아내는 것이 크리에이티브 팀이 할 일이라는 사실은 그들도 알고 있었다.

4. 크리에이티브 팀은 브리프대로 광고를 만드는 것이 아니라

그것을 토대로 광고를 만드는 것이다.

광고주는 광고에 나오지 않아야 하는 것은 브리프에 나와서는 안 된다고 믿는데, 이는 많은 크리에이티브 담당자들이 브리프를 사용하는 방식과는 동떨어진 것이다. 언젠가 존 웹스터는 내게 이런 말을 했다. 내가 브리핑을 두 시간 동안 한다고 해도, 그 중 1시간 59분은 그가 광고를 만드는 데 직접적인 도움이 안 된다는 것이었다(사실 나는 그가 그렇게 장황하고 무례한 투로 말할 필요는 없었다고 생각한다). 남은 1분(2시간 가운데 어디쯤 있을지 모르지만) 동안 그에게 좋은 아이디어를 제공

할 한 단어나 문장을 담을 수 있다면 그것만으로도 충분히 운이 좋다는 것이었다. 그렇게만 해도 훌륭한 브리핑이라고 그는 말했다.

많은 광고주들이 웹스터가 설명한 것의 명백히 임의적인 속성 때문에 마음이 매우 편치 않을 것이다. 그들은 예기치 못한 요소를 좋아하지 않는다. 또 브리프의 어떤 부분에서 영감이 떠오른다는 것은 광고가 그만큼 예측 불가능한 요소를 담는다는 뜻이므로 그들로서는 쉽게 받아들이지 못할지도 모른다.

광고주들은 크리에이티브 브리프가 광고 제작의 지침이나 광고를 평가하는 점검표가 되기를 바랄 것이다. 누구에게 말을 걸고, 어떤 말을 하고, 어떤 방식으로 몇 번이나 말을 할 것인지, 제품 사진을 얼마나 오래 보여줘야 하는지, 심지어 누구를 등장시켜 제품을 소개해야 하는지에 대한 내용을 담았으면 할 것이다. 우연의 가능성을 최대한 줄이고 싶은 것이 광고주의 마음이다. 그런데 그렇게 되면 결국 크리에이티브의 영역은 거의 남지 않는다.

몇 년 전 나는 어떤 기업의 사장과 설립자에게 크리에이티브 브리핑을 한 적이 있었다. 그 당시 두 사람은 시종일관 굳은 얼굴로 내 말을 듣고만 있었다. 브리핑이 끝나자 사장은 내가 발표한 내용도 훌륭하지만 '그보다 더 좋은 아이디어'가 있다고 말했다. 그는 긴 사설을 늘어놓았는데 결국 그가 말한 '더 좋은 아이디어'는 유명한 풋볼 코치 겸 해설자인 존 매든John Madden을 광고 모델로 쓰자는 것이었다. 그는 "매든을 모델로 씁시다. 이게 브리프요"라고 말했다. 그 광고주의 신원을 밝히지 않는 것을 용서해주기 바란다. 아무튼 존 매든이 이 회사의 제품 광고에 나오는 것은 미셸 파이퍼가 트랙터 부품 광고에 나오는 것과 마찬가지일 것이라고 나머지 사람들은 확신했다.

196

다행히 의식 있는 신임 사장이 부임하면서 그 회사는 당시의 위기를 모면했다(매튼이 나오지 않는 광고로 이 회사의 사업은 날로 번창했고, 그 광고는 주요 광고 시상에서 금상을 수상했으며, 광고 효과 부문에서 에피상을 받기도 했다. 아울러 아주 돈이 많은 투자자를 불러들여 회사를 인수하게 함으로써 전임 설립자를 은퇴시켰다). 하지만 모든 광고대행사가 그렇게 운이 좋은 것은 아니다.

GS&P의 플래너인 앤드루 티글Andrew Teagle은 크리에이티브 팀은 "브리프대로" 광고를 만들어야 한다고 광고주들이 말하는 것을 종종 들었다고 말했다. 그는 그 말이 잘못되지 않았는지 내게 물었다. 확실히 더 정확한 설명은 크리에이티브 팀은 브리프로 광고를 만든다가 아닐까? 다시 말해, 광고주들은 브리프를 크리에이티브 팀을 '제한' 하기 위해 고안된 것이라고 본 반면, 우리 자신의 브리프는 그들을 '자유롭게' 하기 위해 고안되었다. 우리가 크리에이티브 팀에게 절대적인 자유를 주려는 의도는 없지만(광고가 그 타겟과 관련성을 갖게 만드는 우리의 목적에 충실하려면 오히려 그와는 거리가 멀다.) 광고가 사람들의 이목을 끌만큼 독창적이고 획기적이려면, 크리에이티브 팀 역시 자신의 손을 스스로 등뒤에 묶어두기보다는 여러 가능성을 함께 탐색할 수 있게 하는 것이 매우 중요하다.

5. 브리프는 당신이 얼마나 열심히 일했는지를 과시하기 위한 것이 아니다.
광고대행사의 플래너나 어카운트 담당자는 카피라이터나 아트 디렉터보다 열등감을 갖기 쉽다. 왜냐하면 그들은 자신의 노력을 어떤 유형적인 것, 즉 광고라는 형태로 보여줄 수 있는 유일한 사람들이기 때문이다. 반면 플래너나 어카운트 담당자는 열심히, 효과적으로 일을 해도 광고에 이름을 올릴 수 없다. 그리고 엄청난 양의 정보를 처리해야 하기 때문에 연례 성과를 평가하는 자리에서 매우 우려할 만한 상황을 예상해야 할지도 모른다. 가령 상사가 "○○캠페인을 개발할 때 자네가 어떤 일을 했는지 얘기해보게"라고 말했을 때, 자신이 어떤 일을 했는지 정확히 정의하기가 어려울 때가 많다.

이 문제에 대한 해결책이 있는 데, 이는 플래너와 어카운트 담당자가 광고의 질적 수준에 따라 평가받는 것이며, 그리고 결과가 수단을 정당화한다고 가정하는 것이다. 그런데 광고대행사의 경영자들 중에는 안타깝게도 이러한 시각을 지닌 사람이 많지 않고, 따라서 플래너와 어카운트 담당자는 자신의 존재를 정당화할 수 있는 다른 방법을 찾아내야 한다. 광고 자체는 그것을 만드는 사람들이 따로 있어 접근이 불가능함으로, 플래너와 어카운트 담당자는 광고 다음으로 가장 유형적이고 자신들이 소유할 수 있는 것, 즉 크리에이티브 브리프에 초점을 맞추게 된다.

따라서 적어도 문서로 작성된 크리에이티브 브리프는 플래너와 어카운트 담당자의 수주, 혹은 수개월에 걸친 활동에 관한 일종의 일지가 될 수 있다. 나 역시 많은 공을 들이고도 보여지는 것은 고작 30분 간의 토론과 석 장짜리 보고서가 전부일 때 그런 유혹을 느낀 적이 있다. 가령 어떤 제품을 주제로 논문을 쓸 수 있을 만큼 많은 조사를 했을 때, 나는 가끔 유혹에 굴복했다. 특정 지역의 역사와 경제에 대해 심층 분석을 내놓거나, 브리프 작성 과정을 아주 상세하게 설명한 것은 내가 그 정보를 얻기 위해 얼마나 열심히 일했는지를 보여주고 싶었기 때문일 것이다.

"브리프를 작성하고 크리에이티브 팀에게 브리핑을 하는 데는 오직

한 가지 이유가 있다. 그것은 더 나은 광고를 만드는 데 도움을 주기"
위한 것이다. 그것은 자신이나 남들에게 점수를 따기 위한 것이 아니
다. 왜냐하면 그렇게 하는 것은 항상 크리에이티브 팀의 작업을 더 어
렵게 만들기 때문이다.

브리프는 크리에이티브 팀에 영향을 주는
일종의 광고다

어떤 플래너가 런던의 일류 광고대행사인 바틀 보글 헤가티Bartle Bogle
Hegarty의 크리에이티브 디렉터 존 헤가티John Hegarty에게 크리에이티브
브리프에서 주로 무엇을 찾는지 물은 적이 있다. 그러자 헤가티는 단순
하고 일관된 아이디어를 찾는다고 대답했는데, 이는 대개 많은 광고대
행사들이 제안proposition이라 부르는 브리프의 일부분에서 표현된다.(나
중에 설명하겠지만, 내가 좋아하는 표현은 따로 있다.)

헤가티는 제안에 나온 한 문장을 따로 뽑아서 마치 그 문장이 헤드
라인이라도 되는 것처럼 제품 사진 아래 혹은 위에 있는 종이에 적어
보는 것이 자신의 습관이라고 말했다. 그리고 나서 그것을 책상 앞에
붙여놓고, 그 문장과 제품을 함께 놓는 것이 우선 이성적으로 적합한
지, 두 번째로 감성적인 면에서 흥미로운 점을 제시하는지 자문한다는
것이다. 만약 그렇다면, 그는 다음과 같이 생각할 것이다. "캠페인의
첫 번째 광고가 여기 있다. 더 나은 것을 창조하는 것이 나의 일이다."

나는 헤가티가 정말로 브리프에서 가져온 문구를 제품 사진 옆에
적은 다음 그것을 자신이 능가해야 할 기준으로서 책상 앞에 실제로 붙

여놓았는지는 모르지만, 어쨌든 그것은 중요하지 않다. 중요한 점은 그가 비록 조악하지만 브리프를 광고의 하나로 여기고, 마치 옥외 광고판에 있는 것을 보는 것처럼 그것의 주요 아이디어를 대하려고 했다는 사실이다.

1996년 9월호 『캠페인』지에 게재된 한 논문에서 런던에 있는 APL(Ammirati Puris Lintas)의 사장이자 크리에이티브 디렉터인 앤드루 크랙넬Andrew Cracknell은, 브리프는 최초의 크리에이티브 사고를 제시해야 할 필요가 있다고 지적하면서 "플래너가 상상력의 첫 도약을 이루어내야 한다"고 말했다. 나는 플래너가 혼자서 브리핑과 상상력의 도약을 이루어내는 문제에 있어 책임을 져야 한다는 크랙넬의 관점에는 반대하지만, 브리핑을 맡은 사람이 최초의 크리에이티브 아이디어를 갖고 있어야 한다는 생각에는 강력하게 동의한다.

브리프를 준비하는 사람에게는 스스로 광고 문구를 작성해보는 것이 매우 유용한 연습이다. 헤가티의 말대로 반드시 그것이 훌륭하고 뛰어난 것일 필요는 없지만, 적어도 이성적인 면과 감성적인 면에서 모두 흥미로워야 한다. 브리프 작성자가 명확하게 자신만의 광고 아이디어를 내놓지 못한다면, 실제로 광고를 제작하는 사람들은 더 애를 먹을 가능성이 크다.

브리프는 그 아이디어와 프리젠테이션에서 나타난 창의성 정도에 따라 직접적으로 성공 여부가 결정되는 경향이 있다. 크리에이티브 브리프가 창의적이지 않고 문제의 해결책을 제시하지도 못하며 흥미 있는 방식으로 정보를 제시하지 못하고 그리고 상상력과 직감을 통해 그 정보를 해석하지도 못하는 경우, 크리에이티브 팀에게 다른 것을 기대한다는 것은 애초부터 무리다. 피상적인 정보는 피상적인 광고를 낳고,

그러한 단조롭고 맥빠진 프리젠테이션은 최종 작품에서 자기 충족적 예언이 될 것이다. 크리에이티브 팀은 그들이 위대한 캠페인을 창조하는 것을 시작할 수 있기 앞서 그것이 가능하다는 믿음을 가져야 한다. 전략적, 크리에이티브적 방향 자체 보다 더 중요한 브리프의 과제는 이 프로젝트에서 그들이 최고의 광고를 만들 수 있다는 '믿음'을 갖게 하는 것이다.

훌륭한 브리프:
단순한 것이 복잡한 것을 이긴다

브리프의 프리젠테이션 방식에 따라 크리에이티브 팀이 갖는 기대와 확신은 크게 달라지는데, 그렇다고 해서 브리핑을 마치 단합 대회처럼 생각해서는 안 된다. 내가 지금까지 보았던 훌륭한 브리프들은(브리프 자체의 사고와 프리젠테이션, 그리고 그 결과물인 광고 수준의 측면에서) 아이디어를 팔려는 유혹을 피하면서, 대신에 사고와 표현의 정직성과 단순성을 활용해 설득을 하였다. 그러한 단순성은 경우에 따라서는 순수하고 심지어 순진한 것으로 보일 수 있지만, 그것은 모든 효과적인 광고의 기초인 기본적인 진실을 전달하는 데 있어서 뿐만 아니라, 또 청중들이 마음을 열고 아이디어를 수용할 준비를 하게 하는 데 있어 매우 효과적이다.

거의 모든 분야에서 복잡한 것보다는 단순한 것이 더 우월하다는 점은 자명한데, 이상하게도 사람들은 대부분 그와는 반대의 생각을 갖고 있다. 그들은 가장 현학적이고 어렵게 분석을 해야만 최선의 답을 구할 수 있으리라고 기대하며, 그들이 그러한 관점에서 벗어나도록 그들을 설득하는 일은 결코 쉽지 않다. 결국, 훌륭한 성취를 이룬 사람이 그들이 한 일이 쉽게 여겨지는 것을 원할리는 없지 않을까?

1980년대와 1990년대 초 샌프란시스코에 사는 사람들의 큰 즐거움 중 하나는 '샌프란시스코 포티나이너스' 팀에 속한 조 몬태나Joe Montana의 경기를 보는 것이었다. 역사상 최고의 쿼터백 중 한 명인 몬태나는 수퍼볼에서 팀을 네 차례나 우승하게 했고, 4쿼터 후반에 경기의 역전을 이끌어 내는 것으로 유명했다. 톰 주노드Tom Junod는 1994년 9월호 『GQ』지에서 몬태나를 다음과 같이 평가했다. "나는 오랫동안 조 몬태나를 '생각하는 쿼터백', '지적인 선수'로 생각했다. 그의 경기는 — 인내와 절제, 심지어 냉정함에 바탕을 둔 탐욕스런 것으로 — 일종의 선Zen의 대가 같은 표현이었다." 많은 사람들이 공감하는 그러한 느낌은 내가 확신하건데, 몬태나가 모든 가능성을 고려하면서 다음에 상대가 어떤 수를 쓸지, 또 그것에 어떻게 응수해야 할지 순식 간에 계산해내는 체스 거장의 사고를 가졌다는 것이다.

『GQ』지의 기자는 몬태나에게 위기의 순간, 즉 경기가 몇 초밖에 남지 않았고 팀이 지고 있을 때, 패스를 성공시키기가 특히 어렵지 않은지 물었다. 왜냐하면 수비수들이 몬태나의 움직임을 예상하고 미리 대비를 할 테니 그만큼 부담이 크지 않은지를 물은 것이다. 몬태나는 그렇지 않다고 대답했다. 그는 패스를 성공시켜야 하기 때문에 다른 생각을 할 겨를이 없다고 말했다. 두 번째와 세 번째 패스도 마찬가지라는 것이 그의 생각이었다.

포티나이너스의 구단주 카르멘 폴리시Carmen Policy는 "몬태나의 천재성은 바로 그 단순함에 있다"고 말한다. 다른 사람들은 매우 복잡하게 여기는 문제를 단순하게 생각하고 판단한다는 것이다.

'조 몬태나 같은 브리프 작성자가 되는 것'이 우리의 소망이다.

브리핑 그 자체

대부분의 광고대행사들은 크리에이티브 브리핑에서 필수적인 정보를 빠뜨리지 않게 하려고 양식을 사용한다. 특히 브리핑을 준비하는 사람들 중에는 자신이 기재할 사항을 그 양식에 추가로 덧붙이는 이들도 있다. 나는 미리 정해진 양식을 채워넣는 것을 아주 싫어해서 내 광고회사에서는 그런 양식을 아예 도입하지 않았다. 대신 모든 브리프가 답변해야 한다고 생각하는 수많은 질문들을 제시한다.

이는 두 가지 점에서 중요하다. 첫째, 이러한 질문을 제기하는 것은 브리핑을 준비하는 사람이 질문에 대한 답을 생각해보게 한다. 어떤 브리핑이라도 크리에이티브 팀이 극복해야 하는 문제들을 단순히 목록화하기보다는 최소한 해결책을 찾는 시도를 해보는 것이 중요하다. 둘째로, 질문 리스트들은 초점과 원칙을 제공하며 크리에이티브 팀이 일을 수행하는 데 필요한 기본적인 정보들이 갖추어져 있는지를 확인하게 한다.

다음 부분에서는 한 번에 한 개씩 이러한 질문들을 살펴보면서, 기대되는 반응의 예를 제공한다. 그리고 이 정보들이 광고 캠페인에 어떻게 적용되는지를 살펴본다. 여러분은 (BMP에서 나와 함께 일했던 동료인 어윈 캐머런Ewen Cameron이 처음 개발한 것을 약간 각색한) 이 질문들에 대해 한 가지를 알아채릴 것이다. 그것은 질문들이 모두 쉬운 말로 되어 있다는 점이다. 그것들에는 어떠한 마케팅 전문용어도 포함되어 있지 않다. 이 점은 특히 중요한데, 앞서도 말했지만, 브리프가 크리에이티브 팀에게 영향을 주는 진정한 광고가 되려면 회사의 마케팅 임원이나 경영 컨설턴트들이 쓰는 전문 용어가 이니라 그들의 언어를 사용해야 한다(물론 어느 정도의 품위를 갖추어야 한다).

크리에이티브 브리프에 종종 등장하는 전략, 포지셔닝, 제안 등의 용어나 어구는 사람마다 정의하고 이해하는 바가 조금씩 다르다. 너무 종종, 광고의 문제를 해결하는 데 쓰여져야 할 시간이 전략과 제안의 차이를 논하느라 낭비되고 있다. 그 과정은 불필요한 문제들을 만들어 내지 않더라도 충분히 어려우며, 전문 용어들을 제거하면 크리에이티브 작업이 훨씬 더 쉬워진다. 더욱이 평이한 일상 언어로 질문한다면 대답도 같은 종류의 언어로 하게 될 것이다. 소비자를 끌어들이고 참여시킨다는 측면에서 이것이 가장 좋은 방법이다.

도대체 왜 우리는 광고를 할까?

놀라울지 모르지만 이 질문은 종종 대답하기가 매우 어렵다. "왜냐하면 항상 광고를 해왔으니까", "경쟁사들이 하니까", "9월 이전에 예산을 지출해야 하니까", "세금 감면을 받기 위해서" 등등. 모두 약간의 진실을 담고 있지만 크리에이티브 팀에게 영감을 주지는 못한다. 그 이유들은 광고를 단순한 물건이나 상품으로 대하는 것이기 때문이다. "잡지에 빈 지면이 있으니 그것을 채워주시오"라는 말은 어느 누구도 감동시킬 수 없고, 그리고 흥미로운 광고 캠페인으로 이어지지도 못할 것이다.

무엇보다도 이 질문은 광고주의 현재 사업 상황 그리고 광고가 도움이 될 수 있다는 분명한 인식과 함께 광고가 극복해야 할 문제에 대해 간결한 설명을 요구한다.

1991년 아메리칸 이스즈 모터스American Isuzu Motors가 우리 회사를 고용했을 때, 우리의 첫 과제는 (디자인을 완전히 바꾸고 가격을 1만 3,000달러에서 2만 5,000달러로 올렸으며, 이스즈를 미지의 영역으로 나아가게 만든) 트루퍼Trooper의 새 모델을 런칭하고, 또 전년도에 출시했지만 반응이 신통치 않았던 이스즈 로데오Rodeo를 재런칭하는 것이었다. 로데오의 판매량 증가는 이스즈의 사업에 절대적으로 중요했기 때문에 1992년에는 매우 공격적인 목표를 정했다.

로데오 광고를 새로 개발하기 위해서는 먼저 두 가지 중요한 질문에 대해 답해야 했다. 첫째, 로데오가 출시 첫해에 판매가 부진했던 원인이 무엇인가? 둘째, 로데오를 구입한 사람들이 다른 차가 아닌 로데오를 선택한 이유는 무엇인가?

대부분의 사람들은 새 자동차가 필요하다는 개인적인 판단이 섰을 때 새 차를 구입한다. 고장이 잦거나 충돌사고가 났다든지, 아니면 단순히 싫증이 나서 새 차를 사려는 것일 수도 있다. 이유야 어쨌든, 그들은 우선 자동차 대리점을 둘러보기로 마음 먹을 것이다. 어느 대리점을 방문할지는 그들이 알고 있는 브랜드와 차종에 따라 결정하는 경향이 있으며, 대부분의 사람들은 길에서 보았다든지, 친구와 동료들의 말을 듣고, 혹은 광고에서 보고서 마음 속에 구입 가능한 차종들의 리스트를 갖고 있다. 대개 사람들은 그 리스트들을 서너 가지로 압축해서 관련 대리점을 방문한다. 그리고 자동차의 사양, 승차감, 판매원의 태도, 그리고 가격까지 따져본 다음 최종적으로 구매를 결정한다.

이 모든 과정에서 광고의 역할에 관해 알아야 할 중요한 것은 광고는 궁극적으로 소비자의 구매 결정을 강화할 수 있지만, 무엇보다도 주요한 목적은 사람들이 대리점을 방문하도록 하는 것이라는 사실이다. 소비자가 일단 대리점을 방문하게 되면, 그 후부터 다른 많은 요소들이 소비자에게 영향을 주며, 그러한 요소들에 대해서는 광고가 직접적인 영향을 미치지는 못한다.

수입 SUV 차량을 구매한 사람들이 어떤 자동차 대리점을 주로 방문하는지를 분석한 자료를 보면 흥미로운 사실을 알 수 있다. SUV 업계의 양대 주축인 닛산 패스파인더나 도요타 포러너 구매자들은 차량을 구입하기 전 그 두 차종의 대리점을 모두 방문하는데, 그 중에서 로데오 대리점을 방문한 사람은 얼마 되지 않았다. 반대로 로데오를 구매한 사람들은 로데오뿐만 아니라 패스파인더와 포러너의 대리점을 모두 둘러본 경우가 많았다. 즉 로데오 구매자들은 다른 차량을 구매하는 사람들보다 대리점을 여러 곳의 방문하는 경향이 있었다.

우리는 포커스그룹을 상대로 이 점에 대해 조사했다. 로데오와 경쟁하는 다른 SUV 차량 소유자들 중에는 로데오에 대해 들어본 적이 없다고 말하는 이들이 있었고, 그들은 이스즈 대리점을 찾지 않은 것은 바로 그런 이유 때문이었다. 어떤 사람은 자신들이 이스즈를 고급 브랜드로 여기지 않았다는 사실을 인정했다. 이스즈의 자체 조사에 따르면 SUV 차량을 구매할 의향이 있는 사람들 중 42퍼센트는 이스즈 자동차를 사고 싶은 의향이 없다고 대답했다고 한다. 포커스그룹 인터뷰를 하면서, 한낮에 로데오 옆에 서 있는 차 주인을 보면 어떤 생각이 드는지 상상해보라고 하자, 참석자 한 사람은 "가난한 친구군. 혹시라도 다음에는 패스파인더를 살 여유가 생기겠지”라고 적었다. 로데오를 소유한 사람의 생각은 방어적이었다. “그래도… 최소한 나는 4륜 구동차를 갖고 있는데…”

그러나 우리가 로데오 차량을 실제로 보여주었을 때 참석자들은 꽤 놀라는 반응을 보였다. 참석자들은 로데오가 자신들이 소유한 포러너나 패스파인더와 매우 유사하다고 말했고, 조금 더 저렴한 가격에 기능은 거의 비슷하다고 말했다. 만일 그들이 차를 구매하기 앞서 그 사실을 미리 알았더라면 로데오를 구매했을까? 참석자들 대부분은 그랬을 것이라고 대답했다.

한편 로데오 구매자들은 자신이 로데오를 사게 된 경위에 대해 다음과 같이 설명했다. “정말로 SUV를 사고 싶었어요. 특히 근사하고 날렵해 보이는 패스파인더나 도요타의 포러너가 끌렸는데, 값이 너무 비싸더라구요. 몇몇 국산차를 비교해보았지만 디자인도 별로고 값도 만만치 않았죠. 그런데 어느 날, 이스즈 대리점에서 로데오를 발견했어요. 포러너나 패스파인더와 디자인이나 성능은 거의 같으면서 가격은 훨씬 저렴하더군요.”

로데오 소유자들을 대상으로 한 포커스그룹 인터뷰는 마치 심리 치료 과정처럼 시작되었다. 참석자들에게 어떤 차를 소유하고 있는지 묻자 로데오 소유자들은 모두 입을 다문 채 당황한 표정을 지었다. 첫 번째 응답자는 시선을 아래로 내리깔더니 “제 차는…… 이스즈 로데오예요”라고 머뭇거리면서 대답했다. 다른 사람들이 눈을 치켜떴다. 그들이 그의 말을 제대로 들었을까? 두 번째 응답자는 첫 번째 응답자를 보면서 당황해하면서 말했다. “제 차도 로데오입니다.” 모든 사람이 그들이 스파르타쿠스Spatacus라고 주장했던 영화 스파르타쿠스의 마지막 장면에서처럼 모든 사람들이 돌아가면서 말하기 시작했다. "제 차도 로데오입니다." "제 차도 로데오입니다." 갑자기 한바탕 웃음이 터져 나왔다. 그리고 자기가 로데오를 가진 유일한 사람이 아니었다는 사실을 확인하면서 대화, 활력, 보디 랭귀지 모든 게 바뀌었다. 그들은 로데오를 발견한 자신들의 감각과 현명한 선택을 한 자신의 명석함과 분별력에 대해 매우 즐거워했다.

우리가 로데오를 광고해야 할 이유가 분명해졌다. 그것은 사람들에게 차의 존재를 알리는 것이었다. 하지만 광고는 이스즈의 평판을 재구축하는 과제 역시 시작해야 했다. 그리고 대부분의 광고가 특정 상품이나 회사가 경쟁사와는 다르다고 말하는데 반해, 좀 이상하게 들릴지 모르지만 사람들에게 로데오가 경쟁차와 다르지 않다는 것을 확신시키는 것으로 광고를 시작해야 한다는 생각이 들었다. 포러너와 다르지 않고, 패스파인더와도 다르지 않다. 만약 포러너와 패스파인더를 쇼핑하는 사람들의 목록에 로데오를 올려놓을 수 있다면 로데오의 성능과 저렴한 가격의 결합이 고객을 끌어들일 수 있을 것이고 확신했다.

이러한 설명은 문제의 개요인 동시에 터널 끝의 희미한 불빛이기도 했다. 만일 광고를 통해서 로데오를 적절한 경쟁적 맥락에 포지션할 수 있다면, 이스즈는 자신들의 목표를 달성할 수 있는 좋은 기회를 얻게 될 것이다.

광고가 달성하려는 것은 무엇인가?

바꿔 말해 광고의 목표는 무엇일까? 이 질문에 관한 한 현실적일 필요가 있다. 왜냐하면 광고로 모든 것을 달성할 수는 없기 때문이다. 광고가 제품을 직접 팔아주지는 않으며(사실 직접 반응 광고를 제외하고는, 광고로 판매가 이루어지는 경우는 거의 없다. 앞서 이스즈 로데오의 사례에서처럼, 광고가 할 수 있는 일은 오직 사람들이 매장을 찾아가도록 관심을 불러일으키는 것뿐이다), 제품 자체의 원천적인 결함을 보완해줄 수는 없다.

한편 광고의 목표를 분명히 하는 것이 아주 중요한데, 만일 목표가 두 가지 이상이라면 우선순위를 정해야 한다. 특정 제품의 사용 빈도를 늘리려는 광고는 제품 사용을 유도하는 광고와는 차이가 있다. 전자의 경우, 현재 그 제품을 사용하는 사람을 대상으로 제품을 더 자주 사용하게 설득하는 것이며, 이는 소비자의 습관을 바꾸는 것을 의미한다. 후자는 제품을 사용하지 않는 사람들을 상대로 한 번 사용해보도록 설득하는 것이다. 이는 새로운 습관을 구축하는 것 뿐만 아니라 선입견이나 잘못된 인식을 극복하는 것을 의미한다.

이스즈 로데오의 경우, 목표는 매우 분명하고 한결같았다.

> 광고는 경쟁 SUV 차량에 관심을 가진 사람들이 그들의 쇼핑
> 목록에 로데오를 포함하도록 설득해야 한다.

다시 말해, 잠재 구매자들이 이스즈 대리점을 방문하도록 설득하는 것이 광고의 목표였다. 이후 거래를 성사시키는 것은 대리점에게 달려 있다.

브리프의 이 부분에 열거되어야 하는 유일한 바람직한 효과는 광고 자체가 직접 영향을 줄 수 있는 사항이다. 예를 들어, 로데오의 경우

"우리는 이스즈의 로데오가 전국에서 가장 많이 팔리는 수입 SUV가 되기를 바란다"라고 말하는 것은 합리적인 목표처럼 보일지도 모른다. 만약 이스즈가 야심찬 판매량을 달성한다면 그것이 합리적인 목표가 될 수도 있을 것이다. 그러나 그것은 사업 목표이며, 브리핑은 광고란 단지 그 목표를 달성하기 위한 수단이라는 사실을 인식해야 한다. 넘버 원이 되기 위해서는 (광고 캠페인을 시작한 지 단지 수개월 만에 로데오는 이것을 해냈다) 구매 과정의 모든 지점에서 통일된 공세가 요구된다. 그래서 광고가 사람들이 대리점을 방문하도록 하는 데 성공했다면 대리점 또한 주요 경쟁 차종에 맞서 차를 판매할 수 있도록 준비가 되어 있어야 한다. 매장에 차량을 잘 전시하고, 적절한 판촉 행사를 실시하며, 적절한 할부 프로그램과 금융 옵션이 가능하게 해서 판매를 높여야 할 것이다. 다시 말해서 이스즈가 전반적인 사업 목표를 성취하는데 실패하더라도, 광고 자체는 나름의 목표를 달성하는 것이 이론적으로는 가능하다. 다행히도 이스즈나 우리에게나 그런 일은 일어나지는 않았다.

로데오 광고의 브리프는 주요한 목표가 하나였던 반면, 다른 많은 광고들은 하나 이상의 목표를 갖기도 한다. 예를 들어 폴라로이드 카메라의 판매 촉진을 위한 새로운 광고 캠페인을 개발할 때에는 목표가 두 가지였다.

1. 폴라로이드 카메라를 소유한 사람들에게 카메라를 더 자주 사용하게 하는 것.
2. 폴라로이드 카메라를 소유하지 않은 사람들에게 카메라 구입을 고려하게 하는 것.

여기에서 우선순위는 명백했다. 먼저 폴라로이드 카메라를 가진 사람들이 카메라를 더 자주 사용하게 하는 것이 주요 목표이고, 그 메시지가 충분히 효과적이라면, 카메라를 소유하지 않은 사람들도 흥미를 느끼게 되리라는 점이었다. 그런 일이 일어났다면, 예상하지 못한 보너스인 셈이고, 우리는 무척 행복했을 것이다. 우리는 단지 그것이 일어나도록 의도적으로 노력하지는 않을 것이다.

한편 캘리포니아 낙농업자들을 위한 "got milk?" 광고 캠페인에서는 목표가 세 가지였는데, 각각의 목표들의 우선순위는 중요성에 있어서가 아니라 순서에 있어서 우선순위였다. 이 경우 첫 번째 목표를 달성하지 못하면 두 번째 목표를 달성할 가능성도 희박했다. 두 번째 목표와 세 번째 목표는 상호 의존적인데, 두 가지 모두 첫 번째 목표를 달성한 뒤에 이룰 수 있는 것으로 서로 순서는 바뀔 수 있었다.

1. 캘리포니아 사람들이 우유에 관해 생각하도록 설득하는 것.
2. 우유를 더 마셔야할 이유를 고안해내서 우유 섭취를 늘리도록 설득하는 것.
3. 우유 구매를 촉진하기 위해 소비 패턴과 구매 패턴을 연계시키는 것 (더 구매하지 않으면 더 소비할 수 없기 때문에).

누구에게 우리는 말하는가?

이 질문은 초점을 제공하기 위한 것으로 별다른 영감을 주지 못할지도 모른다. 일반적으로 이 질문에 대한 대답은 간단한 인구 통계의 기술이다. 이 질문의 주된 역할은 광고 메시지가 전달되어야 할 소비 집단을 가능한 한 정확하게 정의하는 것이지만, 누구를 배제할 것인지를 결정하기 위해서도 매우 중요하다.

어떤 광고 캠페인이든 되도록 많은 사람에게 전달되기를 원하는 명백한 유혹이 존재한다. 그리고 모든 사람을 대상으로 삼는 것이 그리 비합리적이지 않은 우유 같은 일부 제품도 있다. 그러나 그런 제품에서조차도 대상을 좁히는 것이 가능해야 한다.

거의 모든 집에는 우유가 있지만, 우리는 우유를 일정 빈도로 소비하는 사람들과 가정들에 메시지의 초점을 맞추기로 결정했다. 그러한 결정은 즉각적인 결과를 얻기 위한 것이며, 현재 일정하게 우유를 소비하는 사람들을 설득해서 우유를 더 많이 소비하도록 하는 것이 우유를 마시지 않거나 불규칙하게 소비하는 사람들을 설득하는 것보다 더 쉬우리라는 가정에 따른 것이었다. 따라서 우유를 아예 마시지 않거나 조금만 섭취하는 사람들은 고려의 대상에서 제외했다. 한편 우유를 일정하게 섭취하는 사람들은 우유를 상당부분 집안에서 '소비'하는 사람과 우유를 '구입'하는 사람들로 다시 나누었다(확실히 그 두 부류는 항상 일치하지는 않는다). 그런 다음 매체를 달리해서 각각 다른 장소에서 조금씩 다른 메시지를 전달했다. 우유 광고에 대한 이야기 전체는 7장에서 다룰 것이다.

물론 최종적인 실행 단계에서 광고는 브리프에서 언급된 정확한 대상보다는 더 많은 소비자에게 영향을 줄 수 있다. 그리고 브리프가 모든 사람을 대상으로 삼을 때보다 대상의 초점을 아주 좁혔을 때 그럴 가능성은 더 커진다고 믿는다. 한편 우유 광고를 하면서 우유를 소비하는 사람과 소비하지 않는 사람을 모두 겨냥할 경우, 광고 지면을 더 넓혀야 하고, 비용도 더 들여야 한다. 그리고 두 그룹 모두에게 적절한 메시지를 찾으려는 시도는 둘 다에게 수용 가능한 것이 될 수 있지만, 아무에게도 동기를 유발하지 못하는 결과를 낳을 수 있다. '우유는 몸에 좋다'는 오래된 메시지는 바로 그러한 예다. 모든 사람이 그 사실을 알고 있고(어머니라면 누구나 그렇게 말하기 때문에), 그 말에 반대하는 사람도 거의 없지만, 그 메시지에 흥미를 느끼는 사람 역시 찾아보기 어려울 것이다.

'누구에게 우리는 말하는가?' 라는 질문에 대해 매우 간단하게 대답될 수 있지만(예를 들자면, 세가 비디오 게임기는 '12세에서 17세의 소년'을 겨냥하고, 포르셰 자동차는 '연 가구 소득이 10만 달러 이상인 35세 이상 남성들 대부분'을 표적으로 삼는다), 그 해답을 찾는 것은 상당한 정도의 사고가 요구되며, 그리고 그것은 여전히 진정한 해결책의 일부만을 나타내고 있을 수 있다. 예를 들어, 12세 소년과 17세 소년은 매우 다를 수 있다. 하물며 13세와 14세도(중학생과 고등학생으로 나누어지듯) 서로 무척 다르다. "35세 이상의 고소득층 남자" 중에는 빌 클린턴, 빌리 그레이엄, 마이클 잭슨, 마이클 조던, GS&P의 파트너들, 도널드 트럼프, 샌프란시스코 경찰국장, 그리고 대다수의 성공적인 마약 딜러들도 포함될 수 있다. 이들은 포르셰를 구입할 경제적 여유가 있지만, 포르셰에 대해 공통된 관심이나 열망을 공유하지는 않을 것이다. 결과적으로 광고 대상의 기술description은 이후에 다룰 소비자의 개성, 태도, 생활양식 및 행태 측면의 기술에 의해 수정될 필요가 있다.

때로는 광고가 완전히 성격이 다른 두 집단에게 동시에 상대해야 할 경우도 있는데, 이는 두 집단을 구분해 따로 광고를 내보낼 만큼 자원이 넉넉하지 않을 수 있기 때문이다. 이 경우에 해결책은 어느 집단에 우선순위를 둘지를 결정하는 것처럼 단순하지 않다. 두 집단이 똑같이 중요하기 때문이다. 대신에 하나의 사고 아래 두 집단을 명시적으로 묶거나, 적어도 각각의 집단에 의해 각자의 방식으로 해석될 수 있는 공통분모를 찾아내야 한다.

GS&P가 만든 벨 헬멧Bell Helmet 광고는 자전거용 헬멧 착용을 의무화한 나라의 어린이들과, 자녀를 위해 헬멧을 구입하려는 어른들을 동시에 겨냥한 사례에 속한다. 겉보기에 이 두 집단은 서로 너무 다르기 때문에 광고가 그 간격을 이어주지 못할 것처럼 보인다. 그러나 다음 질문에 답하는 과정에서 그들의 동기부여에 대한 주의 깊은 분석과 플래너와 크리에이티브 팀의 영리한 수평적 사고는 단일한 메시지를 발견할 수 있게 했다.

그들에 대해 아는 것이 무엇인가?

이 질문의 답은 광고의 표적이 되는 소비자의 생활과 그들의 마음에 대한 진정한 이해로부터 나온다. 그 답은 무엇이 사람의 마음을 움직이지에 대한 자세한 이해를 크리에이티브 팀에 제공한다. 앞서 설명한 인구통계학적 기술이 브리프의 골격이라면, 이 부분은 육체와 정신을 나타낸다. 그것은 기술을 사람들의 집단에 대한 상대적으로 추상적 정의로부터 한 개인의 구체적 수준으로 끌어내린다.

이러한 사람들에 대한 묘사는 (어떤 수치나 평균치로만 나타내서는 안 되며) 질적이고 묘사적이며, 감성적이고 창조적이어야 한다. 그리고 크리에이티브 팀은 그들이 문제의 특정 카테고리나 제품을 어떻게 언급하는지, 그들이 그것에 관해 관심을 갖는지, 그것이 어떻게 그들의 삶의 다른 부분과 조화되는지, 그것이 그들이 다른 사람들이 보는 앞에서 사용하는 제품인지, 그들은 그것에 대해 어떻게 느끼는지, 그들이 그것에 관해 이야기하는 것이 쉬운지, 어려운지 그리고 그들이 이야기할 때 어떤 언어를 사용하는지를 이해해야 한다.

조사를 통해 얻은 개인적 경험이나 일화는 브리핑의 이 부분에서 매우 유용하다. 왜냐하면 복잡한 주제를 크리에이티브 팀이 이해하기 쉽게 만들어줄 수 있을 뿐만 아니라, 광고에서 다시 사용된다면 최종 소비자들에게 상당한 공감을 불러일으킬 수 있기 때문이다.

그러한 개인적 경험과 일화는 '벨 헬멧'의 새 광고를 만들 때에도 매우 유용했다. 자전거용 헬멧 광고를 만드는 과정은 매우 복잡하다. 그 이유는 헬멧을 쓰는 것은 아이들이지만, 구매자는 아이들의 부모이기 때문이다. 따라서 어느 한쪽의 마음을 끌더라도 다른 한쪽의 마음을 끈다는 보장은 없었다. 한편 새로운 법이 제정되면서 상황은 더 복잡해졌다. 여러 주에서 일정 연령 이하의 아이들이 자전거를 탈 때는 의무적으로 헬멧을 착용해야 한다는 법을 통과시킨 것이다. 이로 인해 아이용 헬멧은 점점 더 범용품이 되어버렸다. 대형 할인점들은 아이의 부모를 겨냥한 가장 저렴한 헬멧을 판매하기 시작했고, 부모들은 비용을 크게 들이지 않고도 새로운 법을 지킬 수가 있었다. 한편, 벨 헬멧은 자전거 전문점에서만 판매했고 가격도 더 비싼 편이었다. 따라서 벨 헬멧은 그들 회사를 잘 알지 못하는 사람들에게 값은 더 비싸지만 벨 헬멧이 구입할 만한 가치가 있다는 사실을 설득해야 했다.

플래너인 메리 스터비노우Mary Stervinous는 탐색적인 포커스그룹 인터뷰 계획을 세웠고, 자전거를 타고 헬멧을 소유한 아이들과 그들의 부모를 대상으로 같은 날에 조사를 진행했다. 조사의 목적은 아이와 부모가 각각 헬멧에 대해 어떤 생각을 지니고 있고, 헬멧을 구매하기까지 어떤 과정을 거치며, 이때 광고가 어떤 기능을 하는지 알아내는 것이었다.

조사에 참석한 한 어머니는 아홉 살짜리 아들의 안전을 매우 중요하게 생각한다고 말했다. 이 어머니는 헬멧 착용에 관한 법률이 제정되기 훨씬 전에 이미 아들에게 헬멧을 사준 사실에 대해서, 또 아들이 자전거를 타고 집 밖에 나갈 때면 항상 헬멧을 쓰라고 신신당부한다는 점을 이야기했다. 이 어머니는 헬멧을 살 때 가장 먼저 안전성을 고려했으며, 안전하기만 하다면 더 비싼 헬멧을 살 뜻도 있었다고 말했다.

그런데 다른 조사 집단에 속한 그 어머니의 아홉 살배기 아들은 그의 엄마와는 다른 자신만의 이야기를 털어놓았다. 아이는 자기가 자전거를 타러 나갈 때마다 엄마가 항상 헬멧을 썼는지를 검사한다고 말했다. 헬멧을 쓰지 않으면 자전거를 못 탄다는 것이 하나의 규칙이었고, 그것은 앞서 그의 어머니가 말한 것과 일치했다. 그런데 그 다음부터는 이야기가 전혀 달라졌다. 아이는 헬멧을 쓰는 것이 너무 싫다고 말했다. 헬멧을 쓰면 바보 같아 보여서 친구들의 놀림감이 된다는 것이었다. 그래서 아이는 집에서 나와 차도까지는 헬멧을 쓰지만, 어머니의 시야를 벗어난 도로 모퉁이에서 헬멧을 벗어 울타리 아래에 숨겨둔다는 것이었다. 그런 다음 안전하지는 않지만 멋진 모습으로 자전거를 타다가, 집에 돌아갈 때에는 차도 옆에 숨겨둔 헬멧을 찾아서 다시 쓴다고 했다.

아이들이 다칠까 봐 노심초사하는 부모와, 안전보다는 놀림감이 되는 것을 끔찍하게 싫어하는 아이 사이에서 벌어지는 갈등은 그 뒤에도 여러 차례 확인할 수 있었다. 따라서 벨 헬멧 광고는 명백히 두 가지 역할을 해야 했다. 첫째, 벨 헬멧이 값이 비싼 만큼 그 값어치가 있다는 점을 부모들에게 확신시켜야 했고, 이를 위해 회사의 활발한 연구 성과와, 벨 헬멧이 인디 카Indy Car나 포뮬러 1Formula One에 출전하는 운전자, 오토바이 경주 선수, 그리고 빠른 속도의 운전자들의 머리를 안전하게 보호해준 기록을 강조하기로 했다. 어느 부모의 말대로, 시속 200마일의 속도로 벽에 부딪히는 선수를 보호하는 방법을 안다면, 시속 5마일로 달리는 10살 배기 아이를 보호하는 법도 알 것이라고 생각할 것이기 때문이다.

일단 부모들을 설득한다고 하더라도, 광고는 이제 아이들이 다른 경쟁사의 제품보다 벨 헬멧에 관심을 갖게 하고, '무엇보다도 헬멧을 착용하도록 설득하는 것'이 중요했다.

"이렇게 생각해보자구요. 엄마가 아이에게 세상에서 가장 안전한 헬멧을 사줄 수는 있어요. 그렇지만 아이가 헬멧을 쓰지 않으면 아무 소용이 없죠"라고 메리는 말했다. 즉 엄마들에게 벨 헬멧이 아주 안전하다는 확신을 심어준다고 해도, 그것만으로는 충분치 않다는 것이 메리의 견해였다.

그런데 이상하게도 자동차 경주에서 선수들이 벨 헬멧을 착용한다는 사실은 어른들뿐만 아니라, 다른 측면이긴 하지만 아이들에게도 효과가 있었다. 아이들에게 인디 500, 오토바이 경주, 익스트림 게임 등의 맥락에서 헬멧에 관해 이야기하는 것은 일상적인 자전거타기의 맥락에서 헬멧에 관해 이야기하는 것보다 더 큰 효과가 있었다. 아이들은 헬멧의 안정성에 대한 조사 내용보다 그러한 점들에 더 큰 흥미를 느꼈다. 벨 헬멧을 쓰고 그렇게 빠르고 위험한 경주에 참가하는 사람들이

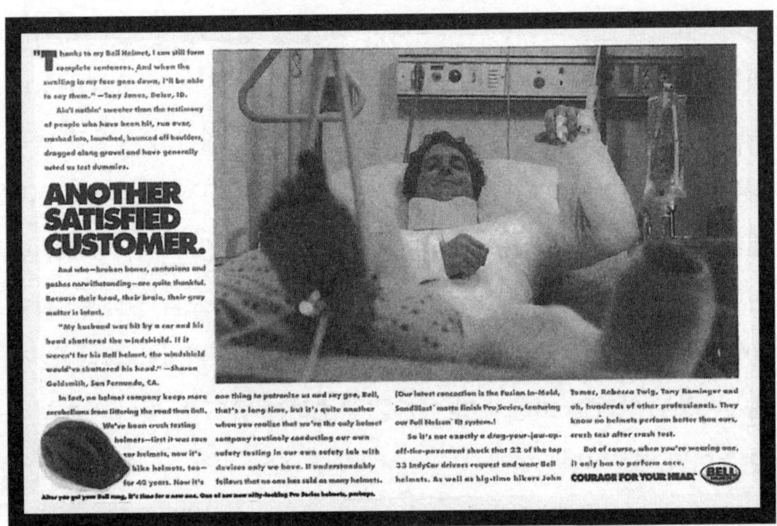

〈그림 5-1〉 벨 헬멧 광고: 또 다른 만족한 고객

멋있어 보였기 때문이다. 그들은 그들의 엄마가 쓰라고 해서 벨 헬멧을 쓰는 것이 아니었다. 그리고 그들이 벨 헬멧을 쓰고 있다는 사실이 자전거용 벨 헬멧을 더 멋져 보이게 만드는 것 같았다.

이와 같은 발견의 결과로서 매체에 따라 다른 전략이 채택되었다. 지면 광고는 안전성을 강조하는 메시지를 담아서 직접적으로 어른들을 겨냥했다. 벨 헬멧이 자동차 경주 선수의 머리를 보호한다는 점을 강조한 이 광고는 '2.3초 안에 입증되는 벨 헬멧 40년 역사' 라는 헤드라인을 달았다. 그리고 그 아래에는 경주용 자동차가 충돌하는 모습을 단계별로 보여주는 세 장의 사진을 실었다. 첫 번째 사진은 '0.1초, 벽에 충돌' 로 차가 벽에 부딪혀 불이 붙는 장면, 두 번째 사진은 '1.2초, 자동차 폭발' 로 차가 여러 조각으로 폭발하는 장면, 마지막 사진은 '2.3초, 선수 무사함' 으로 운전자가 자동차 잔해 밖으로 나오는 장면이었다.

218

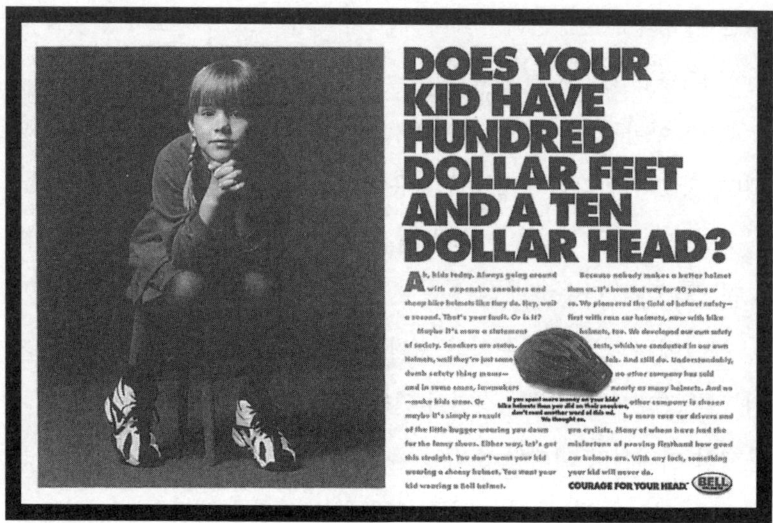

〈그림 5-2〉 벨 헷멧 광고: 10 달러짜리 머리

이 광고에서는 끔찍한 충돌사고에서 살아남은 마크 디스모어Mark Dismore의 이야기와 함께 벨 헬멧에 대한 연구와 실험 결과를 제공하고, 아울러 인디 카 경주에서 상위 33명의 선수들 가운데 "22명이 벨 헬멧을 착용했다"는 소식도 전했다.

이밖에 그림 5-1과 그림 5-2에서 보여주는 두 가지 인쇄 광고는 설명이 필요 없는 단순한 인간적 이야기다. 첫 번째 광고는 한 남자가 머리를 제외하고 온몸에 깁스를 한 채 병실에 누워 있다. 이 광고의 헤드라인은 '또 다른 만족한 고객'이다. 두 번째 광고는 '당신의 아이는 100달러짜리 발과 10달러짜리 머리를 가지고 있습니까?' 라는 헤드라인과 함께 어떤 소녀가 값비싼 스니커즈를 신고 있는 모습을 보여준다. "40년 역사" 광고와 마찬가지로 이 광고들은 모두 연구와 실험에 초점을 맞추며, 자동차 경주 선수와 프로 싸이클 선수들이 벨 헬멧을 선택하는 이유라고 설명한다. "왜냐하면 어느 누구도 우리보다 헬멧을 더 잘 만들 수는 없기 때문이죠."

반면 아이들이 자주 접하는 TV 광고에는 조금 다른 메시지를 전달했다. 광고 아이디어는 헬멧을 착용하는 역할 모델로서 자전거, 오토바이, 그리고 자동차 경주 선수를 활용하는 것이었는데, 그 메시지는 의도적으로 아주 단순하게 했다.

광고에는 경주용 자동차의 오싹한 충돌 사고, 오토바이의 충돌, 자전거를 타다가 넘어지는 장면이 연달아 나오고 나서 정적이 흐르는 가운데서 어디선가 휘파람 소리가 들려온다. 불행한 사고들의 희생자들은 모두 헬멧을 썼다. 이 장면들 중간에는 '인간은 생각하는 능력을 가진 유일한 동물이다. 그리고 때때로' 라는 문구가 등장한다. 그리고 나서 '그들은 실제로 그것을 사용한다.' 고 결론을 맺는다. 그런 다음 사람의 뇌가 등장하고, 아이들이 좋아하는 '철컥' 하는 기계음과 함께 벨 헬멧이 뇌에 착용된다. 이때 '벨 헬멧, 당신 머리를 위한 용기' 라고 말하는 소리가 들린다.

또 다른 광고는 사나운 물보라 속에서 카약이 뒤집히는 장면이 나오고, 곧이어 정적이 흐르는 가운데 휘파람 소리와 함께 다음과 같은 문구가 등장한다. "몇 가지 가능성이 있습니다. 1. 바위에 머리를 부딪혔을 수 있습니다." 카약 선수는 물속에 있습니다. "2. 익사했을 수 있습니다." 여전히 물속에 있습니다. "그렇지 않으면... 3. 머리를 바위에 부딪히고 나서 익사했을 수 있습니다."—벨 헬멧.

이 광고가 전달하는 메시지는 무엇일까? 현명한 사람이라면 벨 헬멧을 써야 한다는 것이다.

다양한 청중을 대상으로 접근을 시도한 또 다른 예는 이스즈 광고인데, 앞서 언급했듯이 이들은 부유층을 겨냥해 새로 출시한 트루퍼와 그보다는 대중적인 로데오의 판촉을 위한 각각의 광고를 내놓았다. 트루퍼와 로데오의 잠재적 구매자들 간의 분명한 경제력 차이는 말할 것도 없고, 정성조사 결과 SUV 소유자나 소유하려고 하는 이들에게는 전혀 다른 두 가지 유형의 개성과 구매 동기가 있음이 드러났다. 즉 트루퍼로 대변되는 자동차에 강한 매력을 느끼는 이들이 있는가 하면, 로데오나 그 경쟁 차량인 포러너, 패스파인더 쪽에 관심을 보이는 이들도 있었다. "트루퍼인"과 "로데오인"에 대해 크리에이티브 브리프는 다음과 같이 기술했다.

| **트루퍼** |

트루퍼 구매자들은 다른 차량 구매자들보다 더 현명한 편이다. 그 현명함은 그들의 나이때문이 아니라 탐구적인 태도 때문이다. 트루퍼 구매자들은 스스로 뭔가를 발견하기 좋아하는 사람들이다. 그들은 과정 지향적인데, 실제 판단을 내리는 것만큼이나 판단을 내리기까지의 과정에 흥미를 갖는다. 그들은 그냥 차를 구입하지 않으며, 차를 구입하기에 앞서 모든 자세한 사항들을 알고 싶어한다. 그들은 자랑하기 좋은 제품을 사기보다는 쓰기 좋은 제품을 산다. 그리고 그 제품의 특징과 기능을 모두 알고 싶어한다. 한 자동차 판매상은 이런 말을 했다. "왜 트루퍼를 구입했는지 물어보면 그들은 이유를 천 가지라도 댈 사람들입니다. 다른 차를 산 사람들은 몇 가지 이유도 대기 힘들어하죠."

트루퍼 구매자들은 야외 활동을 즐긴다. 그들은 가이드를 따라 여행을 다니지는 않지만, 그렇다고 개척자도 아니다.
그들은 단지 많은 것을 보아왔고, 어떤 우발적인 사건에도
대비하기를 좋아한다. 그들은 자신 앞에 닥칠 어떤 문제에
도 대처할 수 있는 SUV를 찾는다.

| 로데오 |

로데오 구매자들은 자신이 남들과 다르다고 생각한다. 그들
은 다른 자동차를 구입한 사람들보다 자신이 더 멋지고, 모
험적이며, 재미있고, 또 더 아는 게 많다고 생각한다. 트루
퍼 구매자만큼 사전 조사에 철저하지는 않더라도, 자신의
차에 대해 알고 있고, 그들이 바라는 것이 무엇인지 안다.
그들은 자신의 차량을 일종의 도구라고 생각하며, 그것이
그들의 적극적인 라이프스타일을 표출하는데 도움이 되기
를 바란다. 그들은 행동하는 사람이며, 따라서 그들의 차는
성능이 좋아야 한다. 그들은 극한까지 차를 몰 것이다. 그들
은 차를 산 첫날부터 진흙탕 길을 달리고 싶어하는 그런 사
람들이다.

요컨대 로데오는 모험을 추구하는 사람들을 위한 차인 반면, 트루
퍼는 자신에게 닥쳐올지 모를 모험에 대비하고 싶어하는 사람들을 위
한 차이다.

전달해야 할 주요 아이디어가 무엇인가?

이는 많은 광고대행사들이 '제안proposition'이라 부르는 브리프의 부분이며, 이 질문의 정확한 의미를 생각해 볼 필요가 있다. 분명 강조되어야 할 부분은 광고가 직접적으로 '말해야' 하는 내용이 아니라, 사람들에게 전달되어야 하는 메시지이다. 다시 말해, 광고주가 말하는 내용이 아니라 사람들이 광고로부터 받아들이게 될 메시지에 초점이 맞춰져야 한다.

브리프에 있는 모든 질문 중에서 이것이 가장 중요한 이유는, 그 대답이 앞서 존 헤가티와 앤드루 크랙넬이 말한 최초의 창조적 도약을 의미하는 그 밖의 모든 것들을 담아내야 하기 때문이다. 하나의 문장에 하나의 아이디어가 담겨 있으면 가장 이상적이다. 만약 문장이 그보다 더 길고 복잡해질 경우, 광고 역시 장황하고 지루해질 가능성이 높다.

그렇다면 그 하나의 아이디어는 무엇일까? 그것은 기존 제품에 대해 사람들의 인식을 재고하게 만들거나 새로운 제품에 대한 새로운 견해를 형성하게 하고, 그 결과로 어떤 행동을 취하게 만들 가능성이 가장 큰 아이디어일 것이다. 그것은 제품에 바탕을 두거나 소비자에 대한 관찰에서 나온 것일 수 있으며, 심지어 그 해당 카테고리의 속성에 기초한 것일 수도 있다.(카테고리의 속성에 기초하는 경우, 그 아이디어를 보여주는 방식이 탁월하지 않다면, 그 아이디어는 통속적인 것이 되어버릴 위험이 있다.)

3장에서 언급한 쿠에르보의 경우, '좋은 술, 즐거운 시간, 진실한 사람들'이라는 광고 문구는 제품과 소비자, 그리고 카테고리 속성을 동시에 표현하려고 시도한다. 그것은 하나의 주요 아이디어가 아니라 세 가지 주요 아이디어다. 이와는 대조적으로, 우리가 채택한 브리프의 주요 아이디어였던 '파티를 기다리며A party wating to happen' 는 오직 하나의 아이디어에 집중하는 것이고 제품과 핵심 소비자 모두에게 훨씬 더 진실한 것이다.

앞서 설명한 이스즈 로데오 브리프의 주요 아이디어는 소비자의 모험에 대한 분명한 욕구를 자극하면서, 패스파인더와 포러너의 스포티한 맥락 속에 그 차를 확고하게 위치시키는 더 많은 라이프스타일 혜택으로 이루어져 있다.

일상의 구속을 거부하는
이스즈 로데오

그리고 광고는 로데오를 젊음의 정신을 계속 유지하고 싶어하는 사람들을 위한 일종의 도피용 차량으로 제시하는 식으로, 그 아이디어를 해석하였다. 한 TV 광고에서는 70대 노모가 교외의 집 뒤뜰에서 빨래를 널며서, 자신의 아이를 긴 밧줄을 사용해 빨랫줄에 매달아 둔다. 노모가 빨래를 널려고 돌아서자, 아이는 달음질을 치기 시작하고 빨랫 집게가 줄에서 떨어져 나간다. 아이가 큰 진흙 구덩이에서 몸을 던져 사방에 진흙을 뿌리는데도 노모는 그 사실을 알지 못한다. 아이가 자신의 몸은 물론이고 카메라에도 진흙을 묻혀대고 있을 때 이런 목소리가 들린다. "우리의 성격은 어린 시절에 만들어진다고 합니다." 이어서 갑자기 쿵쾅거리는 록 음악이 울리면서 로데오가 산비탈 진흙탕길을 달리는 장면이 나온다. 사람들은 이제 소년이 어른이 되었고, 여전히 진흙 투성이가 되는 것을 즐긴다는 것을 깨닫는다. 잠시 뒤, 로데오가 비탈

〈그림 5-3〉 이스즈 로데오: 장난감 매장

길 아래로 사라지면서 다시 이런 목소리가 들린다. "3.1리터 V6 이스즈 로데오, 어른들을 위한 보상……."

또 다른 광고(그림 5-3)를 살펴보자. 한 남자가 어린 아들을 쇼핑 카트에 태우고 장난감 매장 안을 돌아다닌다. 남자는 유아용 변기를 집어 들더니 "좋아, 이제 여기서 나가자." 라고 말한다. 하지만 아이는 지나가면서 눈을 끄는 장난감들을 마구 집는다. 그러자 남자가 이렇게 말한다. "안돼, 카트 밖으로 손을 내밀면 안 된다구... 그건 다음에 사기로 했지... 그건 건전지가 있어야 돼... 안된다니까, 아빠를 힘들게 하면 안돼... 잠깐.. 그건 부품이 너무 복잡하단 말이야... 이제 가야 돼……." 그는 거의 고비를 넘겼다, 하지만 코너를 돌아서 마지막 통로에 접어들었을 때, 아이가 무언가를 발견하고는 손으로 가리키며 "와..." 하고 탄성을 지른다.

남자는 마치 얼어붙기라도 한 듯 꼼짝않고 서 있다. 그의 눈은 휘둥그레졌고 입은 떡 벌어져 있다.

화면에는 장난감 자동차처럼 포장한 실물 크기의 이스즈 로데오가 서 있었고, 그 엄청난 크기의 장난감에 남자는 완전히 매료되었다. "우와..."하고 그는 탄성을 내지른다. 남자는 로데오에서 눈을 떼지 못하고 있는데, 화면에는 "이스즈 로데오, 나이가 들어도 늙지 않은 이들을 위한 차!"라는 문구가 나타난다.

물론 트루퍼는 다른 방식을 취했다. 우리는 트루퍼에 관심이 있는 잠재 구매자들이 보다 '방어적인' 이유에서(말하자면 운전 도중 문제가 발생하더라도 트루퍼라면 거기에 대처할 수 있다.) 투르퍼 같은 차에 관심을 가진다는 것을 알았기에 운전 중의 문제들에 대처할 수 있게 하는 차량의 특성에 초점을 맞추기로 결정했다. 트루퍼는 SUV 운전자들이

〈그림 5-4〉 이스즈 트루퍼: 쇼핑 카트

염두에 두는 구체적인 요구 사항들에 맞게 고안되었으며, 일본인 기술자가 작성한 최초의 디자인 브리프에서 우리는 훌륭한 유추를 발견했다. 그들은 트루퍼를 "SUV의 스위스 아미 나이프swiss army knife"로 묘사했는데 우리의 브리프도 바로 그 아이디어에 초점을 맞추었다.

트루퍼는 인생의 위대한 탐험에 가장 적합한 장비다.
그것은 SUV의 스위스 아미 나이프이다.

트루퍼 광고는 머피의 법칙과 유사한 '운전자의 불문율'에 기초해 만들어졌는데, 그것은 운전을 하거나 주차를 할 때, 그리고 차량을 이용하는 동안 발생할 가능성이 있는 모든 일상적인 문제에 대한 보편적인 관찰이었다. 그러한 불문율에 대해 트루퍼는 각각의 문제를 해결할 수 있는 특성을 지닌 것으로 묘사되었다.

운전자의 제5불문율은 "길에 구멍이 있으면 언제나 빠진다."이다. 이스즈는 그 점을 염두에 두고, 움푹 팬 산길이나 거친 도로를 지날 때 충격을 흡수할 수 있는 이중골격 서스펜션 시스템을 개발했다.

"자동차가 쇼핑 카트를 끌어들이는 힘은 우주에서 가장 강력하다." 라는 제9불문율에 대해 '카트 긁힘 방지'를 위한 독자적인 9중 페인트 처리를 했다(그림 5-4). 제8불문율은 아무리 짧은 여행일지라도 챙겨야만 하는 많은 용품들에 둘러싸인 아이의 사진 위로 "몸이 작을수록 더 큰 공간이 필요하다."라는 불변의 진리를 내세웠다. 이 문제를 해결하기 위해서 트루퍼는 뒷좌석에 90평방 피트의 공간을 마련했다.

로데오와 트루퍼의 브리프에 나온 주요 아이디어들은 수년째 그들의 광고에서 핵심을 차지하고 있다. 심지어 새로운 모델이 출시되고, 시장과 소비자가 변하고, 광고 역시 그에 따라 변했지만, 앞서 말한 아이디어들은 여전히 우리가 두 모델에 관해 생각하는 방식의 핵심으로 남아 있다. 성취해야 할 과제는 조금씩 달랐지만, 광고는 최초의 아이디어와 일관성을 유지하고 있었다.

아이디어를 이식하는 가장 좋은 방법은
무엇일까?

어떤 사람들은 이것을 주요 아이디어의 '내용'과는 반대되는 것으로서 '전략' 혹은 메시지의 '방법적인' 부분이라 부른다. 앞에서 설명되었던 방식으로 주요 아이디어를 다듬었다고 하더라도 그것을 실행하는

228

방식은 여러 가지일 수 있다. 즉 서로 다른 네 팀에게 같은 브리프와 주요 아이디어를 제공하더라도 그들은 각기 다르게 그 내용을 해석하고, 결국 기본적인 하나의 아이디어에 바탕을 둔 전혀 다른 형태의 광고 네 편을 만들어낼 것이다. 이는 내가 브리프를 작성하면서 어떤 영감을 제공하려는 희망에서 당장 퇴짜를 맞더라도 많은 아이디어들을 실험하고 포함할 가능성이 가장 높은 부분이다.

예를 들어보자. 이 사례는 앞서 예를 든 폴라로이드 카메라에 관한 그 이후의 이야기다. 그것의 브리프는 카메라 소유자가 사진을 찍고 즉석에서 그 결과물을 확인할 수 있다는 독특한 특성을 기반으로 해서 아래와 같은 주요 아이디어를 내놓았다.

폴라로이드, 사진은 단지 시작일 뿐.

이 주요 아이디어를 이식하는planting 가장 좋은 방법은 무엇일까? 플래너인 캘리 에반스 파이퍼Kelly Evans-Pfeifer는 여러 가지 생각을 가지고 있었는데 그 중 일부는 다음과 같다.

어쩌면 가정이나 직장에서 폴라로이드를 사용하는 혁신적이고 독특한 방법을 강조할 수 있을 것이다.

참여자, 즉 목적이 아닌 수단으로서 폴라로이드를 보여준다.

아마도 폴라로이드 사진의 효과에 초점을 맞출 수 있을 것이다...진행 중인 일련의 사건들.

〈그림 5-5〉 폴라로이드: 개

나는 사진을 찍었고, 그래서 어떤 이유로 특정한 목표를 달성하기 위해 어떤 일이 일어날 것이다.

폴라로이드가 어떻게 의사소통의 수단이 되는지, 그 사진이 어떻게 그 자체로 그리고 스스로 일종의 언어가 되는지에 대해 생각해보라.

'어쩌면', '아마도', '생각해보라'와 같은 언어의 용도에 유의하라. 이것은 제안이지 지시가 아니다.

그래서 나오게 된 "무슨 일이 일어나는지 보세요see what develops"라는 광고 캠페인은 이런 다양한 아이디어들에 기초하고 있다. "무슨 일이 일어나는지 보세요"라는 표현은 '사진은 단지 사건의 시작일 뿐'이라

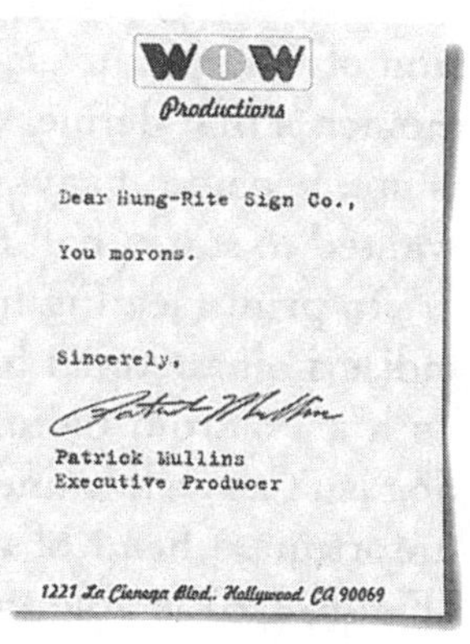

〈그림 5-6〉 폴라로이드: 맘/와우(MoM/Wow)

는 주요 아이디어의 좀더 흥미로운 버전이다. 이는 광고대행사에서 누가 크리에이티브이고 누가 크리에이티브가 아닌지를 정의하는 그러한 순간들 중 하나이다. 왜냐하면 그것은 (크리에이티브하지 않은) 우리가 정말 하고 싶어하는 말을 훨씬 간결하게 압축하며 더욱 세련되게 표현하기 때문이다.

인쇄 광고에서 이웃집 개의 나쁜 용변 습관 때문에 피해를 입은 사람은 폴라로이드 카메라로 그 개의 용변 현장을 포착한 사진을 찍어 개가 용변 훈련을 제대로 받지 못했음을 개 주인에게 입증해 보인다(그림 5-5). '와우Wow' 프로덕션이라는 회사의 사장은 자신의 회사 간판이 거꾸로 달렸다는 것을 보여주는 사진을 간판회사에 보낸다(그림 5-6). 간판은 위아래가 바뀌어서 '맘Mom'으로 보였다. 그가 간판회사에 보낸 말은 아주 간결하다. "헝 라이트Hung-Rite 간판회사 귀하. 멍청이들 같으니라고!"

TV 광고는 한 건축 사무소의 진지한 회의 장면을 보여주는 것으로 시작한다(그림 5-7).

회의에 참석한 한 남자가 자신의 말을 강조하기 위해 기획안에 밑줄을 그으며, "이게 맞아요, 틀림없다구요"라고 말한다. 그의 동료는 탐탁지 않은 표정이다. "그걸 어떻게 고객에게 설명할 수 있다고 생각해요?" 이때 전화기가 울리고, 처음의 그 남자가 수화기를 집어든다. 다른 여자 동료가 "우린 지금 시간이 없어요!" 라고 항의한다.

"여보세요." 남자가 퉁명스레 전화를 받는다.

"여보, 저예요." 여자의 목소리가 들린다.

"그래, 무슨 일이지?"

"일은 어때요?"

그의 동료들은 시선을 굴리고, 시계를 쳐다보거나, 짜증스러운 눈길을 주고 받는다.

남자는 좁은 회의실 탁자에서 가능한 멀리 떨어진 곳으로 수화기를 옮기며, 작은 목소리로 대답한다. "지금 바빠. 바쁘다구. 용건이 뭐냐니까?"

"음, 점심 때 식사하러 집에 올래요?"

동료들은 더 짜증이 난다는 표정이다.

"안 돼!... 안된다고... 난... 지금은 시간을 낼 수 없어. 지금 업무 중이라 빠져나갈 수 없어. 중요한 회의 중이라고."

남자는 곧 자리로 돌아가겠다는 몸짓을 동료들에게 해 보인다.

"아직 가방을 열어보지 않았어요?"

수화기 속의 여자가 말한다.

〈그림 5-7〉 폴라로이드: 건축가

"날 죽일 작정이군."

남자는 중얼대며 수화기를 턱에 낀 채 서류가방에 손을 뻗는다. "나와라, 나와…" 남자가 다급하게 가방을 뒤지는 동안 카메라는 서류 가방 속을 비춘다.

"아침에 뭘 넣어두었어요."라고 여자가 말하는 순간 남자가 폴라로이드 사진을 꺼내든다. 우리는 사진의 뒷면만을 보는데, 사내는 곧 눈이 휘둥그레지며 숨이 막혀 버린다. 스크린에 폴라로이드 로고와 함께 "무슨 일이 일어나는지 보세요"라는 문구가 떠오를 때, 남자가 중얼거리는 소리가 들린다. "갈게…당장 10분 안에 갈게."

오직 폴라로이드 사진만이 그 일을 할 수 있다.

두 번째 TV 광고에서는 개가 쓰레기를 어질러 놓았다는 이유로 주인에게 혼나는 장면이 나온다(그림5-8). "이 몹쓸 녀석아." 주인은 손가락질을 하며 개를 혼내고, 개는 자신을 변호할 힘이 없어 묵묵히 꾸지람을 듣고만 있다. "넌 나쁜 녀석이야, 아주 나쁘다고." 한편 주방 한쪽 구석에서 응큼해 보이는 고양이 한 마리가 어슬렁어슬렁 걸어나온다.

주인이 외출하고 난 후 개는 낮잠을 자려던 하는데, 잠시뒤 고양이가 쓰레기통을 향해 달려가는 소리에 그만 잠이 깬다. 고양이가 음식물을 뒤지기 시작하자 개는 또 자신이 혼날 것을 알고 그 장면을 떠올린다. 주인의 손가락이 얼굴 앞에 어른거리고, "이 나쁜 녀석아"하는 주인의 화난 목소리가 들리는 것만 같다. 개는 고양이를 막을 방법을 찾기 위해 공포에 휩싸인 채 주위를 두리번거린다. 밀대를 쓰면 좋을 것 같은데 너무 멀리 있다. 식칼 역시 닿지 않는다. 마침내 개는 폴라로이드 카메라를 발견하고, 멋진 아이디어를 떠올린다. 잠시 뒤, "무슨 일이 일어나는지 보세요."라는 글귀가 화면에 나오고, 이어서 현관문이

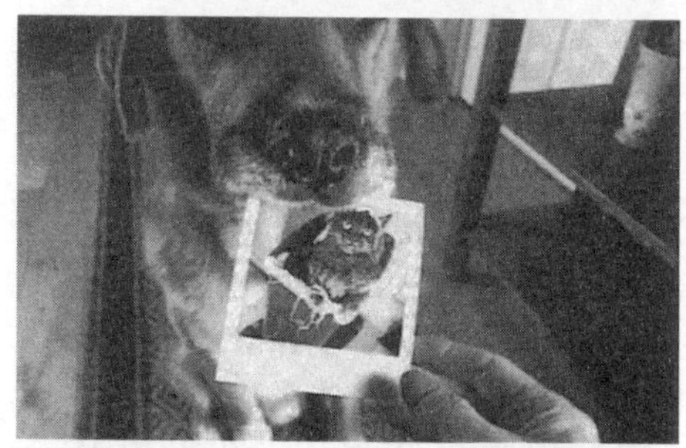

〈그림 5-8〉 폴라로이드: 개와 고양이

열리며 주인이 들어온다. 개는 사진을 입에 물고 있는데, 그 사진에는 닭뼈를 물고 쓰레기통 위에 올라앉은 고양이가 찍혀 있다. "이런, 맙소사!" 하는 주인의 목소리가 들리며 화면이 어두워진다.

자신이 옳은지 어떻게 알 수 있을까?

어디에 증거가 있는가? 자신이 표명한 어떤 관점을 지지해주는 것이 있는가? 만일 그런 것이 있다면, 그것에 대해 말해야 하며(실제로 확실한 정보의 출처로 거론할 만한 것이 있으면, 그것을 토의 초반에 미리 언급해야 한다), 혹시라도 그런 것이 없을 경우, 자신의 추측으로 브리프를 작성했다는 점을 미리 시인해야 한다. 왜냐하면 플래너의 견해를 확고한 사실에 근거한 것으로 믿고 크리에이티브 팀이 2주 동안 작업을 진행했는데, 그 견해가 잘못된 추측에서 나온 것이라면 크리에이티브 팀은 완전히 헛수고를 한 셈이 되기 때문이다.

좋은 브리프는 진공 상태에서
준비될 수 없다

지금까지 내가 작성한 최고의 브리프는 사실상 내 크리에이티브 동료들이 작성한 것이나 다름없다고 나는 자신있게 말할 수 있다.

그리고 나는 가능한 한 언제든 내가 구상한 미완의 아이디어를 나중에 내 브리프를 가지고 광고를 만들 팀이나, 적어도 그 팀의 누군가와 논의하는 것을 좋아한다. 내가 그 일을 좋아하는 이유는 여러 가지인데, 무엇보다도 그들은 주요 아이디어를 표현할 만한 적절한 단어를 찾는 능력이 나보다 항상 뛰어나기 때문이다. 플래너는 "사진은 단지 시작일 뿐"이라고 말하지만, 크리에이티브 담당자는 "무슨 일이 일어나는지 보세요"라고 말한다. 우리가 작성한 브리프 문구는 논리적이지만 수동적인데 반해, 그들의 문구는 항상 채찍 같은 소리가 나며 사람들의 주의를 끈다.

내가 지향하는 방향에 대해 크리에이티브 팀이 납득하는지를 알아보는 것도 중요하다. 개인적으로 나는 인상적인 추상적 아이디어를 선호하는데, 만일 그들이 "그 아이디어로는 광고를 만들 수 없어"라고 말한다면, 그동안의 내 노력은 단지 나와 그들의 시간을 낭비한 것밖에 되지 않는다. 그들은 그 방향에 대해 흥미를 느껴야만 하는데, 그것의 잠재력에 대한 즉각적이고 가장 신뢰할 만한 테스트는 거기에 그들 자신의 아이디어에 추가할 수 있는지 여부이다.

GS&P가 1992년 세가 광고를 맡으면서 수행한 게이머들에 대한 조사는 당시 막강한 경쟁사인 닌텐도 게임과 비교해 세가 16비트 게임의 상대적인 매력에 대한 흥미로운 통찰을 보여주었다. 대다수 아이들은 닌텐도 게임기만 가지고 놀았으며, 닌텐도와 세가를 모두 즐기는 아이들은 많지 않았다. 그리고 두 가지 게임을 모두 즐기는 아이들은 여러가지 면에서 세가 게임이 더 낫다고 생각했다. 그 차이는 미묘했는데 그래도 두 회사 제품 가운데 어느 것의 그래픽이 더 좋은지 물어보면 대부분의 아이들은 세가가 더 낫다고 대답하는 편이었다. 게임 속도와 색상 면에서도 세가에 대한 반응이 더 좋았다. 아이들은 세가 게임을 한번 해보면 "예전의 다른 게임은 하기 싫을 것"이라고 대답했다. 아무튼 닌텐도는 세가에 비하면 보잘것 없어 보였다. 나는 크리에이티브 디렉터인 데이브 오헤어Dave O' Hare에게 그 이야기를 했고, 닌텐도에서 세가 게임으로 바꾸는 것이 "메이저로 승격하는 것"과 같다는 식으로 미완의 브리프 아이디어를 내놓았다. 세가는 모든 게이머들이 열광할 만한 '쇼' 라는 것이 내 생각이었다.

오헤어는 잠시 침묵한 뒤 "게이머의 언어로 그것을 표현할 때 '쇼' 는 적합하지 않아요. 그렇지 않아요? 그것은 하나의 구역zone이라고 봅니다. 새로운 레벨. '새로운 레벨level에 오신 것을 환영합니다' 라고 하면 어때요?"라고 물었다. 오헤어는 정말로 나를 자극하는 법을 알고 있었다. 나는 그런 표현을 찾으려고 거의 2주 동안 고심을 했는데, 그는 단 30초 만에 핵심을 집어낸 것이다. "새로운 레벨에 오신 것을 환영합니다"는 우리 브리프의 핵심 아이디어가 되었다. 그리고 광고는 거기에 도달하는 것이 아니라 거기에 있다는 것 즉, 게임, 그래픽, 컬러, 속도, 그리고 태도의 새로운 레벨에 있다는 것을 보여줘야 했다.

그것은 단지 "축하합니다. 도착하셨군요." 같은 종류의 문구가 아니라 하나의 도전이었다. 즉 광고는 각 실행 내에서, 그리고 각 실행과 이전 실행 사이에서 새로운 레벨을 발견하고 유지해야 했다. 그것은 우리 브리프의 주요 아이디어가 되었을 뿐 아니라 캠페인 자체의 슬로건이 되었다. 일반적으로, 나는 브리프 문구를 광고에 그대로 가져가는 것에 매우 신경이 쓰이지만, 이번 경우에는 그것을 생각해낸 사람이 내가 아니라 카피라이터여서 그다지 개의치 않았다.

나는 많은 플래너와 어카운트 담당자들이 브리프를 작성하느라 혼자 끙끙 앓을 때, 어째서 그들이 다른 사람들에게 도움을 요청하지 않는지 이해할 수 없다. 도움을 청한다면 작업은 훨씬 쉬워지고, 최종 결과물도 더 나아질 것이다. 오해는 없기 바란다. 크리에이티브 담당자들에게 자신의 업무를 떠넘기라고 하는 말은 아니다. 다만 자신이 아이디어를 고안해 냈으면 그 아이디어의 잠재력을 진단하고, 초기 구상을 확장하고 강화할 수 있는지 알아보기 위해 크리에이티브 팀에 보여줘야만 한다. 만일 그 아이디어가 합당하고 크리에이티브 팀이 그것을 강화할 수 있다면, 그것은 크리에이티브 팀으로 하여금 전략을 짜고 브리프를 작성하는 데 큰 역할을 할 수 있게 한다. 크리에이티브 팀은 그 아이디어에 대해 보다 적극적인 태도를 보일 가능성이 있고, 사고하는 시간의 측면에서 상당히 유리한 출발을 할 수 있다.

한편, 플래너와 어카운트 담당이 크리에이티브 팀과 사전에 아무 논의도 하지 않고 그것을 석판에라도 새긴 것처럼 그냥 브리프만 넘겨주는 경우가 있는데, 그럴 경우 좋은 결과가 나오기 어렵다.

"우리는 이것을 얻는데 몇 주를 보냈어요. 우리 논리는 완벽해요." 어떤 플래너는 자신이 작성한 긴 크리에이티브 브리프를 미심쩍게 바라보는 크리에이티브 팀에 실망하며 그렇게 말했다. 그 브리프는 거친 황야에서 40일 밤낮 동안 조사를 수행하고 분석한 결과였다. 그리고 그는 자신이 지적으로 전혀 빈틈 없는 견해를 도출했다고 확신했다.

"그 논리는 완벽할지 몰라요, 그렇지만 그 완벽한 논리라는 것이 광고를 만드는 데 전혀 도움이 안 되는데 어떡하란 말이오?" 아트 디렉터는 짜증스럽게 대답했다.

상황이 그렇다면 처음부터 일을 새로 시작하는 것이 유일한 해결책이겠지만, 그래서 화가 나는 것은 크리에이티브 팀만이 아닐 것이다. 광고주와 약속한 마감 시한이 임박했을 수도 있고, 방송 예정일을 놓치는 것 또한 광고주가 좋게 받아들일리가 없다. 처음부터 크리에이티브 팀과 논의하며 작업을 진행했다면 그런 황당한 상황은 피할 수 있었을 것이다.

제발 광고를 잘 만들어 주세요

앞서 언급했듯이 플래너와 어카운트 담당자들은 작업을 원활히 하기 위해 적어도 자신들의 아이디어 일부를 크리에이티브 팀과 논의할 필요가 있다. 그런데 나는 필요한 모든 자료를 구할 수 있고, 원하는 방식의 조사를 수행할 수 있으며, 또 내가 궁금하게 여기는 모든 질문을 던질 수 있을 만큼 시간과 자금이 충분한 경우라도 하더라도, 여전히 크리에이티브 담당자들 앞에 서면 궁색한 느낌이 들고, 해답을 찾을 단서조차 구하지 못하는 때가 있음을 시인할 수밖에 없다.

이런 경우들 중 일부는 나 자신을 나무랄 수밖에 없다. 단지 해결책과는 거리가 먼 곳을 살폈거나 또는 올바른 방식으로 생각하지 않았기 때문이다. 한편 내가 10년 동안 노력한다고 해도 뛰어난 통찰을 발견할 수 있을거라는 생각이 들지 않을 때도 있는데, 그런 경우 진정으로 제품을 차별화하는 유일한 해결책은 뛰어난 크리에이티브의 실행에 있다.

캘리포니아에 소재한 포스터 팜스 치킨Foster Farms chicken의 광고 캠페인을 위한 준비 작업을 하면서 우리는 포스터 팜스의 제품, 즉 캘리포니아산 신선한 닭고기에 관해 모든 각도에서 살펴보았다. 우리는 포스터 팜스 치킨을 구입하는 사람들, 그것을 먹는 사람들, 어느 닭고기 브랜드를 매장에 진열할지 결정하는 사람들, 그것을 배달하는 사람들,

240

그리고 심지어 그것을 사육하고, 가공하는 사람들과 이야기를 나누었다. 그런 다음 우리가 내린 결론은 다음과 같다. 신선한 닭고기를 구입하는 사람들이 가장 중요하게 여기는 것은 닭고기의 신선도다. "옥수수를 먹인", "자연산의" 같은 문구들은 신선하다는 뜻을 담고 있으며, 대부분의 사람들은 냉동 치킨보다는 신선한 닭고기가 더 낫다고 생각한다.

포스터 팜스의 신선한 닭고기는 주요 업체 두 곳과 경쟁하고 있었다. 잭키 팜스Zacky Farms라고 불리는 다른 캘리포니아산 브랜드와 매장자체 브랜드로 판매되는 비 캘리포니아산 닭고기가 그것이었다. 매장들 대부분은 캘리포니아산 닭고기를 한 종류만 취급했기 때문에 포스터 팜스와 잭키 팜스가 한 매장 내에서 직접 경쟁하는 일은 드물었다. 그들의 경쟁은 유통 단계에서 벌어졌다. 그리고 포스터 팜스를 취급하는 매장에서는 그 매장의 자체 브랜드와 진열대를 놓고 경쟁을 벌여야했다.

따라서 이번 광고에서 과제는 두 가지였는데, 그 중 첫째는 잭키 팜스와의 유통망 확보 전쟁을 지원하는 것이었다. 포스터 팜스와 잭키 팜스는 여러 가지 면에서 비슷한 점이 많았다. 즉 두 회사 모두 캘리포니아산 브랜드이고, 닭을 사육하는 방식이 유사하며, 24시간 이내에 매장으로 닭고기를 배송할 뿐만 아니라, 이미 예전부터 서로 자신이 "신선한 자연산" 닭을 공급한다고 선전했다. 닭고기의 주요 구매자인 대형체인점들은 두 회사 사이에 의미 있는 차이점을 발견하지 못했고, 소비자들은 닭고기 브랜드보다는 매장 선호도를 더 따지는 편이었다. 따라서 광고는 포스터 팜스가 매장 확보에 있어 경쟁자보다 우위를 가질 수 있게 해야 했다.

〈그림 5-9〉 포스터 팜스: 경찰

한편 광고의 두 번째 과제는 일반 소비자들이 매장 자체 브랜드나 다른 주에서 생산한 닭고기보다 값이 조금 더 비싼 포스터 팜스를 구입하도록 설득하는 일이었다. 이 과제 역시 쉽지 않았는데, 대부분의 소비자들은 포스터 팜스와 다른 닭고기가 별로 차이가 없다고 생각하기 때문이었다. 신선한 닭고기리고 하면 모두 똑같이 신선할 것이라는 생각이 일반적이었다.

분명하고 손에 잡히는 실마리가 없는 상황에서, 우리는 지각적인 우위를 창출해야 함을 깨달았다. 조지 오웰을 조금 빗대서 말하자면, 우리는 모든 닭고기는 신선하지만, 어떤 닭고기는 다른 닭고기보다 좀 더 신선하다는 것을 설득해야 했다. 그럴 수 있는 유일한 방법은 광고

242

에서 닭고기의 신선함에 대해서 다른 경쟁업체보다 더 흥미롭고, 독특하며, 설득력 있는 방식으로 이야기하도록 요청하는 수밖에 없었다. "제발 광고를 잘 만들어주세요."라고 했던 것처럼 말이다.

카피라이터인 밥 케르스테터Bob Kerstetter와 아트 디렉터인 톰 루스턴Tom Routson은 포스터 팜스 치킨이 어떻다는 것을 직접 말하기보다는 어떻지 않다는 것을 보여주는 식의 아이디어를 떠올렸다. 포스터 팜스의 닭고기는 얼리지 않았다. 그들은, 알칸사스에서 캘리포니아까지 꽤 먼 거리를 운송하면서 소위 "매우 차게" 유지했으면서도 그것을 신선한 것으로 표현할 수 있게 하는 법의 허점을 이용하지 않았다. 밥과 톰은 마치 군에서 해병대처럼 포스터 팜스 치킨이 닭고기 중에서 엘리트라고 상상했다. "소수의 자랑스러운 포스터 팜스 치킨……."

크리에이티브 디렉터인 제프 굿바이와 크리에이티브 팀은, 포스터 팜스 치킨이 되려고 고속도로를 타고 다른 주에서 여행을 시작한 닭 두 마리에게 밥과 톰이라는 이름을 붙였다. 이 닭 두 마리는 본래 그 이름의 주인과 마찬가지로 몸치장을 별로 하지 않았으며, 빼야 할 살이 충분히 많은데도 불구하고 열의만 가득할 뿐이었다. 아무튼 그들은 닭 중에서 최고로 여겨지는 포스터 팜스 치킨이 되기 위해 무엇이라도 할 태세다.

첫 번째 TV 광고(그림 5-9)는 "캘리포니아에 오신 것을 환영합니다"라는 고속도로 표지판이 보이고, 그 아래를 지나가는 자동차에서 시작한다. 자동차 안에는 늙고 쓸모 없는 부랑자 닭들이 "포스터 팜스, 우리가 간다!"라며 환호한다. 이때 사이렌 소리가 들리자 닭들은 일제히 부리를 다무는데, 백미러로 경찰의 경광등이 보인다. 운전석에 앉은 톰이 "침착해."라고 말한다.

경찰은 그들이 탄 자동차의 알칸사스 번호판을 손전등으로 비추며 천천히 걸어와 운전석을 들여다본다.

"안녕하세요, 경찰 나리." 톰이 말한다.

"신분증을 보여주시겠습니까." 경찰이 말한다.

경찰이 손전등으로 차 계기반 위에 놓인 부스러기들, 먹다 남은 피자, 도넛, 빈 음료 캔, 햄버거 포장지 등을 비추자, 톰이 "집에 가는 길이예요. 포스터 팜스요."라고 말한다. 밥이 감자칩을 든 채로 고개를 끄덕이며 덧붙인다. "우린 다른 주에서 온 게 아니예요!"

경찰이 톰의 날개에 불빛을 비춘다.

"포스터 팜스 치킨은 얼리지 않는데, 이건 마치 동상을 입은 것처럼 보이는군요." 경찰이 단호하게 말한다.

"아니에요, 아니라구요." 톰은 극구 부인하기 시작하고, 옆에서 밥이 또 거든다. "고대기에 데어서 그래요!"

"잠시 차에서 내리시겠습니까?" 경찰의 말이 떨어지기 무섭게, 톰은 가속 페달을 밟는다. 바퀴가 요란하게 공회전을 하고 먼지가 피어오르는 순간, 멋진 닭 요리가 등장한다, 그리고 "포스터 팜스, 언제나 자연 상태의 신선한 닭."이라는 목소리가 들린다.

그런 다음 경찰차의 추격을 받으며 전속력으로 달아나는 사기꾼 닭들의 장면이 나온다. "우와아아! 우리는 도망자야! 아아아!"라고 톰이 비명을 지르면서 화면은 꺼진다.

다른 광고에서는, "포스터 팜스를 가장한 사기꾼"들이 포스터 팜스 트럭을 탈취할 계획을 세운다. 그들은 트럭 운전수에게 공짜 도넛을 줘서 트럭을 세우려고 하고, 식품점 주차장에서는 노부인들에게는 자신들이 포스터 팜스 치킨이라며 속이려고 든다. 트럭 운전수와 노부인은 모두 아주 영리해서, 선택된 소수의 닭이 되려면 어떤 자격이 필요한지 질문을 퍼붓는다. 혹시라도 궁금해하는 독자들을 위해 설명을 덧붙이자면, 이 광고는 매우 큰 성공을 거두었고, 포스터 팜스의 소매 유통망 확대와 매출 증대에도 큰 기여를 했다.

그렇면 플래너와 어카운트 담당자는 과연 자신의 책임을 떠넘긴 것일까? 나는 그렇게 생각하지 않는다. 플래너와 어카운트 담당자도 사람이며, 그들이 항상 좋은 아이디어를 떠올린다는 법은 없다.(그렇다면 크리에이티브 팀은 항상 좋은 아이디어를 떠올리는가? 만일 그런 사람들이 있다면, 나는 당장 그들을 우리 회사로 데려올 것이다.)

수많은 카테고리의 많은 제품들이 서로 비슷하기 때문에 광고가 차별화 포인트가 될 수 밖에 없다. 그러한 차별화는 전략과 마찬가지로, 그것을 어떻게 실행하는지 여부에 달려있다. 이는 따라서 어쩌면 플래너나 어카운트 담당자보다 크리에이티브 담당자에게서 해결책이 나올 가능성이 더 높다는 것을 의미한다.

이상적인 세상에서는 모든 브리프가 명확하고 설득력 있는 크리에이티브 방향을 제공할지 모른다. 그렇지만 마지막에 살펴본 예에서처럼 세상이 그렇게 이상적이지 못한 경우도 있다. 만일 모든 분석과 해석, 종합적인 토론을 끝냈지만 해답을 구하지 못했다면, 헛되이 부적절한 차별화를 꾀하기보다는 자신이 아무 실마리도 찾지 못했다는 점을 솔직히 시인하는 것이 더 낫지 않을까?

전혀 브리프가 없는 경우

GS&P의 동료인 해럴드 소거드Harold Sogard는 최근 나에게 내게 여덟 건의 성공적인 광고 캠페인 사례에 대해서 그 브리프 원안을 보여달라고 요청했다. 그 내용들은 대부분 이 책의 어딘가에 나오는 것들로, 수년에 걸쳐 매우 다양한 유형의 광고주들과 함께한 작업들이었다.

그런데 나는 브리프를 네 개밖에 찾을 수 없었다. 내가 나머지 네 개를 찾지 못한 이유는 간단하다. 애초에 브리프 '원안'이 없었기 때문이다. 그것들은 문서 형태로 작성되지도 않았다.

돌이켜보면, 존재하지 않는 브리브 네 개는 모두 GS&P가 광고주와 첫 계약을 하면서 광고를 제작하기 위한 것들이었다. 광고 제작에 들어가기 전 며칠 혹은 몇 주 동안 열정적인 브리핑을 하기는 했지만, 그것은 모두 비공식적인 회의일 뿐이었다. 따라서 아무도 그것을 글로 받아 적지 않았던 것이다. 어떤 때는 광고대행사 내의 모든 팀들이 번갈아가며 단지 하나의 아이디어를 짜내기 위해 머리를 맞대야 했고(세가 비디오 게임의 '새로운 레벨'이나, 혹은 사람들은 우유가 없을 때만 우유를 중요하게 생각한다는 발상은 그렇게 해서 나왔다), 그런 다음 목표 대상 소비자에 대한 기술에서 단어의 뉘앙스에 대해 우려할 겨를도 없이 아이디어의 실행에 들어가기도 했다. 일단 큰 방향과 아이디어에 대해 합의가 이루어지면, 그때부터는 모든 에너지를 광고 제작에 쏟아부는 식이었다.

그 후에 광고주 역시 그 일반적인 방향과 아이디어에 동의를 했고 광고를 내보냈다. 광고주들 중에서 크리에이티브 브리프를 보여달라고 요청한 사람은 아무도 없었다. 결과적으로 그렇게 해서 탄생한 광고 네 편은 모두 뛰어난 것들이었다.

　내가 찾아냈던 브리프들은 모두 광고대행사 내부에서, 혹은 광고대행사와 광고주 간에 오랜 작업 과정을 거쳐 나온 것들이었으며, 브리프의 각 부분에 있는 거의 모든 문장들은 오랜 논의의 대상들이었다. 단어 하나조차 완벽해질 때까지 고치기를 거듭하고, 그런 다음에 발표하는 과정을 거쳤다. 그런데 오랜 논의를 거치면서 하나의 브리프가 최종 승인을 받기까지는 시간이 너무 오래 걸리기 때문에, 이미 그 전에 크리에이티브 팀이 광고 제작에 들어가는 경우도 있다. 크리에이티브 팀이 애초에 브리프의 핵심적인 논의 과정에 관여했기 때문에, 의미를 계속 발전시켜가는 동안에 새로운 내용을 광고에 추가해서 담아내기도 했다. 그리고 브리프의 궁극적인 방향과 아이디어에 충실한 그 광고들은 독창성도 뛰어났고 상업적으로도 성공을 거두었다.

　나는 브리프를 목적에 이르는 수단으로 보기 때문에 후자보다는 전자의 과정을 더 선호하는데, 한편 정식으로 브리프 자체를 아주 심도 있게 논의하는 경우에는, 브리프가 정말로 자기 나름의 생명력을 지니는 것처럼 보인다. 브리프가 일반 대중 잡지에 실리거나, 또는 브리프로 경합을 벌이는 날이 오기 전까지는 적어도 브리프를 세심하게 고안하고 예쁘게 만들려고 하는 것은 시간 낭비라는 것이 나의 생각이다. 글쎄 아주 완전한 낭비는 아니더라도 적어도 다른 기회를 놓칠 가능성이 있다는 것이다.

　결국 좋은 광고를 만들어내지 못한다면 브리프가 아무리 훌륭해도 소용이 없다.

Chapter 6

디모인의 10인의 주부들

미완의 크리에이티브 아이디어에 대한 조사의 위험성

우리는 소비자에게 무엇을 원하는지 묻지 않는다. 그들은 잘 모르기 때문이다.
따라서 우리는 열심히 머리를 굴려 그들에게 무엇이 필요한지,
무엇을 원하는지 알아내고,
우리가 찾은 것이 바로 소비자가 찾던 것이라고 확신한다.

_아키오 모리타, 소니

"테스트하라"

플래너는 시장에 대한 예비 조사를 마쳤다. 크리에이티브 팀과 어카운 트 디렉터는 공장 견학을 했다. 어카운트 담당자 한 사람은 영업사원과 함께 현장에서 일주일을 보냈다. 업계 애널리스트의 조언을 들었다. 광 고주의 마케팅 부서와 수없이 회의를 했다. 광고의 표적 대상을 정하 고, 광고의 목적에 대해서도 합의했으며, 전략도 수립했다. 브리프도 신중하게 작성했다. 마침내 크리에이티브 팀은 "전략적인" 것으로 보 이는 광고 캠페인을 생각해냈고, 광고주와 광고대행사 모두 그 결과에 만족한다. 그 개략적인 광고안을 최고 실력의 감독에게 보내자 그는 자

신이 본 것 중에서 가장 흥미롭고 새로운 소재를 다루는 광고가 될 것이라고 말한다. 만사가 순조로워 보인다.

"아주 좋습니다. 그럼 테스트를 해보죠."라고 광고주는 말한다. 곧이어 또 다른 사람이 말한다. "물론이죠. 광고안에 대한 사람들 반응을 살펴봅시다."

크리에이티브 팀은 실망의 빛을 보인다. 그들은 이미 "반응을 알아보았다"고 생각한다. 광고안을 크리에이티브 디렉터에게 보여줬을 때 그는 정말 오랜 만에 칭찬을 보냈다. 어카운트 팀 역시 이번 광고안에 경의를 표했다. 그리고 지금 또다시 광고주 측의 실무자들로 가득 찬 사무실에서 광고안을 제시해 모든 사람들의 시선을 사로잡았다. 광고주인 사장과 그의 동료들, 돈줄을 쥔 사람들 모두에게 호평을 받았는데, 그런데 왜 또다시 그것을 다른 심사 무대에 올린단 말인가?

대체로 그들은 위 질문에 대해 뻔한 대답을 늘어놓을 것이다. "글쎄요, 우리는 모두 그 아이디어가 마음에 듭니다만, 우리가 어떻게 생각하는지는 중요하지 않습니다. 정말로 중요한 것은 '소비자'의 의견입니다."라고 말이다.

물론 크리에이티브 담당자들은 소비자의 의견을 이미 심할 정도로 충분하게 반영했다는 점을 지적할 것이다. 전략을 짤 때 소비자들의 생각에 바탕을 두었고, 크리에이티브 브리프 역시 소비자로부터 영감을 받아 작성했으며, 그렇게 제작한 광고 역시, 적어도 마케팅 회의실에 모인 사람들 모두가 보기에는, 소비자를 반영한 것이라고 말이다. 그러므로 다시 한번 소비자들의 의견을 듣는다고 해서 무슨 소용이 있느냐는 식의 결론을 낸다.

광고를 제작하는 전 과정에 소비자의 의견을 반영했다는 사실을 알았으면, 이제 결정을 내려야 하지 않는지? 우리는 경험도 많고, 보수도 많이 받는 마케팅, 광고의 전문가가 아닌가? 확실히 우리가 아는 모든 사항들에 근거해서, 소비자에게 공감을 받을 수 있을지 여부를 우리 스스로 판단할 수 있지 않은가?

한 크리에이티브 담당자는 내게 이렇게 물었다. "TV 광고를 기획하고 제작하는 일에 대해 내가 왜 디모인(Des Moines, 미국 아이오와 주의 주도)의 10인의 주부들로부터 잔소리를 들어야 하죠? 그 사람들은 자신이 뭘 원하는지도 모를 텐데요... 도대체 그 사람들이 스크립트나 스토리보드에 대해 뭘 알겠어요?... 우리같은 안목이 있을리가 없죠... 광고가 끝나기 전까지는 그 속에 예술적인 요소가 담긴 줄은 전혀 모를 걸요. 어쩌면 그 후에도 감조차 못 잡을 거라고요." 그는 어이가 없다는 식으로 웃었다.

모든 아트 디렉터와 카피라이터들이 그런 불만을 느끼지는 않겠지만, 적어도 나는 그런 불만을 가진 이들의 심정을 어느 정도는 이해한다. 결국 산모가 임신에서 출산까지 오랜 기간을 거치는 것과 마찬가지로 모든 광고 캠페인은 나름의 잉태 기간을 거치며, 때때로 그 과정이 너무 고통스러울 수도 있다. 그런데 그렇게 힘들게 낳은 아기를 다른 무리의 사람들 앞에 데려가서 아기가 못났다거나 너무 시끄럽다든지, 냄새가 난다고 하는 말을 들어야 한다면 부모의 심정이 어떻겠는가?

내가 만난 광고주들 중에서 새로운 광고 아이디어에 대한 소비자들의 반응 듣기를 극구 거부하는 사람은 한두 명에 불과했다. 스콧 베드버리Scott Bedbury가 그 중 한 명인데, 그는 한때 전 세계 나이키 광고 책임을 맡았던 인물로 현재 스타벅스의 마케팅 담당 수석 부사장이다. 그는 '전통적인 조사' 방식이 창의성을 저해하는 첫 번째 적이라고 여겼다(나는 그 의견에 동의한다). 그는 광고의 첫 단계, 즉 전략을 개발하는 단계에서는 조사가 유용하다는 점을 인정했지만, 그래도 나온 지 얼마 되지 않은 크리에이티브 아이디어를 주위에 노출하거나 시험하는 것은 범죄와 마찬가지라고 생각했다. 1996년 9월 『로스앤젤레스 타임스 매거진』에 실린 스타벅스에 관한 글에서, 그는 나이키 재직 시절 크리에이티브 아이디어를 평가하는 데 썼던 자신만의 조사 방법에 관해 이야기했다. "나이키에서는 어떤 사전 테스트도 하지 않았는데, 광고에 대해서도 마찬가지였습니다. 웨이든(웨이든 앤 컴퍼니Wieden & Company의 설립자 댄 웨이든Dan Wieden)과 저는 우리의 심장이 살아서 뛰는 동안에는 어떤 광고에 대해서도 사전 테스트를 하지 않겠다는 데 뜻을 같이했죠. 사전 테스트를 하려고 하면 둔해집니다. 예측을 하게되죠. 안전한 쪽만 선택하거든요."

나이키 광고는 오랜 동안 둔하거나 예측 가능하거나 안전한 쪽이 아니었다. 그리고 나이키 광고는 세계에서 최고는 아니더라도, 그 중 하나에 속했다. 그런데도 광고주들 중에는 미완의 크리에이티브 아이디어에 대해 조사하는 것이 나쁘다는 주장에 손을 들어주는 사람은 거의 없다. 그들 중 대부분은 '둔해지는 것'을 마다하지 않으며, '안전'한 것이 좋다고 여긴다. 아울러 '예측 가능'한 것을 긍정적으로 받아들인다. TV 광고를 제작하려면 비용이 몇만 달러가 들고, 그것을 방송에 내보내는데도 몇십 만 달러가 들 것이다. 따라서 광고주는 광고에 대한 소비자의 반응이 어떨지 미리 예측하고 싶어한다. 그들은 여러 번의 포커스그룹 인터뷰에 몇천 달러의 비용을 들이거나 광고 문안에 대한 광범위한 양적 테스트를 하는 데 수십만 달러를 쓰는 것 쯤은 큰 부담으로 여기지 않는다. 그러한 조사를 실행한 뒤 결과가 처음 예상한 그대로이고, 모든 것을 처음 그대로 내보내도 좋다는 식으로 나오더라도 개의치 않는다. 한편 조사에서 의외의 결과가 나오거나 몇 가지 문제점을 발견할 경우 그들이 조사에 들인 비용은 그 어떤 비용보다 값진 것이 되어버린다.

미완의 크리에이티브 아이디어를 테스트하려는 것은 실수를 범하지 않으려는 광고주로서는 당연한 바람이라고도 볼 수 있다. 나 역시 수만 달러의 광고 제작비, 혹은 어떤 국가의 1년 정부 예산의 절반이 넘는 매체 예산을 책임져야 한다면, 내가 일을 옳게 하고 있는지 확신을 얻을 만한 최소한의 증거 몇 가지는 찾고 싶어할 것이다.

한편 그러한 행동들은 많은 광고주들이 광고대행사를 완전히 신뢰하지는 않는다는 슬픈 사실을 증명하는 것이기도 하다. 어떤 광고주는 광고 시상식에서 상을 타기를 바라는 광고대행사가 창조적인 작품을 만드는데만 신경을 쓰기 때문에 광고주의 사업에 도움이 되는 방향에서 많이 벗어날지 모른다고 걱정을 한다. 앞서 살펴보았듯이, 창조성은 "좋은 광고를 제작"하는데 중요한 요소지만, 광고 아이디어가 더 독특하고 새로운 것일수록 광고주들 역시 더욱 예민해질 수밖에 없다. 왜냐하면 그 광고의 실패 가능성뿐만 아니라 광고대행사의 숨은 의도까지 의심스러워지기 때문이다. 따라서 미완의 크리에이티브 아이디어에 대해 테스트를 실시하는 것은 그 광고 뿐만 아니라 광고를 만드는 광고회사를 시험하는 것과도 같다. 광고회사가 제안하는 사항이 적절한 것일까? 지나치게 창조적인 면을 쫓는 것은 아닐까? 광고주의 사업 목표를 달성하게 하는 것보다 광고 시상에 더 욕심을 내지는 않을까? 라는 질문을 던지는 식인 것이다. 따라서 광고주는 소비자의 도움을 받아 광고 아이디어를 테스트함으로써 광고가 지나치게 창조적인 면을 쫓는 것을

예방하고, 자신들이 감시할 수 있는 범위 안에 광고대행사를 묶어 놓을
수 있다.

미완의 크리에이티브 아이디어

미완의 크리에이티브 아이디어에 대해 실시하는 조사와 관련해 광고주
와 크리에이티브 담당자들 사이에서 나타나는 관점과 기대의 갈등을
해소하는 방법이 무엇인지 알아보기 전에, 우선 그 '미완의 크리에이
티브 아이디어에 대해 실시하는 조사'가 정확히 어떤 의미인지 짚어보
기로 하자.

여기에서 '미완Rough'이라는 말이 핵심적인 단어다. 미완은 광고를
어떤 형태로 제작할지 아직 알지 못한다는 뜻을 담고 있다. 바꿔 말하
면 TV 광고의 필름이나 프린트물, 광고물에 들어갈 사진, 혹은 라디오
광고를 위한 녹음에 아직 큰 돈을 들이지 않았음을 뜻한다. 이 점을 중
요하게 생각해야 하는 이유는 결국 광고가 조사 결과의 영향을 받기 때
문이다(수만 달러를 들인 TV 광고를 폐기해야 하는 상황에 이르기보다는
덜 극적이고 덜 괴로운 방식으로 영향을 준다는 것이다). 만약 조사 결과
와 상관없이 광고가 아무런 영향을 받지 않는 상황이라면, 즉 이미 모
든 비용을 투입했거나 기한이 지났거나 어떤 사항을 변경하기에 너무
늦었다면, 조사를 실행할 합당한 이유는 없는 셈이다.

여기에서 미완이라고 말하는 것은 광고의 비용, 복잡성, 완성도 등
이 천차만별일 수 있다는 의미이며, 그 속에는 냅킨의 뒷면에 아이디
어를 끄적거린 수준에서부터 비전문가가 보기에는 완성품으로 받아들

254

일지 모를 비디오 화면까지 모두 포함된다. 일반적인 관점에서 볼 때 소비자의 반응을 끌어내기에 가장 유리한 완성도의 문제는 별개로 하더라도, 아이디어를 스크립트, 해설 테이프, 애니매틱스, 포토매틱스, 비디오매틱스 등 어떤 형태로 제시하는 것이 가장 좋은지에 대해 설명하느라 따로 지면을 할애할 생각은 없다. 나는 여러 다양한 상황에서 그런 방식들을 각각 적용해서 모두 성과를 거둘 수 있었다. 결국 어떤 물리적 방법을 써서 소비자에게 자극을 줄지를 결정하려면 광고 아이디어 본래의 성격, 아이디어를 전달하기에 가장 좋은 수단에 대한 크리에이티브 팀의 직감, 조사 방법론의 정확한 특성, 조사를 실행하는 사람의 기호나 실력, 그리고 시간과 비용 측면을 모두 고려해야 한다.

그러한 변수를 모두 고려할 경우, 일반적으로 어느 방식이 가장 적합하다는 식의 규칙을 제시하기는 어렵다. 어떤 물리적 형태를 취하든 중요한 것은 그것이 광고 아이디어를 전달할 수 있어야 한다는 점이다. 때로는 그것이 아이디어 자체를 노출하는 것 외에 사진이나 영화, 혹은 광고의 발췌 장면 등을 활용해 광고의 전반적인 분위기와 시각적 특성, 등장인물의 특징을 묘사하는 것일 수도 있다.

여러 아이디어를 함께 보여줄 경우, 광고주들은 흔히 '일대일 비교'를 하라거나, 또는 각각의 아이디어를 정확히 똑같은 형태로 드러내 보이라고 요구하기 일쑤다. 즉 모든 아이디어에 성공할 수 있는 동등한 기회를 부여하고, 어떤 아이디어가 다른 아이디어보다 특별하게 부각되어서는 안 된다고 주장한다. 나는 그러한 요구를 이해하지만, 그 뜻에 동의하지는 않는다. 왜냐하면 모든 아이디어를 동일한 물리적 형태로 제시할 경우 그것이 어떤 아이디어에는 이익이 되는 한편, 다른 아이디어에는 불리할 수 있기 때문이다. 정말로 공정하게 아이디어들끼리 경쟁하도록 무대를 제공하려면 그 아이디어를 가장 잘 드러낼 수 있는 가장 좋은 물리적 형태를 제각각 취하게 할 필요가 있다. 경우에 따라서는 아이디어마다 제각기 다른 형태를 취하게 할 수도 있다. 어떤 광고 아이디어라도 아름다운 장면, 배우들의 연기 실력, 전문적인 편집, 음향 효과의 도움을 제대로 받지 못하면 그 아이디어가 충분히 전달되기 어려울 것이다. 전달 방식의 물리적인 결함이 광고 아이디어를 전달하는 데 또 다른 장애물이 되어서는 안 된다.

아니라고 말해줄 수 있는 사람

이 장에서 나의 주요 관심사는 누구에게 무엇이 노출되어야 하는가라는 사소한 문제가 아니라, 더 중대한 사안, 즉 미완의 크리에이티브 아이디어에 대한 조사를 왜, 어떻게 실행해야 하는지를 탐구하는 것이다.

무엇보다도 가장 중요한 사항은 미완의 크리에이티브 아이디어를 반드시 '테스트' 해야 한다거나, 단순히 어떤 아이디어의 가부 판단을 내릴 목적으로 조사를 실행하는 것이 아니라는 점이다. 사실상 나는 그러한 조사를 일종의 테스트라고는 생각하지 않는다. 내가 주로 '크리에이티브 개발 조사creative development research' 라 부르는 것의 목적은 광고물(보다 정확히 말해서 광고물의 대략적인 레프리젠테이션)에 절대 가치를 부여하기 위한 것이 아니라, 광고에 대한 반응을 이끌어내고, 왜 사람들이 그런 반응을 보이는지 이해하며, 아이디어를 개선할 수 있는 방법을 탐구하기 위한 것이다.

소비자와 광고 아이디어의 관계를 이해하고, 그 아이디어를 개선할

수 있는 가능성을 탐구하는 데 크리에이티브 개발 조사의 진정한 힘이
존재한다.

1979년 플래닝의 태동에 관한 '캠페인'이라는 글에서 스탠리 폴리
트는 "오직 소비자 반응의 초기 지표를 통해서 광고 내용에 대한 전문
가적인 판단을 내릴 수 있다는 확고한 믿음"이 플래닝의 기초라는 점
을 지적한다. 그것은 그가 중시하는 플래닝 철학의 기초일뿐만 아니라,
또한 광고의 효과성에 대해 진지하게 생각하는 모든 광고대행사의 구
조와 절차의 기초이다. 한편 그것은 광고를 개발하는 전 과정에 소비자
를 참여시킬 때 더 나은 광고가 나올 수 있다는 이 책의 중심 주제의
기초이기도 하다.

단지 브리프가 크리에이티브 팀에게 전달되는 과정까지만 소비자
를 참여시켜서는 안된다. 왜냐하면 아무리 전략이 견고하고, 브리프가
기가 막히고 영감을 주는 것이라고 해도, 그리고 플래너가 크리에이티
브 팀이 광고 아이디어를 만들 때 아무리 깊숙히 관여한다 해도 실수가
일어날 수 있기 때문이다. 그리고 그 실수는 광고대행사 사람들이 의도
적으로 일을 망치려고 했기 때문이 아니라, 대부분의 경우 광고대행사
사람들이 광고 캠페인의 대상인 소비자와 다르게 생각하고 행동하기
때문에 일어난다. 그들은 소비자와 다르게 이해하며, 다른 것에 대해서
웃는다. 그리고 광고 아이디어를 개발하는 과정에서 자신도 모르는 사
이에 서서히 길에서 벗어난다. 물론 그것은 매우 작은 차이일 수 있지
만, 대서양 비행하는 항공기의 경우 단 1도의 오차로 어떤 결과가 나타
날지 생각해보라. 런던에서 뉴욕행 표를 끊은 여행객이 캐나다에 내리
게 된다면 결코 기분좋을 리가 없을 것이다.

몇 주 혹은 몇 달을 고민해서 30초짜리 TV 광고를 내놓는데, 때로

는 잘못된 정보를 포함하거나 중요한 정보를 빼놓을 가능성이 있다. 아이디어 형성에 기초가 되는 사고는 너무 당연하게 느껴져 제외될 수 있는데, 이 경우 일반 청중들은 광고의 의미를 이해하지 못할지 모른다. 반대로, 아이디어를 잘 설명하기 위해 광고에 과다한 정보를 싣는다면 소비자가 흥미를 잃을 수 있다.

4장에서 나는 조사를 설계하고 실행하는 과정에 '열린 사고open mind'를 해야 한다는 점을 지적했다. 크리에이티브 개발 조사에서 열린 사고가 특히 중요한 까닭은 바로 그 지점에서 광고주, 플래너, 크리에이티브 팀, 어카운트 담당자들의 관점이 충돌하기 때문이다. 크리에이티브 부서나 광고주의 회의실에서는 매우 적절해 보이던 광고 캠페인이 소비자 조사를 거치고난 하룻밤 사이에 잘못된 것으로, 그것도 아주 명백한 이유 때문에 그릇되었다는 결과가 나올 수 있다. 크리에이티브 담당자들에게는 너무도 간단해 보였던 아이디어가 다른 사람들에게는 혼란스러울 수도 있다. 광고주를 대상으로 한 첫 프리젠테이션에서 모든 사람들이 좋아한 아이러니한 유머가 막상 소비자들에게는 전혀 먹혀들지 않을 수 있다. 광고주는 브랜드 핵심을 완벽하게 짚어낸 광고 아이디어라고 판단했지만, 소비자는 부적절하거나 지루하다고 느낄지도 모른다. 반대로, 광고주는 아이디어가 지나치게 창의적이고, 복잡하며, 제품을 너무 피상적으로 표현했다고 생각하는데, 소비자들은 그 아이디어에 열광하고 크게 공감할 수도 있다. 가끔은 크리에이티브 개발 조사를 실시해 보면, 광고대행사를 포함한 모든 이들이 지나치게 보수적이고, 오히려 소비자들이 예상 밖으로 앞서 나가는 경우도 있다.

바로 위에서 설명한 반대의 상황들은, 내가 크리에이티브 담당자들에게 조사를 통해서 그들의 작업을 더욱 향상시킬 수 있다고 설득하는 가장 강력한 근거이기도 하다. 즉 조사를 실행하면 더 나은 광고를 만들 수 있다고 말이다.

5장에서 언급한 포스터 팜스 캠페인은 먼저 GS&P의 새로운 사업 설명회 자리에서 광고주에게 프리젠테이션되었다. 광고 프리젠테이션을 한 다음 날, 포스터 팜스의 사장 밥 폭스Bob Fox가 우리 회사를 다시 방문했다. 그는 전날 회의가 즐거웠고, 우리가 뜻이 잘 맞고 그들 사업의 핵심을 잘 이해하고 있는 것 같아서 광고를 맡길 의향이 있다고 했다. 다만 전날 보았던 내용 중에 한 가지 마음에 걸리는 것이 있다고 했다. 그는 술을 마시고 담배를 피우는 불량스러운 닭 인형이 나오는 광고를 포스터 가족들에게 보여주는 것은 바람직하지 않을 것 같다고 말했다. 그래서 만약 함께 일하기로 한다면 우리가 아이디어를 좀더 새롭게 바꿔서 광고를 제작할 수 있는지 물었다.

그의 요구는 정당했다. 돌이켜보면, 그런 닭들의 모습은 영화 「라스베가스를 떠나며」에 출연했던 니콜라스 케이지의 캐릭터와 다를 바 없었다.

우리는 밥 폭스 사장을 만족시킬 새로운 세 가지의 광고 아이디어를 더 내놓았고, 동시에 앞서 만들었던 '닭 인형'을 조금 덜 불량스럽게 발전시켰다. 그래서 탄생한 것이 술과 니코틴에 중독된 것이 아니라 인스턴트 식품에 사죽을 못 쓰는 닭이었다. 인스턴트 식품을 과다하게 섭취한 닭들은 체력이 떨어져 포스터 팜스 치킨이 되지 못한다는 것이 그 주제였다. 밥 폭스 사장은 여전히 만족하지는 못했지만, 그래도 광고를 수정해주고 새로운 광고 아이디어들을 제시해준 것에 고마움을 표시했다.

조사에서, 새로운 세 가지 광고에 대한 반응은 모두 나쁘지 않았는데, 다만 감성적인 면보다 이성적인 면에서 좋은 반응을 얻었다. 사람들은 광고 메시지를 제대로 이해했고, 포스터 팜스에 적합한 광고라고 생각했지만 반응이 열렬하지는 않았다. 한편 "그 불량스런 닭 인형들"이 나오는 광고에 대한 반응은 열광 그 자체였다. 여러 조사 집단에서 모두 같은 반응이 나오자 밥 폭스 사장은 자신의 판단이 틀렸음을 인정했다. 그는 '닭 인형'의 위력을 깨닫고 그 광고를 채택하기로 결정했다. 그가 자신의 의견을 굽히지 않고, "이봐요, 닭 인형 광고는 빼라고 하지 않았소? 내 마음은 바뀌지 않는다니까."라며 고집을 부릴 수도 있었겠지만 그는 그러지 않았던 것이다.

나는 자신의 실수를 당당히 인정하는 자세가 결과적으로 광고주나 광고대행사 모두에게 최선의 길이 될 수 있다고 생각한다. 광고주와 광고대행사가 자신의 생각만이 옳다고 우기기보다는 올바른 해결책을 찾기 위해 위험을 조금 더 감수할 수 있을 때 결국 더 효과적인 광고 캠페인을 만들 가능성도 커진다.

나의 파트너인 콜린 프로버트Colin Probert는 가망 광고주들에게 광고대행사에서 플래너의 가장 중요한 역할이 미완의 크리에이티브 아이디어를 가지고 가서 소비자의 의견을 듣고, 그들의 피드백을 바탕으로 여타 조언을 내놓는 것이라고 말해서 종종 나를 짜증나게 한다. 그가 말하는 크리에이티브 개발 조사의 중요성에 동의하지 않아서가 아니라, 그의 설명에는 결국 플래너가 아무런 중요한 역할을 하지 않는다는 뜻이 담겨 있기 때문이다. 나는 광고의 초기 단계에서 예비 조사, 전략 개발, 크리에이티브 브리핑 등 플래너가 통상적으로 수행하는 업무가 광고 캠페인의 결과물에 지대한 영향을 미친다고 믿는다. 한편, 최종적인 분석에서는 그의 말이 절대적으로 옳은데, 만일 크리에이티브 팀이 자기 의도대로 일을 추진하고, 또한 최종 소비자와 무관한 방식으로 아이디어를 실행해버리면 플래너가 행한 모든 이전 작업은 무용지물이 되어버리기 때문이다.

나는 1989년 여름에 제프 굿바이를 처음 만났는데, 당시 우리는 굿바이, 벌린 앤 실버스타인GB&S 같은 광고대행사에 플래닝 업무를 도입하면 어떤 결과가 나올지에 대해 많은 이야기를 나누었다. 내가 보기에는 당시 그의 회사는 별 문제가 없었다. 그 회사의 광고들은 아주 독특하고 스마트했다. 그 회사는 성공적으로 사업을 하고 있었다. 당시에는 몰랐지만 1989년 『애드버타이징 에이지Advertising Age』는 GB&S를 '올해의 광고대행사'로 선정하기도 했다. 그런데도 굿바이는 플래닝이 자신과 실버스타인, 그리고 크리에이티브 부서가 더 훌륭한 광고를 만들도록 도울 수 있다고 생각했다. 플래닝이 어떻게 도움이 되는가? 그것은 혼자서 생각해내는 것보다 더 많은 정보와 통찰력을 제공할 수 있기 때문이다. 무엇보다 중요한 점은 그들이 선을 넘었거나, 처음 의도했던 내용과는 다른 광고, 잘 이해가 되지 않는 광고, 또는 회사 외부의 실제 소비자들보다 내부 사람들에게 더 매력적으로 보이는 광고를 만들었을 때 플래닝은 그 사실을 지적해줄 수 있다.

그는 "나에게 '아니오'라고 말해줄 수 있는 사람이 필요합니다."라고 말했다. 그리고 효과성에 대해 진지한 관심을 가진 광고대행사라면 자신의 철학과 업무 방식에 대한 통제 메카니즘을 갖추는 것이 중요하다는 설명을 덧붙였다. 또 그러한 통제 메카니즘이 외부로부터 부과되기보다는 우리들에 의해 주도된다면 더 효과적일 것이라고 믿었다. 왜냐하면 조사의 실행을 위해서뿐만 아니라, 조사 결과의 이행과 작업의 조정을 위해 우리 자신의 시스템을 발전시킬 수 있기 때문이다.

굿바이는 플래너에게는 거부권이 있어야 한다고 말했는데, 그래야만 어떤 아이디어가 효과적이지 않을 때 그것을 멈추게 할 수 있다는 것이었다. 크리에이티브 디렉터인 그로서는 그것이 항상 기분좋은 일은 아니겠지만, 적어도 장기적인 관점에서 그렇게 하는 것이 광고회사에 득이 된다는 것이었다. 그의 생각은 아주 간단했다. 광고 효과가 크면 광고대행사는 광고주와 오랫동안 서로 유익한 관계를 유지할 수 있다. 그렇지 못할 경우 광고주는 그 광고대행사와 관계를 끊어버린다. 따라서 광고대행사는 당연히 광고의 질을 높이고 그 효과를 증대할 수 있는 방향을 택해야 한다는 것이다.

1992년 7월, 『애드위크』는 '새로운 비즈니스의 기사단'이라는 제목의 어카운트 플래닝 특집 기사를 내보내면서, 그 해 초 세가 비디오게임을 위해 우리 회사가 수행한 광고 프리젠테이션에 관한 이야기를 실었다. 기사의 첫 단락은 다음과 같다.

> GB&S 사가 세가에 프리젠테이션을 하기 약 2주 전, GB&S의 어카운트 플래닝 디렉터인 존 스틸은 회사 간부들을 미팅에 소집해 "이 광고로는 프리젠테이션을 할 수 없습니다."라고 단호하게 밀렸다. GB&S 사의 플래너들은 아이들의 비디오 게임에 대한 열정을 이해하기 위해 몇 주 동안 100여 명의 청소년들을 방문해 함께 생활했었다. 거기서 얻은 통찰을 가지고, 이 회사의 굿바이는 몇 개의 광고를 대략적으로 제작했는데, GB&S 사의 조사에 참여한 아이들은 한결 같이 그 광고가 너무 재미 없다고 말했다. 굿바이는 서둘

러 새로운 광고를 제작했고, 6,500만 달러의 광고주를 얻을
수 있었다.

기사는 그 이야기의 극적인 시작 부분이었다. 새로운 광고 프리젠
테이션을 코 앞에 둔 상황에서 주요 간부들을 상대로 플래너의 거부권
이 행사되었다는 것이다. 기사는 제법 흥미로웠지만, 실제 상황을 정확
히 옮긴 것은 아니다.

플래너들이 몇 주 동안 청소년들의 생활을 직접 체험한 것은 사실
이었다. 그리고 수많은 인터뷰를 통해 얻어낸 사실은, 비디오 게임이
아이들과 청소년들의 배타적 영역이라는 점이었다. 비디오 게임 안에
서만은 아이들이 그 어떤 압박감이나 스트레스, 어른들의 영향에서 벗
어날 수 있으며, 그 때만큼은 자기 자신의 운명을 통제할 수 있었다.
아이들에게는 자신들만의 언어와 코드와 위계가 있었지만, 어른들은
그 어느 것도 이해하지 못했다. 아이들이 게임의 수많은 레벨을 통과하
면서 여러 시간을 보내는 반면, 어른들은 수 분만에 '게임 종료'라는
메시지를 보아야 했다. 비디오 게임은 아이들이 최고가 될 수 있는 유
일한 공간이었다.

우리는 바로 그 사실에 흥미를 느꼈고, 그 아이디어를 토대로 TV
광고를 만들기 시작했다. 첫 번째 안은 다음과 같은 내용이었다. 빠르
게 달리는 자동차들이 화면을 지나가고, "그들은 운전을 할 수 있습니
다"라는 건조한 음성이 나온다(화면 한쪽에는 '속도…베이브…할 수 있
다…바이트…'와 같은 이상한 단어들이 나타난다). "케이크 위에 올릴
아이스크림의 양을 선택할 수 있습니다. 언제 잠잘지를 결정할 수 있습
니다"라는 음성이 나온다('할 수 있다…한밤중…새벽…할 수 있다…섹

스……' 같은 더 많은 단어들이 나타난다.). 이때 옷을 겨우 걸쳐만 입은 여성의 춤추는 실루엣이 창 블라인드 뒤에서 비치고, "성인 영화를 보러 갈 수도 있습니다……"라는 음성이 나온다. 이어서 갑자기 큰 음악 소리가 들리고 소닉 더 헤지호그의 게임 장면이 나오면서, "하지만 어른들이 세가의 소닉 2까지 오려면 엄청 고생할 걸요. 새로운 레벨에 오신 것을 환영합니다"라는 목소리와 함께 광고가 끝난다.

두 번째 안의 내용은 다음과 같다. 소닉 2 게임을 하던 미치Mitch라는 소년이 이제 막 레벨 7에 도달하는 순간이다. 이때 고리타분해 보이는 소년의 아빠가 게임은 그만하고 공부를 하라고 충고한다. 그러지 않으면 아빠 같은 사람이 되지 못할 거라는 말도 덧붙인다. 이러한 충고를 듣자, 소년은 레벨 8까지 도달하려는 새로운 야망을 갖게 된다. 세가. 새로운 레벨에 오신 것을 환영합니다.

우리는 위의 2가지 안을 제작한 후 상당히 만족했다. 광고를 본 광고주 측 사람들도 광고가 제대로 만들어졌다고 생각했다. 이후 우리는 낙관적으로 소비자 조사에 착수했다.

먼저 청소년 게이머들과의 포커스그룹 인터뷰가 실시되었다. 조사 첫날 저녁, 플래너인 이리나 히라쿠지Irina Hierakuji가 포커스그룹 인터뷰의 진행을 맡았다. 관찰실에는 나와 제프 굿바이, 리치 실버스타인, 그리고 광고를 제작한 크리에이티브 팀원들이 함께 자리했다. 그런데 광고를 본 참석자들 중 한 명의 입에서 나온 첫 말은 그다지 좋은 것이 아니었다.

"시시하군."(아이들이 항상 자신의 생각을 솔직하게 표현한다다는 사실이 정말 놀랍지 않은가?)

곧이어 그와 비슷한 비판이 줄을 이었고, 그 후 다른 그룹의 조사에서도 같은 비판이 반복되었다. 아이들은 광고가 너무 느리고, 지루하며, 인상적인 게임 화면도 없을 뿐더러 도무지 새로운 점이 없다고 말했다.

"당연히 부모님은 게임을 하실 줄 모르죠. 좀 더 새로운 내용은 없나요?"

"우리 부모님을 모욕하지 말아요."

"저 장면은 소닉 2가 아니라 소닉 1의 레벨 2에 나오는 거예요. 하나도 어렵지 않은 레벨이에요."

그리고 나서 가장 낮은 수준의 비판이 나왔다.

"어른이 만든 광고처럼 보여요."

"저 광고를 만든 사람은 아마도 어려운 레벨까지 가보지도 못했을걸!"

인터뷰 관찰실의 거울 앞에 서 있던 굿바이와 실버스타인은 광고를 처음부터 새로 제작하는 것이 낫겠다는 결론을 어느새 내려둔 뒤였다. 다른 관찰자들도 다르지 않았다.

그제서야 그들은 내 의견을 물었다. 나는 굳이 내 의견을 들을 필요도 없이 무엇이 옳은지 이미 결론을 내렸을 것으로 본다고 말했다.

그것이 현장에서 일어난 일이다. 험악한 상황은 없었고, 따로 거부권을 행사하지도 않았다. 플래너는 크리에이티브 팀이 자신들 제작한 광고에 대한 반응을 보고 들을 수 있도록 환경을 제공했을 뿐이다. 크리에이티브 담당들은 자신이 무엇을 놓쳤는지 스스로 깨닫고, 다른 방식을 시도하기로 마음먹었다.

그래서 그들은 다시 시작했고 새로운 광고를 생각해냈는데, 그것은 내가 스토리보드 형태로 제시하기 어려운 것들이었다. 왜냐하면 그들

은 앞서 만든 광고가 너무 느리다고 아이들이 생각했다면 더 빠른 속도
의 광고를 만들기로 결정했기 때문이다. 게임에 대한 정보나 장면이 부
족하다는 의견이 있었다면 더 많은 내용을 쑤셔넣을 것이다. 어떤 경우
에는 60초 분량의 내용을 15초 안에 몰아넣었다. 어떤 광고에는 70개
이상의 컷을 집어넣었다. 그 광고는 '아이들의 세계' 라는 아이디어에
대해서는 언급하지 않았지만, 그것의 광적인 속도와 양, 언어는 마치
그 게임이 어른을 배척하는 것과 마찬가지로 어른을 배척하고 있었다.
각각의 광고는 다음 레벨의 속도와 소음, 그리고 많은 경우 나쁜 취향
을 나타냈다. 이어서 새 광고에 대한 조사를 실시했을 때 우리들과 세
가 광고주 측, 그러니까 어른들은 그 광고가 마음에 들지 않았고 지나
치게 공격적이라고 여겼지만 아이들은 매우 좋아했다.

　　결국 우리는 세가와 광고 계약을 맺었고, 그 혼돈스런 광고와 새로
운 소닉 게임에 힘입어 세가는 최대 경쟁업체인 닌텐도를 제치고 팽창
하는 비디오 게임 시장에서 1위를 차지할 수 있었다.

집단 조사와 일대일 조사

앞서 설명했듯이 크리에이티브 개발 조사를 광고 아이디어에 대한 소
비자의 반응을 이끌어내고 그 반응을 이해하며 미래의 시청자 혹은 독
자의 반응을 향상시키는 방법을 찾는 수단으로 정의할 수 있다면, 나는
본질적으로 정성적이고 거의 항상 포커스그룹 형태인 조사만이 그 과
제에 적합하다고 생각한다.

　　광고업에 종사하는 많은 사람들은 제각각 선호가 다르다. 개중에

는 포커스그룹을 "신뢰하기 어렵다"고 단언하는 이들도 있다. 조사 참석자들이 그가 속한 집단의 개인, 혹은 전체의 의견에 쉽게 휩쓸릴 가능성이 있다는 것이 그 이유다. 참석자 중 한 사람이 어떤 것이 좋다고 말하면 나머지도 사람들도 그것을 좋아하게 될 가능성이 크다(혹은 그 반대일 수도 있다)고 말하는 것은 일반론적인 비판에 불과하다. 물론 조사 진행자가 어리석으면 포커스그룹 인터뷰는 그러한 비판을 받아야 할지 모른다. 그러나 내가 포커스그룹 조사 방식을 선호한다고 말할 때는 기본적으로 진행자의 능력이 뛰어나다는 가정을 한 상태이다(훌륭한 진행자에 관한 문제는 이 장의 후반에서 자세히 다룰 것이다).

심지어 크리에이티브 개발 조사에 정량조사보다 정성조사를 하는 것이 더 낫다는 점을 인정하는 사람들 중에도 포커스그룹 인터뷰가 나은지, 아니면 일대일 심층 인터뷰가 나은지에 대해서는 의견이 분분하다.

| 포커스그룹 인터뷰와 일대일 인터뷰 |

조사 참석자가 다른 사람의 의견에 영향을 받지 않는다는 점 때문에 많은 사람들은 포커스그룹 인터뷰보다는 일대일 심층 인터뷰를 통해 훨씬 더 '순수한' 반응을 얻을 수 있다고 주장한다. 일대일 심층 인터뷰는 회의실에 진행자와 조사 참석자 한 사람만 있는 것을 뜻한다. 물론 인터뷰실의 거울 뒤편에는 많은 참관자들이 있을 수 있다.

만일 내가 사람들의 성적인 습관, 불법 약물 복용, 또는 범죄 행위에 관한 조사를 한다면, 필요한 정보를 얻기 위해 조사 상대의 사생활을 어느 정도 보호해주어야 하므로(물론 비디오 녹화, 녹음기, 나 이외의 참관자가 있겠지만) 일대일 인터뷰 방식을 선택할 것이다. 특히 기업

경영자들을 여럿 만나며 조사를 해야 한다면, 적어도 그들끼리의 자존심 대결을 피하게 하고, 더구나 한번에 CEO 열 사람을 한 공간에 모으기가 현실적으로 어렵다는 이유 때문에라도 한 번에 한 사람씩 만나는 방식을 택하는 것이 옳을 것이다. 한편 크리에이티브 개발 조사를 통해 내가 얻으려는 것이 단지 광고 아이디어에 대한 사람들의 의견뿐이라면 일대일 인터뷰 방식이 유용해 보일 수 있다.

그렇지만 나는 사람들의 의견을 이해하고, 광고로 그들의 의견을 바꿀 수 있는 길을 찾는다는 점에서, 한 번에 한 사람씩 만나기보다는 여러 사람의 의견을 동시에 들을 수 있는 방식을 더 선호한다. 물론 일대일 인터뷰를 통해서도 아이디어에 대한 충실한 이해와 개선 방향을 찾아낼 수 있을 것이다. 그렇지만 포커스그룹을 활용할 경우 조사자들 대부분이 기피하는 집단의 역동성 덕분에 오히려 조사 참석자들의 의견을 더 빠르고 심도 있게 파악할 수도 있다.

크리에이티브 개발 조사에 관해 많은 사람들이 착각하는 점이 하나 있는데, 특히 '조사를 실험의 일종으로 여기는' 사람들은 질문과 분석을 실행할 때 객관성만이 유일하게 적합한 수단이라고 주장한다는 사실이다. 객관성은 그 광고가 얼마나 본래의 목적을 충족하고, 문제 영역을 파악하고 있는지 진단하는 데 중요한 역할을 할 수 있지만, 그것만으로는 감춰진 진실을 밝히거나 문제의 해결책을 제시하기 어렵다. 내가 이 책 전체에서 객관성에 대해 지적하고 있는 요점은, 플래너 혹은 조사를 실행하는 사람이 논리적이고 분석적인 조사자인 동시에 수평적이고, 직관적이며 창조적인 사고자가 되어야 하는 크리에이티브 개발 조사의 영역에서 가장 중요해진다. 크리에이티브 개발 조사는 진행자와 조사 환경의 측면에서 상당한 주관성과 융통성을 요구하는데,

268

그래야만 창조적인 사고와 표현을 끌어낼 수 있다.

그 동안 내가 포커스그룹 인터뷰에서 얻은 최고의 아이디어들은 대부분 다른 사람들의 의견이 나오지 않았더라면 자신의 의견을 말하지 않았을 사람들이 내놓은 것들이었다. 포커스그룹 인터뷰에서 진행자의 간섭을 최소화한 채 자유로운 분위기의 토론을 유도할 경우, 참석자들은 다른 사람들의 의견을 토대로 자신의 의견을 개진하고 점점 더 창의적이 된다. 이 장의 후반부에 다룰 체비스 맥시칸 레스토랑의 "프레시 TV" 광고와 7장에 나오는 "got milk?" 광고는 모두 크리에이티브 개발 조사에서 참석자들의 자유롭고 자발적인 대화를 통해 큰 도움을 얻은 경우이다. 일대일 인터뷰를 통해서도 포커스그룹 인터뷰때와 같은 대답과 아이디어가 나올 수는 있겠지만, 그럴 가능성은 사실상 매우 낮다.

숙련된 진행자가 회의를 진행할 경우, 포커스그룹 조사는 일대일 인터뷰보다 훨씬 더 쉽게 활력을 창출하고 유지할 수 있다는 장점이 있다. 모임의 활력이 높으면 참석자들은 더 편안하게 자신의 의견을 표현할 수 있다. 그리고 그것은 참석자들이 우연이든, 의도적이든 간에 창의적이 되게 하는 데 특히 중요하다. 나는 많은 심층 인터뷰를 진행했으며, 참관한 경우는 더 많은데, 대체로 그러한 경험은 페인트가 마르는 것을 지켜보는 것만큼이나 흥미로운 것이었다. 이러한 점들은 참석자의 자연스런 거주지에서 행해지는 인터뷰에 대해서는 해당되지 않는다. 하지만 내 경험 상, 대부분의 광고주들은 전략적 단계에는 그러한 인류학적 조사를 기꺼이 수용하지만, 크리에이티브 개발 단계에서는 늘 광고대행사의 활동을 지켜보고 싶어했고, 따라서 별도의 시설을 갖춘 곳에서 인터뷰가 진행되기를 원했다.

끝으로 일대일 인터뷰가 사실상 악몽과 같을 수도 있다는 점을 지적하고 싶다. 조사에 참석할 대상이 60명일 경우 이들을 포커스그룹 여섯으로 나누면 대략 2, 3일 안에 조사를 끝낼 수 있지만, 한 번에 한 사람씩 만나서 면담을 할 경우 몇 주가 걸릴지도 모른다. 따라서 절대적인 의미에서 보더라도 포커스그룹 인터뷰가 일대일 인터뷰보다 질적인 면과 양적인 면에서 생산적일 수 있다. 상대적인 면에서, 비용과 시간을 추가로 고려해도 결과는 마찬가지다.

| 왜 정량조사는 안되는가? |

독자들 중에는 미완의 크리에이티브 아이디어에 대한 소비자의 반응을 이끌어내고 이해하며, 미래의 독자와 시청자들의 반응을 향상시키는 방법을 찾는데 왜 내가 굳이 정성조사만 유용하다고 말하는지에 대해 의문을 제기할지 모른다. 앞서 나는 크리에이티브 개발 조사의 수단으로 포커스그룹 인터뷰를 선호하는 이유, 즉 그것들이 제공하는 유연성, 활력, 창의성의 기회에 대해 언급했다. 한편 그러나 나는 이 단계에서 행해질 수도 있는, 일반적으로 카피 테스트copy-testing(광고안 시험)으로 알려져 있는 정량조사라는 주제에 대해 전혀 언급하지 않는다면 내 역할을 소홀히 하는 셈이 될 것이다. 이 책에서 다루는 다른 몇 가지 주제들과 마찬가지로 카피 테스트 역시 꽤 큰 주제이고, 나보다 더 적합한 저자들이 그 주제를 심도 있게 다룬 책과 논문들은 이미 많이 나와있다(그 중 일부는 이 책의 참고도서 목록에도 나온다). 따라서 여기에서는 다만 몇 가지 중요한 요점만 짚어보고자 한다.

정량적인 카피 테스트의 활용은 광고주와 광고대행사 사이에 무수한 논쟁과 불화를 일으키는 원인이기도 하다. 많은 광고주들은 자신들의 의사결정에서 인간적인 실수의 가능성을 줄이고 위험관리와 효율성을 위해 광고의 카피 테스트를 해야 한다고 고집한다. 한편 광고대행사는 그러한 테스트가 독창적인 광고를 제작하려는 자신들의 목적에 도움이 되지 않는다고 생각한다.

지금까지 내가 주로 정성조사만 강조했기 때문에 이번에도 내가 정량조사인 카피 테스트는 비생산적이라는 쪽에 손을 들어줄 것으로 예상할지 모른다. 하지만 그렇지 않다. 크리에이티브 개발 단계에서 정성조사와 정량조사는 각기 다른 이유로, 각기 다른 때에 유용하게 쓸 수 있으며, 그 각각을 서로 대안으로 비교하는 것은 그다지 건설적이지 않다는 것이 나의 생각이다. 크리에이티브 개발 조사는 소비자의 반응을 이해하고 향상시키는 것이 목적이므로 정성조사가 가장 유리하고, 크리에이티브를 평가할 때에는 의사결정권자에게 확신을 주는 분명한 사실들과 수치를 제공해야 한다는 점에서 카피 테스트 같은 정량조사가 더 적합하다.

카피 테스트에는 여러 기법들이 있는데, 대체로 두 가지 유형 중 하나에 해당된다. 그 중 하나는 광고의 실행, 혹은 캠페인이 사람의 태도를 변화시키고 '설득하는' 능력을 갖고 있는지를 측정한다. 이는 광고에 노출된 응답자의 제품에 대한 태도나 구매 성향의 변화를 가지고 이후 시장에서의 행동을 예측할 수 있다는 가정에 기초를 두고 있다. 가장 흔한 테스트는 조사 참석자들에게 적당한 구실을 붙여서 실험 제품이 포함된 여러 제품들 중에서 하나를 선택하도록 요구하는 것이다. 그런 다음 TV 프로그램을 보여주면서(조사 참석자들은 그 프로그램을 보는 것이 조사의 목적이라고 생각한다), 그 중간에 테스트 광고가 포함된 여러 편의 광고를 내보낸다. 시청이 모두 끝난 다음 다시 제품을 선택하게 해서, 광고를 보기 전과 본 후의 선택이 어떻게 다른지 확인함으로써 광고의 설득력을 평가하는 방식이다.

많은 광고주들이 그 설득력 점수에 따라 웃고 우는 것을 목격할 수 있는데, 따라서 그들이 그러한 평가를 결정적인 것으로 여긴다는 점을 쉽게 알 수 있다. 안됐지만 최근에는 밀워드 브라운Millward Brown 리서치 회사의 고든 브라운Gordon Brown의 의견에 동조하는 사람들이 갈수록 늘고 있다. 그는 브랜드에 대한 사람들의 태도 변화가 전형적인 테스트 실시 시간보다 훨씬 오랜 기간에 걸쳐서 일어나는 것이며, 실생활에서는 제품 자체보다 다른 간접적인 요인들이 소비자에게 영향을 줄 가능성이 크기 때문에 그러한 테스트만으로 모든 것을 예측할 수는 없다고 말한다. 만일 브라운과 그를 지지하는 사람들의 의견이 옳다면(나 역시 그들의 의견에 동의한다), 그러한 광고 설득력 테스트는 근본적으로 오류가 있는 셈이며, 그 결과 또한 치명적인 과오를 낳을 가능성이 있다.

카피 테스트의 또 다른 유형은 다차원적이다. 그것은 설득과는 관련성이 적은 대신에 혼란스러운 상황에서 기억되고(브랜드와 연결되고), 표적 대상에게 메시지를 전달하고, 이해되며, 조사 참석자들이 좋아하거나 싫어하게 하는 광고의 능력에 초점을 맞춘다. 이 방식은 전형적으로 광고의 메시지와 실행 방식에 대한 상세한 태도를 탐구하는 진단식 질문들을 포함한다. 이러한 형태의 카피 테스트는 그것이 제기하는 질문의 특성 상, 성공과 실패가 명백히 판가름나는 설득력 테스트보다는 해석의 여지가 넓은 편이다. 하지만 그것의 다양한 측정법들의 절대적, 상대적 중요성에 대해서는 많은 논란이 존재한다. 몇몇 기업이나 학자들은 회상 측정recall measure을 더 중요하게 여기며, 혹은 브랜드 연계성brand linkage에 더 비중을 두는 사람도 있다. 최근에 나온 많은 연구 결과들은 시청자가 그 광고를 좋아하는 정도가 시장에서 그 제품이 성공을 예측하는 능력의 측면에서 다른 모든 측정법들을 능가한다고 결론짓는다. 분명히 쉬운 답은 없지만, 적어도 더 많은 사람들이 특정 광고를 알아보고 기억하고, 그 메시지를 특정 브랜드와 연결시키고 그들이 보고 들은 것을 좋아하면 할수록 그 광고가 효력을 발휘한다는 점은 분명하다. 한편 내가 여전히 궁금하게 여기는 문제는, 테스트의 환경 및 방법들이 광고 아이디어에 대해 사람들이 실제로 느끼는 방식을 진정으로 정확하게 .대변하는지 여부이다. 내가 제시해온 것처럼 그 진실을 발견하는 것이 소비자와의 친밀한 관계 구축에 달려있다면, 대부분의 카피 테스트 방법들은 실제로 실행되어야 하는 것과 정확히 반대되는 것이다.

런던 BMP DDB의 플래닝 디렉터Executive planning Director인 폴 펠드윅 Paul Feldwick은 유나이티드 킹덤 어카운트 플래닝 그룹United Kingdom's Accounting Planning Group에 제출한 매우 훌륭하고 간결한 논문, 「카피 테스트의 정글 여행을 위한 간단한 지침서」에서 다음과 같이 서술했다.

> 이러한 유형의 조사를 노련하고 세심한 광고 조사자가 제대로만 실시한다면 매우 유용할 수 있다. 그러나 타당성이 없는 광고 모델에 바탕을 둔 조잡한 질문과 부실한 코딩, 불합리한 해석은 실제 소비자 반응을 잘못 대변할 수 있기 때문에 광고대행사로서는 의욕을 꺾는 절망적인 경험이 될 수 있다.

GS&P의 주요 광고주들은 거의 모두 광고를 내보내기 전에 카피 테스트를 실시한다. 이들 중에는 다면적이고 진단적인 접근을 선호하는 광고주들이 있는가 하면, 설득력 테스트에 특정한 편향을 보이는 광고주들도 있다. 나는 종종 내가 그들의 처지라면 내 돈을 들여서 카피 테스트를 할 것인지 자문해보는데, 결론은 항상 '아니오' 다. 왜냐하면 정성적 방법을 사용해 예측할 수 없는 것 중에 카피 테스트로 얻을 수 있는 것을 아직 모르기 때문이다. 물론 내 돈이 드는 것도 아니고, 그럴 일도 없을 것이다. 그리고 내가 카피 테스트를 열렬히 권하지는 않지만 그렇다고 그러한 테스트를 겁내거나 그것이 좋은 광고를 만드는 데 방해가 된다고 생각하지는 않는다. 나의 경험으로는 특이한 광고 아이디어들은 중요한 테스트에서 대부분 좋은 점수를 받는다. 따라서 나는 카피 테스트가 굳이 도움이 되지는 않지만, 그렇다고 해서 심하게 방해가 되지도 않는 양성적인 요소라고 생각한다.

내가 광고업계의 다른 사람들보다 카피 테스트에 대해 우호적인 까닭은 나와 함께 일한 광고주들이 전부 질적인 전략적 크리에이티브 개발 작업을 먼저 하고 그에 덧붙여 카피 테스트를 실시했으며, 정량조사 대상이 일반적으로 상당히 진전된 미완의 필름Rough-cut이거나 완성된 광고물이었기 때문이다. 그래서 초기 조사는 광고 성격을 결정하고 구체화했는데, 이는 이해도나 적실성, 호소력에 있어 문제 가능성을 크게 줄여주었다. 만일 모든 사람들이 초기부터 자신의 일을 제대로 수행하기만 한다면 카피 테스트에서 퇴짜 맞을 가능성은 거의 없을 것이다.

크리에이티브 개발 조사는
누가 해야 할까?

실제로 누가 크리에이티브 개발 조사를 실행해야 하는지의 문제는 또 한번 광고대행사와 광고주 사이에 심각한 논쟁을 불러온다. 그리고 그 논쟁의 핵심에는 객관성의 문제가 있다. 조사를 단순히 광고의 통과 여부를 결정하는 수단으로 보는 광고주들은 객관적이고 독립된 조사 기관에서 조사를 수행하기를 바랄 것이다. 광고주들은 그들이 광고 개발을 둘러싼 어떤 감정적인 문제로부터도 초연할 것이며, 독립 기관으로서 그들의 의견은 광고대행사 플래너의 의견보다 회사의 고위 간부들에게 더 큰 영향을 줄 수 있다고 말한다.

나는 플래너에게 기꺼이 예비 조사를 맡기는 많은 광고주들이 "크리에이티브 개발 조사는 전혀 다르다"고 주장하는 것을 자주 보았다. 나는 그 주장에 동의할 수 없다. 3장에서 언급한 바 있는, 소비자들이 그들의 진정한 느낌을 드러내도록 하는 것을 가로막는 장벽은 전략적 조사에서만큼이나 크리에이티브 개발 조사에서도 문제가 될 수 있다. 4장에서 기술한, 소비자의 마음을 열고, 아이디어를 유발해내는 방법은 조사의 목적이 전략적 가설을 테스트하는 것이든, 크리에이티브 아이디어에 대한 반응을 수집하는 것이든, 동등한 효과를 가지고 적용될 수 있다.

크리에이티브 개발 조사에 차이점이 있다면 그것은 단지 다른 어떤 형태의 광고 조사보다도 진행자가 광고주의 사업에 정통해야 할뿐만 아니라, 크리에이티브 과정에 대한 이해와 예민한 감각을 가지고 있어야 한다는 점 뿐이다. 광고대행사의 플래너가 모든 크리에이티브 개발 조사를 맡아야 하는 것은 바로 그 때문이다.

대부분의 플래너들은 광고대행사라는 환경 내에서 그들의 기술을 개발해왔다. 즉 그들은 조사자의 능력뿐만 아니라 크리에이티브 기술에 대한 실력도 키운다. 크리에이티브한 사고 방식, 크리에이티브한 해석 방식, 그리고 자신의 작업 결과를 광고 아이디어를 개발하는 과정에 크리에이티브하게 적용하는 방식을 배우는 것이 그들의 일이다. 한편 독립된 조사 기관에서 일하는 사람들 대부분은 조사 기관에서 조사 기술을 개발하였다. 기술적인 면에서 그들이 플래너보다 뛰어날 수도 있지만 그들은 수많은 광고 아이디어들의 복잡성을 전적으로 이해할 수 있는 크리에이티브 훈련을 받지 않았고 또 무엇보다도 그들은 문제에 대한 흥미 있는 해결책을 제안할 수 있는 크리에이티브 기술을 갖고 있지 않다.

유나이티드 킹덤 어카운트 플래닝 그룹에서 펴낸 『광고 기획법』이라는 책에서 레슬리 버터필드Leslie Butterfield는 크리에이티브 개발 조사와 관련해 플래너가 광고대행사 내에서 소비자를 대변하는 역할을 맡아야 한다는 점을 강조한다.

> 따라서 그들의 업무에서 가장 중요한 것은 소비자에 대한 이해다. 소비자를 이해하기 위한 가장 좋은 방법은 그들에게 직접 말을 거는 것이다. 플래너가 소비자와 대화하는 데 능숙하지 못하다면 그는 유능한 플래너가 아니다. 그러므로 좋은 플래너라면 훌륭한 정성조사 진행자여야 한다. 플래너는 항상 브랜드와 그 브랜드의 광고에 가장 가까이 있는 사람이며, 광고가 효과를 가장 잘 발휘할 수 있는 전후 맥락을

누구보다도 잘 이해하고 있다. 따라서 정의상, 광고대행사 외부에 있는 어느 누구도 플래너만큼 크리에이티브 개발 조사를 잘 수행할 수 없는데 이는 어떤 브리프도 해당 브랜드에 관한 플래너의 축적된 지식을 대체할 수 없기 때문이다.

나는 레슬리의 논리가 완벽하다고 생각하며 그의 의견에 전적으로 동의한다.

객관성과 초연함의 잣대는 크리에이티브 평가의 영역에서는 유용할지 모르나 크리에이티브 개발 조사에서는 그럴 수 없다. 레슬리는 "정성조사는 소비자들 속으로 들어가서 아이디어를 얻는 것이지 거리를 두고 관찰하는 것이 아니다."라는 점도 지적했다. 나 역시 진행자가 인터뷰에 거리를 두는 것이 조사의 효율성을 가로막는 경우를 종종 보았다. 자신의 업무를 올바로 수행하는 플래너는 크리에이티브 개발 과정의 중심에 있으며, 크리에이티브 팀 자체뿐만 아니라 그것의 핵심 아이디어, 실행의 미묘한 차이, 바람직한 반응을 이해한다. 따라서 그들은 다른 어느 누구보다도 취약점을 잘 알고, 변화와 개선을 제안할 수 있는 위치에 있다.

이는 우리를 광고대행사 안과 밖 모두에서 조사 결과를 이행하는 영역으로 이끈다. 외부의 독립된 기관이 맡는다고 해서 자동적으로 영향을 미칠 수 있는 것은 아니다. 지식이 많고 그 지식을 정말 중요하게 보이도록 만드는 커뮤니케이션 기술을 갖춘 사람만이 영향력을 발휘할 수 있다. 광고대행사에서 플래너의 역할은 바로 그것이다. 즉 핵심적인 의사결정권자가 판단을 할 수 있게 필요한 모든 정보를 즉석에서 제공하고, 그들이 올바른 방향으로 인도하는 강력한 관점을 제시할 수 있어야 한다. 플래너는 외부 조사자보다 크리에이티브 개발 조사에서 얻은 결과의 이행을 위해 크리에이티브 팀과 더 효과적으로 일할 수 있는데, 이는 그들이 함께 일해왔고 서로를 잘 알고 있으며 서로를 매일 보기 때문이다. 이런 유형의 조사에 있어 성공적인 결과 보고debrief는 한 번의 회의, 한 장의 문서로 이루어지지 않으며, (대개는 비공식적인) 일련의 대화를 통해 이루어진다. 그리고 그러한 대화는 조사 진행자와 크리에이티브 담당자가 서로 다른 회사에서 일한다면 분명 가능하지 않은 것이다.

광고대행사와 광고주들 중에는 플래너가 조사에 참석하기만 하면 조사 진행은 누가 하든지 상관 없다고 말하는 이들도 있다. 앞서 이야기한 레슬리 버터필드의 지적, 그리고 3장에서 개략적으로 예를 든 O.J. 심슨의 경우를 보더라도 나는 그런 생각을 받아들일 수 없다. 자신이 현장에 있지 않다면, 그래서 소비자에게 직접 말을 걸 기회가 없다면, 그들을 진정으로 이해하기란 사실상 불가능하다.

훌륭한 아이디어 살리기

1990대 초 GS&P가 제작한 체비스 맥시칸 레스토랑Chevys Mexican Restaurant 광고는 크리에이티브 개발 조사를 수행할 때, 캠페인 아이디어의 개발에 관한 깊은 조예의 이점을 여실히 보여주는 사례다. 체비스 광고 캠페인은 비록 소규모 지역에 내보낸 것이지만, 과거 GS&P가 만든 그 어떤 광고보다 효과적이었고, 광고 이후 매출도 급상승했을 뿐만 아니라 체인을 확장하려는 투자자도 늘어났다. 아울러 창작성(칸의 황

금사자상, 원 쇼의 황금연필상Gold pencils)과 효과성(에피 대상Gold Effie) 부문에서 많은 상을 받았다. 그렇지만 그 광고는 애초에 크리에이티브 개발 조사를 하던 초기에 거의 사장될 뻔 했다. 광고의 속성을 모르고 소비자의 부정적 반응에 대해 크리에이티브 아이디어를 수정할 권한이 없는 조사자가 그 조사를 맡았더라면 그 광고는 탄생하지 못했으리라고 나는 확신한다.

우리가 광고 제작을 맡을 무렵, 체비스는 캘리포니아 북부 지역에 30여 개의 체인점을 보유하고 있었다. 항상 노래가 울려나오는 그곳은 화려하고 활기가 넘치며, 기념일을 맞은 손님에게는 멕시코 모자를 무료로 증정했다. 이 레스토랑은 식당 한쪽에 코로나 맥주 상자가 가득 쌓여 있고, 바닥에서 천장까지 쿠에르보 데낄라 포스터가 잔뜩 붙어 있으며, 멕시칸 레스토랑 가운데 그들만이 가장 신선한 요리를 제공한다고 선전도 했다. 메뉴판에 적힌 '프레시 멕스 서약Fresh Mex Pledge'은 그들이 제공하는 음식에 대한 10가지 맹세를 담고 있었다.

- 저희 주방에는 어떤 통조림도 없습니다.
- 손님이 좌석에 앉으면 2분 내에 따뜻한 감자튀김을 내드립니다.
- 구아카몰Guacamole 샐러드는 신선한 아보카도 재료로 만들었습니다. 못 믿으시는 분에게는 아보카도 씨를 함께 보여드립니다.
  기타 등등.

크리에이티브 팀은 광고 자체가 체비스 음식의 신선함을 반영해야 한다는 아이디어를 내놓았다. 즉 비디오 카메라로 당일 촬영한 화면을 TV 광고에 내보내고, 그런 다음 아예 '폐기' 하자는 것이었다. 그리고 하루가 지난 후에는 다른 '신선한 TV' 광고를 찍어서 내보내기로 했다. 각 광고는 특별히 체비스의 신선한 음식에 초점을 맞추기로 했고, 광고를 바로 그 날 만들었다는 사실의 증거물(당일 신문의 머릿기사나 긴급 뉴스 같은)을 담아야 했다. 형식이야 어떻든 간에, 사전에 미리 제작할 수 없는 종류의 광고를 내보내는 것이 관건이었다.

체비스와 우리 광고회사는 모두 그 아이디어에 한껏 들떴다. 언젠가는 그 광고가 화제가 되어 일정 부분 홍보 효과를 거둘 수 있으리라 생각했고, 그럴 경우 적은 예산으로도 상당한 효과를 볼 수 있으리라고도 기대했다. 한편 우리는 두 가지 이유 때문에 새 광고를 일부 소비자에게 미리 선보이기로 결정했다. 우선 소비자들이 우리의 아이디어에 공감하는지를 확인하고 싶었고, 무엇보다도 그러한 방식을 실제로 진행할 수 있을지를 알고 싶었던 것이다. 그런데 광고를 실제로 그렇게 제작하기는 쉽지 않았다. 광고에 나오는 일부 장면들, 가령 레스토랑의 음식, 살사 접시에 곁들이는 얇게 썬 토마토, 식탁에 운반되는 지글지글 끓는 화이타fajitas, 즐겁게 식사하는 사람들의 모습 등은 미리 촬영해 놓아야 했다. 한편 광고 자체의 신선함을 드러내는 장면들 대부분은 새벽 4시부터 촬영에 들어갔다. 오전 8시쯤에 촬영을 끝내면 10시까지 광고주의 동의와 수정을 거치고 편집을 한 다음, 그 최종 제작물을 샌프란시스코의 TV 방송국에 보내서 그곳에서 위성을 통해 세크라멘토의 방송국에 전달하는 시간이 정오였다.

1992년 5월 15일 저녁, 드디어 광고를 시청할 포커스그룹이 세크라멘토에 모였다. 카피라이터 스티브 심슨과 아트 디렉터 트레이시 왕Tracy Wong이 앞서 말한 방식으로 광고를 제작했고, 그 광고를 방송국에 보내는 대신 내가 직접 세크라멘토로 가져갔다. 그곳에서 포커스그룹

〈그림 6-1〉 체비스 맥시칸 레스토랑: 시험 광고

두 팀에게 광고를 보여줄 예정이었다.

그림 6-1은 그때 보여준 시험 광고의 장면들인데, 흥미롭게도 이날 광고에 나온 「샌프란시스코 이그재미너San Francisco Examiner」 신문은 당시 로스엔젤레스 경찰이 아프리카계 미국인인 로드니 킹을 구타한 사건을 날짜와 함께 첫머리에 실었다. 그 내용은 다음과 같다.

신문사 직원이 "1991년 5월 15일 금요일입니다."라고 말하는 동시에 신문이 줄줄이 찍혀나온다. 곧이어 "오늘 제작한 광고"라는 문구가 떠오르고, 이어서 "체비스처럼 말이죠."라는 글귀. 그리고 특별요리 팻말이 등장하면서 "점심식사는 체비스에서. 오늘의 신선한 생선요리는 피코 드 갈로Pico de gallo 소스의 환도상어입니다."라는 성우의 목소리. 곧이어 김이 모락모락 풍기는 음식을 식탁으로 옮기며 웨이터가 손님들 틈을 이리저리 누비고, 손님들이 즐겁게 식사하는 장면이 짧게 나온다. "혹시 점심 기회를 놓치셨으면 저녁 기회라도 붙잡으세요. 얼른 서두르셔야 합시다."라는 멘트. 마지막 장면은 "체비스 프레시 맥스Chevys Fresh Mex. 이보다 더 신선한 요리는 없습니다."라는 글귀와 함께 신문 묶음이 컨베이어 벨트를 타고 이동하는 것으로 끝이 난다.

우리는 스케줄에 맞춰 광고 제작을 끝내고 새크라멘토로 갔다. 모든 것이 계획대로 진행되고 있었다. 적어도 포커스그룹 인터뷰에 참석한 사람들이 시험 광고에 나온 아이디어를 최악이라고 말하기 전까지는 말이다.

"지루해요."

"짜증이 납니다."

"도대체 저 환도상어라는 걸 누가 먹죠?"

"도대체 신문이 왜 나오는 거죠?"

"광고를 만든 분들이 체비스에 가보기나 했습니까?"

"오늘 만든 광고라고 하지만 못 믿겠는 걸요."

"그런 말이 어디 나오죠? 전 오늘 만들었다는 말을 못 봤는데, 그게 불가능한 건가요?"

"화질이 끔찍해요. 초점도 흔들리고 화면도 흐립니다. 흐릿하잖아요. 음식도 형편없어 보이고요."

"성우의 목소리가 맘에 들지 않아요."

실제 광고에 나온 목소리의 주인공은 거울 뒤편에서 인터뷰를 참관하던 카피라이터 스티브 심슨이었다. 나는 혹시 그가 신발 끈과 허리띠로 목을 매지나 않을지 걱정이 되었다.

참석자들 대부분은 광고를 바로 그날 만들었다는 메시지를 잘 받아들이지 못한 것이 분명했다. "오늘 제작한 광고"라는 문구가 나왔지만 대다수가 제대로 보지 못한 것 같았다.

그리고 그 문구를 본 몇 안 되는 사람들조차 광고를 바로 그날 만들었다는 사실을 납득하지 못했다. 어떤 이들은 그것이 실제로 가능하지 않다고 생각했고, 또 어떤 식으로 거짓말을 하는 것이라고 생각하는 사람도 있었다. (아마도 그들은 체비스가 로드니 킹 폭행 사건을 꾸며서 비디오 화면을 언론에 제공하고, 신문이 나오기를 기다렸다가 사전에 제작한 광고를 때맞춰 내보낸 것으로 생각하는지도 몰랐다. 물론 그것은 말도 안 되는 허황된 생각이었다.) 한편 그 광고를 비판한 사람이 많았지만, 일부는 광고가 너무 정교하기 때문에(글자를 인쇄한 종이 카드를 증거로 들면서), 실제 광고를 제작하는 데는 하루 이상이 걸렸을 것이라고 말했다.

참석자들이 그 광고를 바로 당일 만든 것이라는 점을 알든 모르든,

혹은 믿든 안 믿든, 비디오 화면으로 찍은 조악한 광고에 대해서는 체비스가 광고의 품질에 너무 정성을 들이지 않았다는 쪽으로 결론이 났다. 그 말은 곧 체비스는 자신들의 음식에 대해서도 별로 신경을 쓰지 않을 것이라는 뜻이었다. 결국 광고는 본래의 바람과는 정반대의 효과를 낳은 셈이었다.

두 번째 포커스그룹 인터뷰에서도 참석자들의 반응은 아주 맹렬했고, 30분 쯤 지난 뒤에 나는 참석자들에게 의견을 충분히 그리고 똑똑히 파악했다고 말하고, 비디오에서 녹화 테이프를 뽑아서 쓰레기통에 던져넣어 버렸다. 그리고 모든 참석자들에게 "이제 화제를 바꾸도록 하죠."라고 말한 다음 식당 메뉴판의 '프레시 멕스 서약' 사본을 돌렸는데, 참석자들은 하나 같이 그것을 처음 보았다는 표정이었다(나중에 알았지만, '프레시 멕스 서약'은 메뉴판 뒷면에 인쇄되어 있어 식당을 찾는 사람들 대부분이 그런 서약이 있는 줄 아예 모르는 경우가 많았다). 참석자들은 광고보다 그 서약에 더 좋은 반응을 보였다.

"참신하군요!"

"왜 이런 내용을 광고에 넣지 않는 거죠?"

"그래요, 광고에는 이런 내용이 실려야죠. 여기 이 '신선한' 요리는 아주 근사한데요."

나는 그들이 방금 본 광고가 바로 그러한 메시지를 전하지 않았는지 물었다. 아니었다. 참석자들 중에서 그런 메시지를 접한 사람은 아무도 없었다.

그렇다면 환도상어가 문제였을까? 그들이 조금 전에 읽은 프레시 서약에 신선한 특별 생선요리가 있다는 것을 그들은 생각하지 못했을까? 참석자들은 특별 요리라는 아이디어는 좋다고 했지만, 환도상어에 대한 반응은 분명하지 않았다. 나는 참석자들 중에서 환도상어를 먹어 본 사람이 있는지 물어 보았다. 먹어본 사람은 아무도 없었다.

참석자들이 프레시 서약에서 가장 관심을 가진 것은, 멕시칸 레스토랑의 수준을 평가하는 척도인 살사salsa, 감자튀김, 토틸라스tortillas, 구아카몰guacamole이었다.

"토마토와 따뜻한 감자튀김에 관한 내용이 진짜라면 그건 정말 괜찮을 것 같아요. 생각만 해도 군침이 도는걸요."라고 참석자 한 명이 말했다.

"그러면 살사에 대해서라든지, 혹은 따뜻한 감자튀김을 2분 안에 제공한다는 내용을 광고에 내보내면 좀더 흥미로울까요?"

아마도 그럴 것이라는데 모든 참석자가 동의했다.

"하지만 왜 광고에서 신문을 보여주는지는 아직도 모르겠어요." 불평꾼 한 명이 그렇게 말하자 나머지 사람들도 모두 그렇다고 말했다. 바로 그날 만들었다는 것을 보여주기 위해서일까? 과연 핵심이 뭐지?

회사에서 내 사무실은 리치 실버스타인의 사무실과 복도를 마주하고 있는데, 사실상 사무실의 문이 항상 열어두기 때문에 사무실에서 대화하거나 전화 통화하는 내용을 서로 모두 들을 수 있다. 불과 며칠 전에 나는 체비스의 새 광고 아이디어에 대해서 리치 실버스타인이 그의 친구와 통화하는 것을 들었다. 그는 매우 들뜬 어조로 "신선한 요리만큼 신선한 광고를 만드는 중"이라고 말했다. 포커스그룹 인터뷰 참석자들이 우리의 광고 아이디어가 부적절하다고 말했을 때, 나는 실버스타인이 설명한 것과 같은 간결하고 흥미로운 용어가 광고에 빠졌다는 점을 깨달았다. 아마도 그것이 잃어버린 연결고리인 것 같았다.

나는 이렇게 말했다. "제가 장담할 수는 없지만 아무튼 이 광고를

만든 사람들은 이 광고를 통해 가장 신선한 음식에 대해 말하려고 했다
고 생각합니다. 여러분이 프레시 서약을 마음에 들어한 것처럼, 그 사
람들은 가장 신선한 광고를 보여주려고 한 겁니다. 신선한 살사 요리만
큼 신선한 TV 광고를 말이죠."

"그런데 왜 그 말을 하지 않았죠?" 참석자 한 명이 물었다.

"지금 그 말씀이 훨씬 낫군요."

"진작 그렇게 말했어야 해요. 오히려 그 말씀이 더 마음에 듭니다."

"그래서 신문을 보여줬다는 말씀이군요?"

플래너는 항상 남의 말을 듣는 데 많은 시간을 투자해야 한다고 나
는 말했는데, 그것은 실제로 남의 전화를 엿듣는 것까지도 포함해야 하
는 것임을 깨달았다. 아마도 조사자가 외부인이라면 결코 그렇게는 할
수 없을 것이다.

5월 9일 아침, 베이 에어리어^{Bay Area}와 세크라멘토에 방송된 광고는
스티브와 트레이시가 비디오 카메라를 들고 샌프란시스코의 마리나 그
린^{Marina Green}에서 조깅하는 사람들을 쫓아가는 장면으로 시작했다(그림
6-2). 광고의 배경에는 멕시칸 음악이 깔렸다. "잠깐만요! 잠깐만요!"
스티브는 달리는 한 여성을 불러세우려 했지만 실패했다. 이때 다른 한
남자가 발걸음을 늦췄다. "오늘이 며칠인지 말씀해보실래요?"라고 스
티브가 그에게 물었다.

"어, 그러니까, 오늘이 5월... 9일이죠." 남자의 손목시계를 확인하
니 5-9라는 숫자가 보인다. 그 숫자에 밝은 녹색의 동그라미가 그려진
다. "우리는 불과 몇 시간 전에 이 광고를 찍었습니다. 바로 신선한 TV
니까요." 화면에 '신선한 TV'라는 문자가 흔들거리며 떠오른다. 그 글
자는 붉은색과 녹색이 어우러진 파격적인 색깔의 테두리로 그 내용을

286

강조한다. 곧이어 토마토와 양파를 다지는 장면이 나온다.

"체비스에서는 바로 몇 분 전에 만든 살사를 제공합니다. 바로 신선한 멕시칸 요리죠." 해설자의 목소리가 나오고, 화면에 '프레시 멕스'라는 글자가 뜬다.

스티브와 트레이시가 달리기를 하는 다른 사람들을 쫓아가는 사이, 해설자의 목소리가 또 이어진다. "신선한 TV, 신선한 멕시코 요리. 과연 우리의 신선한 TV가 신선한 요리보다 나은지는 모르겠어요."

아까 처음에 보았던 여성은 시야에서 훨씬 멀어졌다. 스티브와 트레이시는 한참 뒤에 처졌고, 심슨이 고함을 친다. "겁내지 말아요. 그냥 질문만 하려 했으니까."

6월 20일(그림 6-3), 배경 음악은 같지만 광고 내용은 바뀌었다. 심슨이 "거짓말 탐지기를 무료로 체험하세요. 기회는 오늘 뿐입니다!"라며 소리친다.

거짓말 탐지기 무료 체험에 호기심을 드러내는 한 남자에게 심슨이 말을 건다. "오늘이 며칠인지 말씀해보실래요?"

"6월 20일이요." 남자의 대답이 거짓이 아니라는 신호음이 울린다. 이어서 "이 광고는 오늘 만든 겁니다."라는 목소리가 나온다. 잠시 후 한 수녀가 탐지기 앞에 서 있다. 수녀가 웃으면서 "6월 20일이에요."라고 대답하자 다시 같은 신호가 울린다.

"신선한 TV니까요."라는 목소리가 나오고, 화면에 프레시 TV라는 문구가 뜬다. 그런 다음 신선한 아보카도로 만든 구아카몰 한 접시와 방금 짜낸 신선한 레몬 주스가 등장한다. "체비스에서 매일 신선한 구아카몰을 대접해드립니다. 신선한 멕시코 요리죠." 이어서 '프레시 멕스'라는 글자가 화면에서 번쩍거린다. "체비스의 모든 재료는 신선합

〈그림 6-2〉 체비스 멕시칸 레스토랑: 살사 요리

288

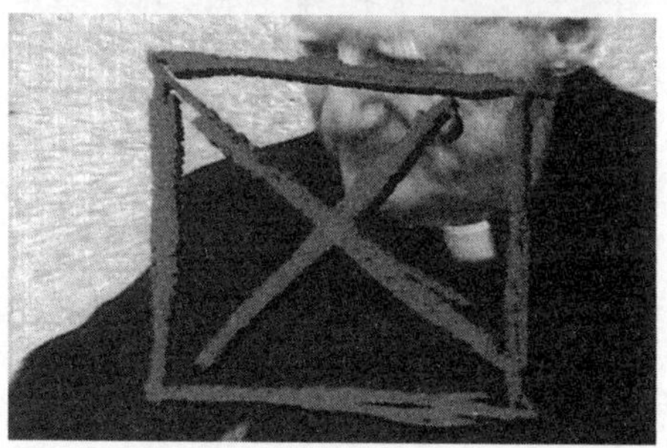

〈그림 6-3〉 체비스 멕시칸 레스토랑: 거짓말 탐지기

니다. 네? 못 믿으시겠다고요?"

이번에는 신부가 탐지기 앞에 서 있다. "신부님, 골프를 칠 때 상대를 속인 적이 있습니까?"

"예, 가끔은요." 신부가 겸연쩍어하며 대답하자 신호가 울린다. 앞에 있던 사람들이 웃음을 터뜨린다.

"상습적으로 그러시는 건 아니죠?"

"물론 그런 건 아니죠." 신부의 대답과 동시에 '삐' 하는 경고음이 들리면서 화면에 붉은 엑스 자가 그어진다. 신부가 거짓말을 했다는 표시다.

크리에이티브 개발 조사는
협상과도 같다

1963년에 열린 포장 디자이너 회의에서 로버트 플리스킨Robert Pliskin은 이렇게 말했다. "시장 조사는, 계란이 슬프고 유감스러운 제품이며, 그것이 분명 계속해서 팔리기 어려울 것이라는 회의적인 시각의 그늘을 넘어서야만 존립할 수 있습니다. 왜냐하면 계란은 혼자 설수도 없고, 너무 잘 굴러가고, 쉽게 깨지고, 특수한 포장이 필요하며, 하나같이 똑같아 보이고, 속을 까서 보여줄 수도 없고, 그래서 선반 위에 진열되기 어려우니까요."

아무리 제품이 좋다고 해도, 어떤 결점이 있을 수는 있다. 즉 체비스 광고는 크리에이티브 개발 조사에서 소비자들의 부정적인 반응만을 보고 결론을 내려서는 안 된다는 점을 보여주는 수많은 사례들 중 하나다. 아무리 좋은 광고라도 부정적인 반응이 전혀 없을 수는 없다. 플래너의 진정한 능력은 그와 같은 부정적인 반응을 적절한 것으로 받아들여야 할지 아니면 그 비판이 본래의 광고 아이디어와는 큰 관련이 없거나 광고를 제작하면서 쉽게 손볼 수 있는 것인지 구별해내는 데 있다.

소니의 설립자이자 회장이었던 아키오 모리타는 워크맨에 관한 그의 저서 『메이드 인 재팬Made in Japan』에서, 혁신의 강점을 지닌 회사는 고객이 무엇을 바라는지 스스로 말할 때까지 기다리고 있지만은 않는다고 말했다. 그는 "대중은 무엇이 가능한지 모르지만 우리는 알고 있다."라고도 말했다. 기술 혁신에 관한 그의 주장은 크리에이티브 혁신에 관한 소비자 반응에 대해서도 똑같이 적용해볼 수 있다. 대부분의 사람들은 자신의 경험에 근거해 나름의 판단 기준을 지닌다. 따라서 아직 초기 단계인 광고의 어느 장면을 시청한 사람들의 반응만 본 다음 미래 소비자들의 반응을 전부 예측하는 것은 종종 많은 한계가 있기 마련이다.

크리에이티브 개발 조사를 진행하면서 소비자에게 보여주는 광고 아이디어는 그들이 평소 익숙하게 보고, 듣고, 느끼는 최종 광고물과는 차이가 있으며, 조사 참석자들에게는 광고의 초기 형태와 완성된 광고 사이의 간격을 스스로 메울 만한 경험이나 상상력이 부족하다. 따라서 불완전한 크리에이티브 결과물에 대한 참석자들의 반응 역시 불완전할 수밖에 없기 때문에 조사자는 해당 크리에이티브의 비전과 광고주의 신념을 감안해야만 효과적인 판단을 내릴 수 있다. 일반적인 협상 과정과 마찬가지로 그 일이 항상 쉽지만은 않다.

최근에 나는 굿바이, 실버스타인 앤 파트너스에서 제작한 일련의 TV 광고들을 모아서 정리해보았다. 그 중에는 "got milk?" 광고의 '애

런 버' 와 '천국', 폴라로이드의 '건축가' 와 '개와 고양이', 이스즈 로
데오의 '진흙', 노르웨이 크루즈 라인의 '법칙들' 과 '환상' 등이 있었
다. 돌이켜 보건데 이들 광고 작품들은 해당 제품의 관련 업종에서 뿐
만 아니라 일반적인 면에서 광고 자체로도 매우 두드러졌으며, 실제로
광고주의 사업에도 큰 기여를 했다. 아울러 이 광고들은 크리에이티브
개발 조사 과정에서 만일 조사 참석자의 반응을 단순히 문자 그대로 받
아들였거나, 크리에이티브 자체가 남다른 특색을 지닐 기회를 얻지 못
했거나, 광고주가 "참석자들이 뭐라고 하든지 간에 이 광고의 결과를
지켜보겠다는 내 결심에는 변함이 없소."라고 말할 용기를 내지 않았
더라면 쉽게 사장되고 말았을 것이다.

'애런 버' 광고(그림 7-5)의 경우 소비자들이 애런 버와 알렉산더 해밀
턴이 누구인지 모른다는 사실 때문에 오랜 기간 결정이 지체되었다. 결
국 우리(광고대행사와 광고주)는 그 점이 중요하지 않다고 판단했다.
중요한 것은 광고가 전달하는 내용, 즉 우유가 없어서 주인공이 그의
일생이 걸린 돈 벌 기회를 놓친다는 점, 문제의 정답을 말하지 못한다
는 사실이었다.

미완 상태의 광고, '천국' 편(그림 7-13)을 본 많은 사람들은 광고에서
누군가가 죽는다는 사실에 경악했다. 조사 참석자들에게 (특히 그 아이
디어가 대본 형식으로 제시되었을 때는) 사람이 트럭에 깔려 죽으니, 그 광
경을 희극적인 장면으로 떠올려 보라고 하는 것은 어려운 일이었다. 그
러나 광고 제작을 맡은 제프 굿바이는 이 장면을 거의 만화 형태로 제
작할 의도였다. 광고주는 그의 판단을 믿었고, 이후 완성된 광고에 대
해 불만을 나타낸 사람은 아무도 없었다.

이스즈의 '진흙' 광고는 아이들의 반항심을 부추기고, 아이들이 진

흙 웅덩이에 얼굴을 처박는 것을 좋은 일로 여기지는 않을까 하는 부모
들의 걱정을 자아냈다. 폴라로이드의 '개와 고양이'(그림 5-8)에 대해서
"개는 실제로는 사진을 못 찍는다"고 비난한 사람도 있었다. 정말이다.
그리고 '건축가'(그림 5-7)의 경우, 처음에는 건축가가 서류가방에서 어
떤 사진을 꺼내는지 실제 보여줌으로써 그 장면을 여러 번 반복해야 했
는데 그것 때문에 시작부터 많은 비판을 받아야만 했다. '진흙', '개와
고양이'는 참석자들의 반응을 무시해도 괜찮았지만, '건축가'의 경우
그 사진에 실을 장면을 좀더 진지하게 따져보아야 했다. 그 광고의 줄
거리는 건축가의 부인 혹은 여자 친구가 주인공인 건축가를 집에 불러
들인다는 것이었고, 사진에 나오는 장면을 빼면 사실상 광고의 알맹이
가 빠지는 셈이기 때문이었다. 이후 우리는 간단한 방법으로 문제를 해
결했다. 즉 사진은 뒷면만 보여주고, 건축가의 얼굴을 보고서 시청자들
이 사진에 나온 장면을 스스로 상상하게 한 것이다. 결국 사람들은 우
리가 보여주는 것보다 그들이 스스로 상상을 해야 했고, 그것은 우리의
문제가 아니라 그들의 문제가 될 수 있었다. 어쩌면 그 사진에는 건축
가가 제일 좋아하는 참치 샌드위치가 나왔을지도 모른다. 다른 사람들
은 무슨 생각을 했을까?

노르웨이 크루즈 라인NCL 광고는 처음부터 끝까지 협상의 연속이었
다. GS&P는 NCL의 모기업인 클로스터Kloster와 수년째 일하면서 로열
바이킹 라인Royal Viking Line 광고를 제작했고, 이후 NCL과 관계를 맺었
다. 그런데 NCL에는 애덤 아론Adam Aaron이라는 새 사장이 취임했고,
어디를 가든지 새 사장들은 광고대행사 바꾸기를 좋아하는 법이었다.

그가 광고대행사를 처음 방문했을 때, 우리로서는 그가 무슨 말을
꺼낼지 짐작하기가 쉽지 않았다.

"내 사무실이 마이애미에 있는데 왜 샌프란시스코 소재의 광고대행사와 거래를 계속해야 할까요?"

그는 다른 사람이 말할 기회도 주지 않은 채 곧장 말을 이었고, 당시 방송 중이던 광고에 별다른 문제는 없지만 다른 좋은 아이디어가 있으니 제작해달라는 뜻을 밝혔다. 그는 이전에 하얏트 호텔에 근무하면서 '하얏트 터치Hyatt Though' 라는 광고를 책임진 적이 있었다. 내 기억으로는 '하얏트 터치' 광고는 육감적인 음악을 배경으로 벌거벗은 여자가 등에 선탠 오일을 바르는 장면이 나오는 것이었다. 애덤 사장은 하얏트 광고의 아이디어가 호텔을 단지 비즈니스를 위한 장소로만 여기지 않고, 연인들이 함께 휴식을 취하고, 관계를 개선하는 장소임을 보여준다고 말했다. 그는 하얏트 호텔이 그 아이디어로 효과를 봤듯이 크루즈 라인도 마찬가지일 거라고 말했다.

"크루즈에 올라 섹스를 하는 건 모든 이들의 소망이지요." 그는 어리둥절하는 광고대행사 사람들 앞에서 당당히 말했다. 그는 자신의 그런 생각을 광고에 담고 싶어했으며, 캘빈 클라인Calvin Klein이 크루즈를 광고를 만들면 어떨지 상상해보기도 했다.

"다르게 생각해볼 수도 있지 않습니까?" 크리에이티브 디렉터인 스티브 심슨이 물었다. "사장님도 말씀하신 성적인 주제를 더 큰 아이디어로 포장하면 어떻겠습니까?"

"당신이 플래너요? 마치 플래너처럼 말하는구먼." 애덤 사장은 그렇게 말했다.

2주 후 심슨과 그의 동료인 스티브 루커Steve Luker, 그리고 진짜 플래너인 매리 스터비노우가 4장에서 말한 대로 크루즈에 올랐고, 심슨이 애덤 사장에게 이야기했던 더 큰 아이디어를 찾아냈다. 그들은 크루즈를 타고 여행하는 것이 폭넓은 의미에서 일종의 자유와 탈출이며, 어깨의 무거운 짐을 내려놓은 듯 가벼운 기분이 들고, 마치 지상의 중력에서 벗어나는 것과도 같다는 사실을 알았다. 심슨은 그러한 아이디어를 바탕으로 "지상의 법칙들은 통하지 않는다."라는 광고 문안을 작성했고, "이 곳은 다르니까it's different out here"라는 간단한 문구로 그 끝을 맺었다.

그러한 아이디어를 담아서 제작한 비디오가 애덤 사장과 포커스그룹에게 제공되었다. 그 비디오의 대본은 이후 '법칙들Laws' 광고에 나온 것과 매우 흡사했다. "화요일 오후 4시에 사랑을 하지 말란 법은 없다… 여행 짐을 꾸리면서 걱정도 함께 꾸리라는 법은 없다… GNP를 높이는 데만 매일 열중하라는 법은 없다… 지상의 법칙들은 통하지 않는다… 이 곳은 다르니까." 아름답고 섹시하며 나른한 흑백 톤의 이미지 속에서 요염한 커플이 등장할 때 그 대사가 흘러나왔다. 한순간 두 몸뚱이가 서로 뒤엉키고 침대가 들썩이는 장면도 나왔다.

"너무 심하군요." 애덤 사장이 말했다.

"너무 심합니다." 포커스그룹의 반응도 그랬다. 실제로 어떤 참석자들은 완전히 질겁을 했다.

그런데 알몸과 침대 장면 때문에 다른 장면들을 놓친 사람이 있기는 했지만 다른 어떤 사람들은 심슨이 전달하려고 한 폭넓은 의미를 이해하고 좋은 반응을 보였다. 이 광고를 본 사람들의 의견은 크게 갈렸다. 그 이유는 시각적인 영상이 너무 생소하고("흑백 톤의 바다를 푸르게 바꾸면 안 될까요?"), 크루즈 승객의 전형적인 모습과도 너무 다르고 또 과도하게 선정적이라는 점 때문이었다. 여러 가지 면에서 나는 광고가 효과를 내기 위해서 사람들의 의견을 갈리게 할 필요가 있다고 믿게 되었다. 어떤 광고가 좋든지, 혹은 나쁘든지 간에 사람들이 그 광고를 주목하고 더 많이 생각하게 하려면 감성적인 반응을 끌어내야 한다. 더구나 NCL의 광고처럼 긍정적인 반응을 보이는 사람이 두어 명, 부정적인 반응은 그 이상인 경우, 중간에서 어느 쪽도 선택하지 못하고 불안해하는 나머지 사람들도 있기 마련이었다. 적어도 그 광고가 그들의 마음을 건드렸다면 그들 역시 어느 쪽이든 선택해야 하고, 결국에는 한쪽 편을 들어야 한다는 사실을 안다. 이러한 광고는 참석자들 모두가 좋다고, 혹은 만족한다고 말하는 광고 캠페인보다 훨씬 성공을 거둘 가능성이 있었다. 모든 사람이 받아들일 만한 것은 어느 누구도 흥분시키지 못하기 때문이다.

결국 광고의 느낌을 선정적이기보다는 '감각적'으로 하기 위해 성적인 묘사를 일부 줄여서 의견이 갈라진 양쪽을 모두 고려했는데, 아름다운 모델과 흑백 톤의 이미지는 그대로 남겨두었다. 그러한 요소들은 "블루 문Blue Moon"의 "카우보이 정키Cowboy Junkies"식 버전으로 아름다움과 향수 그리고 환상에 대한 생생한 느낌을 전하는데 필수적이었다(그림 6-4~6-6). 최종적으로 사람들은 자신들이 보고 싶은 것을 광고에서 읽을 수 있게 되었다.

몇 달 후 나는 알래스카로 향하는 노르웨이 크루즈 윈드워드에 올랐다. 그날 토요일 밤 10시쯤에 나는 아내와 함께 선상 식당에서 나왔고, 엘리베이터 옆에 서 있는 60대의 노부부 두 쌍을 보았다. 그들 중 한 쌍은 쉬러 들어가려고 했고, 다른 한 쌍은 "아직 시간이 이른데 게임이나 하러 가세", "뷔페 식당에 가면 어때요?" 하면서 다른 쌍의 마음을 바꾸려고 애쓰고 있었다.

결국 쉬러 들어가려던 노부부는 모든 제안을 물리치고 엘리베이터

〈그림 6-4〉 노르웨이 크루즈 라인 : 판타지(TV)

〈그림 6-5〉 노르웨이 크루즈 라인: 바로 그곳

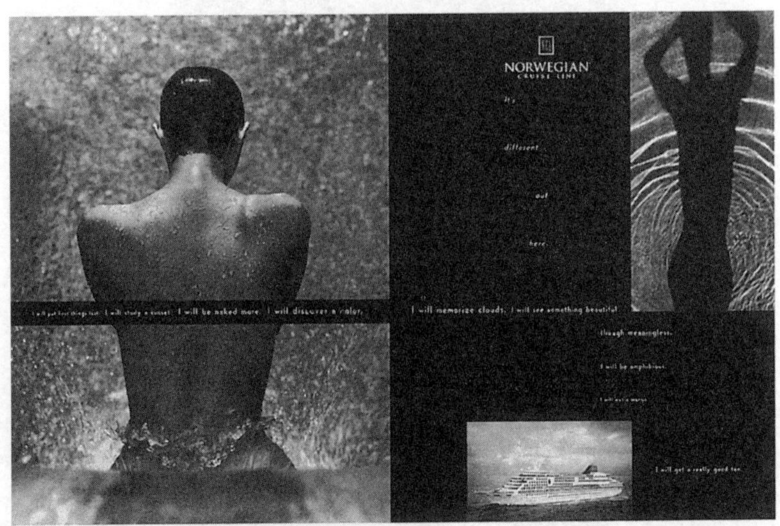

〈그림 6-6〉 노르웨이 크루즈 라인: 판타지

에 올랐다. 엘리베이터 바깥의 부부는 마지막으로 유혹을 시도했다.

"이것 보게, 잠자리에 들기엔 시간이 너무 일러."

엘리베이터 안에 있던 할머니는 자신보다 나이가 조금 더 들어 보이는 남편과 바깥의 친구들을 번갈아 쳐다보았다. 그리고는 짐짓 눈을 찡긋하고는 "이 곳에서는 달라요"라고 대꾸했다.

엘리베이터 안에 있던 할아버지는 안색이 바뀌었고, 곧 문은 닫혀버렸다.

뜻밖의 발견

"got milk?"

과학의 본질: 관련 없는 질문을 던져서, 관련 있는 답을 찾아내는 것.

_acob Bronowski, 『인간의 등정』

들어가며

지금까지 이 책에서는 많은 사례들을 다루었는데, 그것은 항상 부분적이었고, 항상 어떤 더 넓은 맥락을 묘사하기 위한 것들이었다. 즉 특정한 광고에 대해 그 전략적 조사에 나타난 통찰을 파악하든지, 크리에이티브 브리프나 크리에이티브 개발 조사의 특정한 모습을 본다든지, 또는 그 세 가지 모두를 균등하게 설명하려고만 했다. 그러다 보니 지금까지 어느 광고에 대해서든 시작부터 끝까지 전체 이야기를 다루지는 못했다. 물론 그것은 내가 이 책을 단순한 사례집으로 만들고 싶지 않았기 때문이었다. 특정 광고의 전체 이야기를 모두 풀어놓으려면 광고 사례 몇 가지만으로도 꽤 많은 지면을 쓸 수밖에 없다. 또한 나는 기존 광고주나 잠재 광고주들에게 광고 사례를 설명하거나 광고의 효과성 부문 시상을 위한 심사를 하는 경우, 사례의 수가 많을수록 흥미가 더 줄어든다는 것을 알고 있다. 즉 광고는 매우 표준적인 내용과 작업 순서가 정해져 있는데, 그 제작 배경에 대한 정보, 광고의 목표, 전략적인 통찰, 크리에이티브 해결책, 그리고 (목표를 달성하거나 초과했다는 식의) 결과들을 뻔히 늘어놓는다면 누구에게나 무척 지루할 것이 틀림없다.

그런데도 나는 지금까지 앞에서 살펴본 다양한 관점과 제안들을 모두 아우르는 전체 이야기를 하나쯤은 넣고 싶었다. 나는 그 진행 과정을 모두 장황하게 늘어놓고 싶지는 않으며, 다만 작업이 전개되어 가는 과정을 단순히 이야기함으로써 독자들이 스스로 연결점을 찾기를 희망한다. 물론 그러기 위해서는 지금까지 나온 내용을 독자들이 어느 정도 이해하고 있어야 한다.

내가 고른 광고는 캘리포니아 유가공 협회CFMPAB를 위해 제작한 "got milk?" 광고다. 노파심에서 일러두자면, 나는 이 광고가 아주 완벽하기 때문에 선택하지는 않았다.(나는 완벽한 광고는 없다고 생각한다). 오히려 이 광고는 서로 관련이 없는 많은 요소들이 운 좋게 잘 연결된 경우다. 해당 업계의 경험과 지혜에 정면으로 반발한 준비가 되어 있는 광고주, 틀린 점보다는 옳은 점이 많은 것으로 드러난 예감들, 가설과 병행하면서 과다한 비용을 들이지도 복잡하지도 않지만 상당한 도움을 준 조사, 여러 사람의 아이디어에서 힘을 얻은 강력한 크리에이티브 아이디어, 그리고 행운이 그 요소들이다. 단순히 행운만을 놓고 보면 "행운은 준비된 자에게만 기회를 준다."라는 격언을 떠올릴 수도 있다. 따라서 그러한 점에서 볼 때 우리가 운이 좋았던 것도 전적으로 우연의 덕분만은 아닐 것이다.

엎질러진 우유

1994년 5월, 브루스 호로비츠Bruce Horowitz는 「로스앤젤레스 타임스」에 다음의 글을 실었다. "세상에 우유보다 더 지루한 것은 단 두 가지밖에 없다. 저지방 우유와 크림을 걷어낸 우유. 펩시는 자신에 열광하는 세대를 갖고 있지만, 우유는 단 한 사람의 심장도 뛰게 할 수 없다. 우유는 아무리 잘 팔리던 시절에도 마냥 하품만 나오는 존재였다."

위 글이 나오기 약 1년 전, 생긴 지 얼마 안 된 캘리포니아 유가공협회의 간부 제프 매닝Jeff Manning이 '실버스타인 앤 파트너스'의 굿바이를 찾아왔다. 그는 캘리포니아 주에서 우유 광고를 맡을 광고대행사를 물색하는 중이었고, 바로 그 해에만 약 2,500만 달러의 예산을 집행할 예정이었다. 한편, 많은 광고대행사들은 호로비츠와 같은 생각을 하고 있었는데, 광고주가 돈을 얼마나 들이든 간에 우유 광고는 실패하기 마련이며, "광고대행사가 도울 수 있는 방법이 없다"는 것이 광고업자들 사이의 중론이었다.

그 사실을 입증하는 증거는 많았다. 1980년에 캘리포니아 사람들은 1년에 30갤런(1갤런은 약 3.78리터)의 우유를 소비했다. 1993년에는 우유 소비량이 24.1갤런으로 줄었는데, 그것은 1980년보다 20퍼센트나 감소한 수치였다. 대부분의 업종에서 평균 소비량이 그 정도로 줄어든다면 사업은 파탄이 날 텐데, 적어도 캘리포니아 낙농업자들은 그 지역의 꾸준한 인구 증가로 파탄만은 면할 수 있었다. 다시 말해, 한 개인이 소비하는 우유의 양은 줄었지만 인구의 증가로 전체 우유 소비량은 어느 정도 유지된 셈이었다. 그런데 1980년대 후반에 들어서면서 1인당 우유 소비량은 더욱 급격히 줄어들었고 인구 증가로도 어쩔 수 없을 만큼 전체 우유 소비량까지 감소하기 시작했다. 우유의 전체 소비량은 한 해에 2퍼센트, 그 다음 해에는 3퍼센트 가량 줄어들었고, 1992년부터 1993년까지 캘리포니아 우유 소비량은 3.6퍼센트 감소했다.

제프 매닝이 광고대행사를 찾아온 것은 바로 그러한 이유 때문이었다. 광고인으로서 경험이 있는 그는 J. 월터 톰슨J. Walter Tompson, 매칸에릭슨McCann Erickson, 케첨Ketchum 같은 광고대행사에서 일하면서 생활용품 회사들의 광고를 맡았고, 당시 달걀, 소고기, 건포도, 말린 자두, 바나나, 감자 등 미국 전역을 대상으로 한 광고 제작에도 참여했었다.(톰슨 광고대행사에 있을 때 그는 사내 소프트 볼 팀에서 1루수를 맡았는데, 그때 3루 수비수는 제프 굿바이였다. 내 추측으로는 늘 지기만 하고, 에러를 자주 범하던 팀이었을 것이다). 이후 그는 자신의 폭넓고 다양한 경험 덕분에 캘리포니아 유가공 협회CFMPAB의 전무이사직을 맡게 된 것이다.

캘리포니아 유가공 협회는 낙농업계를 대표하는 다른 어떤 조직에 돈을 댔지만 별다른 성과를 내지 못한 것에 실망한 사람들에 의해 결성되었다. 이 협회 구성원들은 모두 낙농가를 직접 소유하거나 경영하는 이들이었다. 그들은 농장에서 원유를 사서 가공을 거친 후 소매상에 판매했다. 협회를 구성할 당시 그들은 우유 소비 감소를 줄이기 위해 자신들이 가공하는 우유에서 1갤런당 3센트씩을 갹출해 광고 캠페인을 지원하기로 했고, 2년 내에 어떤 바람직한 변화를 일으키기로 결의했다. 만일 2년 안에 새로운 변화가 생기지 않을 경우 협회를 해체하고 더는 비용을 낭비하지 않을 작정이었다.

제프 매닝은 광고대행사를 처음 찾아왔을 때 이렇게 말했다. "상황이 아주 절박합니다. 그러니까 저는 우유를 판매하는 것 외에는 다른 어디에도 관심도 없습니다. 우유 판매를 늘리지 못하면 협회는 해산할 겁니다. 협회가 해산하면 나는 직업을 잃겠죠. 내가 직업을 잃는다는 건 여러분도 일을 잃는다는 걸 뜻합니다."

제약이 없는 브리프

갤럽은 오랜 기간 동안 미국 전역을 대상으로 우유에 관한 소비자의 관심, 우유를 구매하고 소비하는 행태를 추적 조사했으며, 캘리포니아뿐만 아니라 미국 전역에서 우유 소비가 감소하는 중요한 원인 세 가지를 찾아냈다. 그 중 첫째 원인은 우유를 먹으면 살이 찔 거라고 걱정하는 사람이 많다는 점이었다. 나는 우유가 건강에 해롭다고 생각하는 사람들을 많이 만났는데, 그 이유를 자세히 물어보면 대부분 확신에 차서 크림을 반쯤 걷어낸 우유조차도 나머지 절반은 유지 성분이라고 주장할 정도였다. 나는 그들이 무지방 우유나 크림을 완전히 걷어낸 우유에 대해서 어떻게 생각하는지 알 수 없었는데, 만일 유지 성분을 모두 제거해버리면 그것은 우유가 아닐 거라는 점만은 분명히 알 수 있었다. 둘째, 사람들은 대개 우유를 아이들의 음료로 여기는 경향이 있었다. 아마 대다수의 어머니들이 자녀들에게 몸에 좋은 우유를 마시라고 잔소리를 하기 때문에, 결국 우리는 운전 면허증을 따는 순간부터 더는 우유를 마시지 않아도 된다는 불행한 결론을 내리기 일쑤였다. 업계 자료에 따르면 아이들이 청소년기로 접어드는 시기와 성인이 되는 시기에 우유 소비가 급격히 감소한다는 결과가 나왔다. 셋째 원인은 앞의 둘째 원인과도 관련이 있는데, 사람들은 나이가 들면서 우유를 지겨운 것으로 여기고, 우유보다는 콜라 같은 탄산 음료를 찾는 경향이 있다는 점이었다.

요컨대, 우유 업계는 우유의 이미지에 문제가 있다는 결론을 이미 내린 뒤였다. 그리고 그 문제를 해결하기 위해서 사람들의 걱정과 오해를 없애려는 수많은 광고를 오래 전부터 내보냈다. "우유는 몸에 좋다"는 말을 우리는 여러 다양한 방식으로 접하며, 모든 연령대의 건강하고 잘 생긴 사람들이 윤기 있는 머릿결과 완벽한 치아, 근육질의 몸매를 자랑하면서 우유곽을 든 채 춤을 추거나 노래를 부르는 것도 보게 되었다. 우유는 건강 식품이고 모든 사람을 위한 것이라고 주장하는 광고의 활기찬 배경 음악과 후렴구는 확실히 지루한 것만은 아니었다.

갤럽의 조사에 따르면 그러한 광고들은 우유에 대한 사람들의 선입견을 분명히 바꾸어놓았다고 한다. 예를 들어, 1982년에 캘리포니아 사람들 중 40퍼센트는 예전보다 우유를 많이 마실 예정이라고 답했다. 1992년에 그 수치는 52퍼센트로 올랐다.

"그 조사에 의하면 문제는 이미지가 아닙니다."라고 매닝은 말했다. "우유에 대한 이미지는 개선되었지만, 판매는 오히려 감소했으니까요." 그의 말은 사실이었다. 우유의 이미지와 소비를 나타낸 도표에는 전형적인 가위 형태의 곡선이 나타났다. 즉 우유의 이미지는 상승했지만, 소비량은 감소하는 형태를 보였다.

나는 이미지에는 관심이 없어요. 이미지만 신경 쓰고 있다가는 끝내 우리는 일자리를 잃고 말 겁니다. 우리는 소비자의 행동에 영향을 줘야 합니다. 사람들이 우유를 더 많이 사고 소비하게 해야 합니다.

그것이 목표예요. 그런데 나는 어떻게 하면 그 목표를 이룰 수 있는지 모르겠어요. 우유로 목욕을 하라고 사람들을 설득하는 것이 우유 소비를 늘리는 방법이라고 말한다면, 난 정말 여러분들 말을 믿을지 몰라요. 그렇게라도 할 생각이 있습니다. 예전에 나온 우유 광고처럼 하지 않아도 좋습니다. 예전 방식은 효과가 없었으니까요. 어쩌면 광고에서 우유를 아예 빼 버려도 좋을 겁니다. 캘리포니아에서 시리얼 판매를 늘리는 것이 방편이라고 생각한다면 시리얼 광고에 자금을 대도 좋습니다. 엉뚱하게 들릴지 몰라도, 그러면 사람들이 우유를 더 먹지 않겠어요? 제 말은 생각을 열어놓자는 겁니다.

본질적으로 광고대행사에서 최선의 브리프는, 말 그대로 처음부터 시작하자는 것일지도 모른다. 아무런 규칙도 없다고 가정하는 것. 리치 실버스타인의 말처럼, 광고주가 그 자신의 그릇에 맞는 광고만을 얻을 수 있다고 한다면, 이번 광고주는 매우 큰 그릇을 갖추고 있었다. 만일 매닝이 좋은 광고를 얻지 못한다면 그것은 전적으로 우리 잘못인 셈이었다.

물고기가 있는 곳에서 낚시하기

캘리포니아 유가공 협회에서 우유 소비 습관에 대한 조사를 했을 때, 캘리포니아 사람들 중 70퍼센트는 우유를 자주 마신다고 했으며, 30퍼센트는 그렇지 않다고 응답했다. 그러고 보면 무슨 이유에서인지 몰라도 예전의 우유 광고들은 대부분 우유를 전혀 마시지 않거나 별로 마시지 않는 사람들을 대상으로 광고 메시지를 전달하는 식이었다.

어느 업종이든지 어떤 제품을 사용하지 않는 사람에게 그 제품을 다시 혹은 처음 사용해보라고 권하는 것은, 기존에 그 제품을 사용하는 사람에게 그 제품의 사용 횟수나 양을 늘리라고 설득하는 것보다 훨씬 어려운 일이다. 만일 어떤 기업에서 사람들을 하루 3마일씩 달리게 하겠다고 생각했으면, 우선 하루에 1, 2마일을 달리는 사람을 대상으로 설득을 해야 성공할 가능성이 가장 높다. 그들에게는 새로운 변화를 받아들이는 것이 단지 강도를 조정하는 문제일 뿐이지만, 달리기를 전혀 하지 않던 사람이 새로운 변화를 받아들이려면 전혀 새로운 행동 양식을 배워야 하고, 또 처음 달리기를 시작하는 만큼 힘든(그리고 고통스러운) 과정을 거쳐야 하기 때문이다.

우리는 이 문제를 논의하면서, 과연 사람들의 행동에 신속한 영향을 주는 것이 우리의 과제라면, 이미 그 행동을 취하고 있는 사람들을 더 많이 설득해야 한다는 결론을 내렸고, 우유를 마시는 사람들을 대상으로 우유를 더 자주, 더 많이 마시도록 설득할 때 성공 확률이 높다는 사실을 깨달았다. 우유를 마시지 않는 사람이나 적게 마시는 사람의 경우 그들의 습관을 바꾸기는 어렵고, 또 짧은 기간에 효과를 보기도 쉽지 않아 보였다.

우유를 마시는 사람들과 만나서 이야기를 할 경우, 우리는 그들이 우유를 어떤 식으로 섭취하는지 먼저 알아내야 했다. 한편 제프 매닝은 우리에게 다음과 같은 점을 고려할 필요가 있다고 말했다.

"몇 년 전 케첩에서 일할 당시 나는 크리에이티브 디렉터인 켄 더드윅Ken Dudwick과 함께 어떤 우유 회사의 광고에 대해 논한 적이 있어요. 그때 우리는 'ㅇㅇ과 우유'라는 식의 개념을 떠올렸습니다. 그러니까 우유를 섭취할 때 그냥 우유 하나만 마시지는 않는다는 거죠. 'ㅇㅇ'에는 땅콩, 초콜릿, 시리얼, 커피처럼 우유를 추가로 곁들일 때 맛이 더 좋은 음식이 들어가죠. 사람들이 우유가 없으면 먹으려고 하지 않는 것들 말입니다." 그는 당시 이 아이디어가 광고주의 마음을 끌지 못했다고 말했다. 그렇지만 그는 여전히 어떤 음식과 우유의 조합이 강력한 힘을 지닌다고 확신했다.

이 특이한 가설에 대해 MARC 조사를 실시한 결과 우유는 거의 88퍼센트가 가정 내에서 소비된다는 사실이 드러났다. 그러니까 종전의 우유 광고에서 사람들이 공원에서 조깅을 하다 말고 우유를 벌컥벌컥 들이키는 모습은 다소 우스운 꼴인 셈이었다. 마케팅 종사자들은 어떤 특정한 집단이나 특정한 상황에서 소비가 발생하지 않는 점을 '기회'로 활용할 수 있다고도 말하지만, 이 경우에는 사람들이 우유를 가지고 다니지 않는 확실한 이유가 있었다. 우유는 일단 개봉한 후에는 냉장 보관을 하지 않는 한 그 냄새와 맛이 좋지 않기 때문이다.

앞서 나온 조사 결과는 우유가 대부분 집 안에서 소비될 뿐만 아니라, 우유가 홀로 소비되는 경우도 별로 없다는 것을 보여주었다. 매닝의 말대로 우유는 어떤 음식의 보완재 역할을 주로 하는데, 예전 광고들은 그 점을 제대로 나타내지 못했던 것이다. 우유와 함께 먹는 음식으로 가장 많은 호응을 받은(약 45퍼센트) 것은 시리얼이었고, 그외에도 아침식사용 파이, 쿠키, 땅콩 버터와 젤리를 바른 식빵, 그레이엄 크래커graham cracker, 땅콩 초콜릿(브라우니) 등이 있었다.

포커스그룹 인터뷰에서, 우리는 참석자들에게 그러한 음식들과 우유의 관계에 대해 말해보라고 했다. 어떤 조사의 경우, 참석자들에게 유리잔에 우유가 담긴 예쁜 사진을 보여준 다음 머릿속에 가장 먼저 떠오르는 생각을 말하게 했다. 반응은 가지각색이었는데, 항상 좋은 쪽은 아니었다. 도무지 무슨 생각을 해야 할지 모르는 사람도 많았고, 별다른 연상도 하지 않고, "어, 그냥 우유잖아요."라고 대답하는 사람도 있었다. 한편, 다른 대조 집단에서는 초코칩 쿠키와 땅콩 초콜릿 사진을 보여주었는데 반응은 거의 한결같았다. 사람들은 사진에 나온 음식을 먹고 싶어했고, 아울러 우유 한 잔을 곁들이는 상상을 했다.

"배가 고파요!"

"지금 당장 저 쿠키에 우유 한 잔을 곁들여 마셨으면 좋겠어요."

사람들은 우유에 앞서 어떤 음식을 먼저 원하고, 그 다음에 우유를 떠올리는 것이 분명했다. 한편, 그 음식에 관심과 욕심이 있는 사람들에게 우유는 필수적으로 곁들여져야 하는 것이었다. 따라서 어떤 음식과 우유는 서로 의존하는 제품으로, 대부분의 사람들은 우유 없이 그러한 특정 음식을 소비하는 것을 상상하지 못했다. 그렇지만 그 관계는 항상 '음식과 우유'여야 했고, '우유와 음식'은 아니었다.

우유 자체는 소비자들에게 마시고 싶은 욕구를 끌어내지 못하는 것 같았다. 한편 시리얼을 제외한 다른 간식거리들의 경우 우유를 곁들일 때만 강력한 소비 욕구를 자극하는 것도 있었다. 참석자들은 그 음식은 우유와 함께 먹어야 완벽하다고 말했다. 우유가 없으면 그 음식의 매력이 떨어졌다. 우리는 바로 그런 때(우유가 있어야 하는데 없을 때)가 바로 사람들이 우유에 대해 생각하는 유일한 순간이라는 점을 깨달았다.

제프 매닝이 처음 제시한 가설은 이후 조사를 진행하고 우유 소비자를 직접 만나 이야기를 들으면서 어느새 하나의 이론으로 구체화되었다. 우리는 위에서 예로 든 음식을 광고에 활용해서 우유를 먹고 싶게 만들 수 있을 것으로 생각했다. 시리얼을 제외한 나머지 음식들은 오랫동안 우유 광고에 등장하지 않았다. 우유업계는 시리얼 외의 음식들은 건강식품이 아니라고 여겼다. 그렇지만 사람들이 우유를 소비하는 이유가 바로 그 음식들 때문이라면, 그것들을 광고에서 굳이 빼놓을 이유가 없었다.

한편 우리는 조사 참석자들에게 음식은 있지만 우유가 없는 상황을 묘사하게 했고, 그들이 나타내는 감정적 반응을 자세히 살폈다. 그 반응들은 단순히 불편한 정도가 아니었다. 짜증을 내거나 흥분하고, 심지어 화를 내는 사람도 있었다. 그런 감정 반응은 말뿐만 아니라 손짓과 얼굴 표정, 태도에도 나타났다. 우리는 참석자들에게 우유가 다 떨어졌을 때의 상황을 그림으로 나타내 보라고 했다. 그러자 그들은 비명을 지르거나 머리를 쥐어뜯는 그림, 마지막 우유를 다 마신 사람을 추궁하는 장면의 그림까지 그렸다.

어떤 사람이 그러한 상황의 이야기를 꺼내면 다른 사람들도 모두 그와 유사한 이야기를 떠올렸다. 평소 우유에 대해 거의 생각하지 않았던 사람들이지만, 막상 우유가 있어야 할 때 없는 순간의 황당한 느낌을 말할 수 있었다. "정말 끔찍하군요." 한 참석자가 이렇게 말하자 나머지 사람들은 모두 입술을 오무린 채 고개를 끄덕였다. 따라서 우리는 단순히 음식과의 연관 관계를 뛰어넘어, 막상 '우유가 없는' 순간이 닥쳤을 때 나타나는 정서적 반응을 고찰하기로 했다.

우리는 이 새로운 사항을 염두에 두고 포커스그룹 인터뷰를 다시 실시했다. 조사 참석자들에게는 보통 50달러의 수고료를 지불하는데, 만일 조사에 참석하기 전 일주일 동안 우유를 먹지 않겠다고 약속하는 사람들에게는 25달러를 더 주기로 했다. 참석자들 대부분은 그 조건을 선뜻 받아들였다. 공돈 25달러가 생긴다고만 생각했기 때문이다.

일주일 뒤, 우리는 캘리포니아 북부와 남부에서 각각 포커스그룹 인터뷰를 실시했다. 참석자들은 우리의 요청대로 일주일 동안 그들이 먹고 마신 모든 음식에 대해서, 그리고 그 동안 무엇을 하고, 누구를 만나고, 어떤 기분이었는지를 상세히 기록한 일지를 지참했다.

중년의 한 여성 참석자는 이렇게 말했다. "전 25달러를 추가로 준다고 했을 때 그 일이 전혀 어렵지 않을 줄 알았어요. 알고보니 제가 우유잔에 든 우유만 생각했던 거예요. 우유가 없으면 라떼latte를 못 마신다는 걸 깜빡 잊은 거죠."

옆에 앉은 다른 참석자가 말을 받았다. "정말 쉬운 일이 아니던 걸요. 전 일주일 동안 아예 커피를 끊었어요. 우유 없이는 커피를 안 마시거든요."

싱글 맘인 한 여성은 직장에서 끔찍한 하루를 보냈던 날에 대해 이야기했다. 그녀는 하루 종일 골치아픈 문제가 겹쳐 상사의 잔소리를 들어야 했고, 퇴근길도 몹시 힘들었다고 했다. 집으로 가는 길에 그녀는 기운을 내려고 초코칩 쿠키 두 통을 샀다. 집에서는 아이들에게 시달렸는데, 밤 9시가 되어서야 간신히 아이들을 재웠고, 그제야 쿠키를 들고 텔레비전 앞에 자리를 잡았다. 쿠기를 먹으려면 마실 것이 필요했고, 이때 자신도 모르게 냉장고 안의 우유에 손이 갔다. 우유곽을 손에 쥐고서야 그녀는 자신이 일주일 동안 우유를 먹지 않겠다고 약속했다는 사실을 떠올렸다. 그녀는 그 일주일이 너무 끔찍했다고 털어놓았다. "그냥 우유를 마셔버리고 거짓말을 할까도 생각했죠. 그런데 그건 옳지 않은 일이라는 생각이 들었어요. 그래서 우유를 냉장고에 도로 넣었어요. 우유 없이 쿠기만 먹으니 맛이 예전같지 않더군요. 아무튼 최악의 날에 최악의 마무리였던 셈이죠."

불과 30분 전만 해도 평범했던 조사 참가자들이 이제는 그러한 의견의 지지자들로 변해 있었다. 쓸쓸히 쿠키만 먹어야 했다는 이야기를 들은 참석자들은 진지하게 고개를 끄덕였고, 곧이어 비슷한 경험담이 쏟아져 나오기 시작했다. 참석자들은 모두 지난 일주일 동안 우유를 더 많이 생각했다고 말했다. 예전에도 냉장고에 우유가 떨어진 적이 있지만, 이번에는 일주일 동안 그런 상황을 유지해야만 한다는 것이 그들에게는 더욱 견디기 힘든 일이었다. 결국 우유 없는 일주일 동안의 경험을 통해, 조사 참석자들은 다시는 그런 일을 겪고 싶지 않다는 데 뜻을 같이 했다.

우리는 캘리포니아 사람들이 우유를 다른 방식으로 생각하기를 바랐고, 그 조사는 확실히 그럴 가능성이 있다는 것을 보여주었다. 어쨌든 광고는 그들의 마음에 똑같은 방식으로 영향을 줘야 하며, 그것을 뛰어넘어 행동에도 영향을 줘야 했다. 앞서 실시한 조사에서 땅콩이 든 초콜릿과 초콜릿 쿠키 같은 음식을 본 사람들은 그것을 먹고 싶어하면서 동시에 우유도 곁들이고 싶어했다. 그 점을 고려하면 사람들이 우유를 더 많이 생각하고, 더 많이 소비하도록 할 방법이 있을 것 같았다. 하지만 그것만으로는 충분하지 않다. 우유를 소비하는 유형과 구매하는 유형을 함께 연계해야만 사람들이 우유를 더 많이 마시고, 또 더 많이 구입할 것 같았다. 그 두 가지를 구분하는 것이 무의미해 보일 수도 있지만, 그렇게 해야 하는 논리적인 이유도 있었다. 만일 사람들이 우유를 구입하지 않고 더 자주 마시기만 한다면, 우유의 소비 속도는 빨라지겠지만 우유업계는 아무런 이득을 볼 수 없기 때문이었다. 따라서 그 두 가지 점에 모두 영향을 줄 수 있는 방법을 찾아내야 했다.

수렴

결과적으로 우리의 전략은 단순히 음식과 우유와의 연계를 뛰어넘어, 간식은 있지만 우유가 없는 특수한 상황을 제시하는 쪽으로 나아갔다. 바꿔 말하면, 결핍 전략deprivation strategy이었다. 우리는 광고에서 우유와 완벽하게 어울리는 음식을 보여주는 방법을 썼다. 먼저 음식에 대한 욕구가 생기게 한 다음, 우유에 대한 욕구를 불러오는 식이었다. 하지만 이때 우유가 없다는 사실을 드러냄으로써, 결국에는 음식과 우유의 조합마저 깨진다는 것을 인식시키고 싶었다.

크리에이티브와 미디어를 고려하는 단계에는 많은 아이디어들이 모이기 시작했다. 우선 전반적인 광고 아이디어와는 조금 동떨어져 보이는 특이한 슬로건이 필요했다. 당시에는 전략 방향에 대해 제프 매닝과 합의가 이루어지지 않은 상태였는데, 제프 굿바이와 논의를 하면서 결핍에 대한 아이디어를 떠올렸다. 팀원들 중 몇몇은 결핍과 관련된 재미있는 문구를 뽑아주면 그것에 관해 좀더 심도 있게 논의할 수 있을 거라고 말했다. 그리고 다음 회의 때 굿바이는 자신이 생각해도 "조금 이상해 보인다"는 문구 하나를 제안했다. 그 문구를 가지고 무엇을 하

314

겠다는 구체적인 생각은 없었지만, 아무튼 문구 자체는 흥미로웠다. 만일 카피라이터들이 자신이 만든 문구의 단어 수에 따라 급료를 받는다면, 제프 굿바이는 부자가 되기에는 애당초 틀린 사람이다. 그가 만든 문구는 단 두 어절로 이루어져 있었다.

got milk?(우유 있나요?)

나는 제프 굿바이가 이 문구를 어카운트 팀에 처음 보여줬을 때 어떤 반응이 나왔는지 아직도 기억한다. 팀원 중 한 사람은 그 문구가 명확하지 않다고 말했다. "충분한 우유가 있나요?"라고 말해야 하지 않았을까? 다행히 굿바이는 그 의견에 신경 쓰지 않았다.

결핍 전략에 호의적인 의견들이 점차 늘어나면서 "got milk?"라는 문구는 스스로 생명력을 얻기 시작했다. 또 다른 카피라이터인 스콧 번즈Scott Burns는 TV 광고에 적합한 아이디어로, 우유가 필요한 순간 그것이 마치 축복과도 같이 어떤 음식과 완벽하게 어울린다는 식의 내용을 제시했다. 그가 내놓은 시적인 아이디어는 호기심을 자아냈는데, 그런 다음 급작스럽게 상황이 바뀌며 우유가 없다는 것을 드러내는 방식이었다. 그리고 마지막 단락은 항상 "got milk?"라는 간단한 물음으로 끝맺었다. 그는 시각적인 측면은 충분히 고려하지 않았다. 그래서 우리는 포커스그룹을 상대로 그 효과를 시험해보기로 결정했다. 조사를 진행하는 방법은 간단했다. 조사 참석자들에게 눈을 감으라고 한 뒤 큰 소리로 원고를 읽어준 다음 상상을 하도록 하는 방식이었다. 우리가 읽어준 원고에 대해 참석자들이 어떤 이미지를 떠올리는지 듣는 것도 무척 흥미로운 일일 것 같았다.

밤

지구가 태양에서 등을 돌린다. 요정의 자장가 소리와 함께 골치아픈 질문들이 머릿속에 쏟아져 들어오기 시작한다. 이 방 저 방을 오가면서 문제와 씨름하는 당신은 결국 냉장고에 얼굴을 맞대고 선다. 아침이 좀더 가까워졌음을 알려줄 무엇이 없는지 스스로에게 묻는다. 매일 아침을 함께 하는 우유 한 잔처럼. 그런데, 혹시라도 우유가 없다면? 글쎄, 당장 통화를 할 수 있는 지구 반대편의 친구가 있기를 바라는 편이 나을 것이다.

우유 있나요?(got milk?)

커피

스테아민 조Steamin' joe, 자바Java 커피, 커피 알갱이. 커피는 모든 면에서 정치나 프로 스포츠 같이 또 다른 문명의 증거나 다름없다. 경주용 자동차에 오른 듯 가슴을 설레게 하고, 어린 아이처럼 평화로울 수도 있으며, 늘 아침 신문과 함께 자리를 지키고, 저녁 식사가 준비될 때에도 함께 한다. 대화를 시작하게 할 수도 있다. 커피에 우유만한 것이 있을까? 뜨거운 갈색 액체를 멍하니 들여다보며 혀를 델지 모른다고 걱정하는 당신.

우유 있나요?(got milk?)

땅콩 초콜릿

브라우니 한 조각으로 치유하지 못할 인생은 없다. 불편한 인간관계, 실직, 비오는 흐린 날 또는 사소한 병치레쯤이야 오븐에서 갓 구워낸 바삭바삭한 브라우니로 모두 해결할 수 있다. 가게에서 산 것이든, 집에서 만

든 것이든 간에 '브라우니'라는 말 한 마디로 아이와 노인들 모두 미소짓

게 할 수 있다. 그런데 혹시라도 우유가 없으면 어쩌지? 브라우니가 목에

걸려 방바닥을 대굴대굴 구르면서 자신의 처지를 괴로워하는 당신.

우유 있나요?(got milk?)

시리얼

더운 날이나 추운 날, 낮이나 밤이나 출출한 속을 채우기에 가장 좋은 건

시리얼 한 그릇. 세상에는 밀, 옥수수, 설탕, 그라놀라, 귀리 등 상자에 담

아 이름만 붙이면 되는 시리얼이 수백 가지가 넘는다. 시리얼을 먹을 때

빼놓아서는 안 되는 것은 그릇과 숟가락. 즐거운 식사 뒤에는 치울거리도

별로 없지. 참, 그런데 우유가 있어야지? 우유가 없으면 그릇에 딱딱한 시

리얼을 가득 담은 채, 어느 가게가 문을 열었는지 고민고민해야 할 텐데.

우유 있나요?(got milk?)

이 아이디어에 대한 반응은 아주 좋았다. 주위를 환기할 만큼 아이디어가 좋고, 또 참석자 대부분은 전부 그런 상황을 실제 겪은 적이 있다고 말했다. 누구나 가끔은 불면에 시달리고, 또 우유 없이 먹는 땅콩 초콜릿이 어떤 맛인지 잘 알고 있었다. 특히 누군가가 땅콩 초콜릿 부스러기를 코 밖으로 킁킁 불어내며 고생하는 것을 떠올리면 정말 재미있는 장면을 연출할 수 있을 것도 같았다. 한편 '커피' 아이디어는 효과가 크지 않을 것 같았는데, 그 이유는 블랙 커피를 즐기는 사람도 많기 때문이었다. 시리얼 아이디어는 너무 뻔하다는 반응도 나왔다. 한

편, 시리얼과 커피는 보통 습관적으로 소비하는 식품인 반면, 땅콩 초콜릿은 누구나 좋아하고, 손님을 대접하거나 늦은 밤 간식 거리로도 좋은 음식이었다. 따라서 '땅콩 초콜릿' 외의 다른 아이디어들에 대해서는 '결핍감'을 별로 느끼지 않는다는 것이 참석자들의 반응이었다. 반응이 그렇다면 우리는 실제로도 소비자의 행동에 변화를 주지 못할 것이라고 결론내렸다. 한편 가장 반응이 좋았던 '땅콩 초콜릿' 아이디어도 참석자들은 그것이 남의 고통으로만 보인다고 생각했다. 그래서 우리는 사람들을 그 아이디어의 줄거리 속으로 끌어들일 방법을 찾을 필요가 있었다.

문제를 해결하는 첫 단서는 광고대행사 내의 미디어 부서에서 나왔다. 광고대행사에서 미디어 부서는 크리에이티브 과정에 거의 관여하지 않는 것이 일반적이기 때문에 이 점은 꽤 의외였다. 미디어 부서와 크리에이티브 팀은 같은 건물 내에서도 층을 다르게 쓰고, 전략과 크리에이티브를 논하는 단계에서 서로 의사소통을 하는 경우가 거의 없기 때문이었다. 그런데 이번에는 크리에이티브 팀이 실험적 아이디어를 마구 쏟아내는 동안, 미디어 부서 사람들도 어느 시간대, 어느 장소에서 광고를 보거나 듣는 사람에게 행동을 유발할 가능성이 가장 큰지를 알아내려고 애썼다.

우유가 대부분 가정에서 소비된다는 점을 감안하면, 소비의 측면에서 TV가 냉장고와 가까이 있는 소비자에게 말을 걸 수 있는 가장 좋은 매체라는 점은 분명했다. 단층 구조의 집안을 무대로 한 미디어 계획이 제프 매닝에게 제시되었다. 즉 냉장고를 중심으로 지름 30피트의 원이 그려졌고, 우리는 소비자들이 어떤 행동을 취할 수 있으려면 광고가 냉장고로부터 30피트 안에 있는 사람들에게 도달해야 한다고 말했다.

〈그림 7-1〉 캘리포니아 유가공 협회: 초콜릿 칩 쿠키

TV 광고는 우유와 어울리는 음식이나 스넥 광고가 나오는 특정 시간대에 맞춰 내보낼 수 있을 것이다. 가령 땅콩 버터와 젤리가 들어간 샌드위치 광고는 아침식사 시간이나 오후의 간식시간, 혹은 배가 출출해서 뭔가 먹고 싶어지는 밤 늦은 시간대에 방송될 것이며, 땅콩 초콜릿, 컵 케익, 초콜릿 쿠키도 마찬가지일 것이다. 따라서 우리는 전통적으로 하루를 구분하던 방식에서 벗어나, "got milk?" 광고의 미디어 계획을 세

〈그림 7-2〉 캘리포니아 유가공 협회: 땅콩버터와 젤리가 든 샌드위치

우면서 하루를 '아침식사 시간', '간식 시간', '저녁식사 시간' 등으로 구분했다.

사람들은 냉장고 근처에서 광고를 접할 때 우유를 소비할 가능성이 크다는 것과 같은 논리가 구매 과정에도 적용된다. 만약 우리가 소비자들에게 초코칩 쿠키에 대한 욕구를 불러일으키려 한다면, 그것을 구매할 수 있는 장소를 선택해 광고하는 것이 합당하다. 당연히 미디어 디

〈그림 7-3〉 캘리포니아 유가공 협회: 컵케익

320

렉터는 전략적으로 동네 슈퍼나 고속도로 출구 근처에 옥외 광고판을 설치해서 사람들이 우리의 음식을 먹고 싶게 만들고, 가게에 들러 음식을 사도록 유도하자는 제안을 내놓았다.

단순한 크리에이티브 아이디어 하나가 지면 광고에 생명을 불어넣었다. 예쁘고 먹음직스러운 초코칩 쿠키가 한 입 베어나간 채로 남아있고, 그 베어 문 자리에는 "got milk?"라는 문구가 들어갔다. 오븐에서 갓 꺼낸 브라우니 접시, 촉촉한 땅콩 버터와 젤리를 바른 샌드위치, 그리고 컵케익 한 쌍에도 같은 방식을 썼다(그림 7-1, 7-3). 이 새로운 실행안들은 몇 개의 새로운 TV 광고 대본과 함께 다시 포커스그룹에 보내졌다. 그 중에는 스콧 번즈가 급하게 쓴 대본도 있었는데, 우리들 중 여러 명이 그 아이디어가 쓸모 없을 것이라고 생각했다. 그 대본은 알렉산더 해밀턴Alexander Hamilton과 애런 버Aaron Burr의 기념품을 수집하는 괴상한 남자에 대한 이야기였다. 라디오 퀴즈 쇼에서 그 남자만 알고 있는 문제가 나왔을 때 그는 비로소 자신의 편집증적인 성격 덕분에 큰 돈을 벌 기회가 생겼다는 것을 안다. 마침 전화벨이 울리고, 그의 입 안은 땅콩 버터와 젤리가 들어간 샌드위치로 가득 차 있는데 하필이면 이때 우유가 모두 바닥난 상태다. 그는 말을 입 밖에 낼 수 없었고, 결국 5만 달러를 챙길 기회를 날려버리고 만다.

"사람들은 알렉산더 해밀턴이나 애런 버에 대해 흥미가 없을 겁니다." 우리들 중 비관론자들이 말했다.

"너무 난해해요."

"너무 작위적이에요. 무슨 말이냐 하면, 라디오 쇼에서 하필이면 그 애런 버 전문가인 남자에게 전화를 거는 게 너무 큰 우연의 일치라는 거죠. 사람들이 믿을 것 같지 않아요."

애런 버Aaron Burr

장면 : 아파트의 한 남자. 아파트는 알렉산더 해밀턴과 애런 버에 푹 빠져 있는 남자의 거처다. 방 안의 벽은 온통 골동품으로 가득 차 있다. 희귀한 책과 초상화가 남자의 주변을 에워싸고 있다. 라디오가 방송 중이고, 남자는 샌드위치를 먹고 있다.

라디오: 오늘의 문제입니다. "알렉산더 해밀턴을 쏜 사람은 누구일까요?" 청취자 분에게 전화를 걸겠습니다.

(효과음) 벨 소리

남자 : (숨을 죽이며) 애런 버, 애런 버.

(효과음) 벨 소리

남자 : 어어어! (샌드위치를 한 입 베어물고 수화기를 집어든다)

DJ: 안녕하세요, 5만 달러가 걸린 오늘의 문제, 알렉산더 해밀턴을 쏜 사람은 누구일까요?

(남자는 목이 매인 채 속삭이듯 입을 열지만, 땅콩버터가 목구멍을 막아 소리가 나오지 않는다. 급히 냉장고로 달려갔지만 우유가 없다.)

DJ : 괜찮습니다, 긴장하지 마세요. 과연 누가 알렉산더 해밀턴을 ...?

(자막): 우유 있나요?(got milk?)

〈그림 7-4〉 캘리포니아 유가공 협회: 애런 버(대본 초안)

하지만 조사 참석자들은 그 이야기를 단순히 믿는 정도가 아니라 그 아이디어를 너무나 좋아했다. 우리는 단지 대본(그림 7-4)을 사용해 조사 참석자들에게 그 아이디어를 전달했고, 조사 진행을 맡았던 나는 좀

더 극적인 효과를 내기 위해 참석자들에게 한 입 가득 채울 수 있게 쿠키도 나눠주었다. 참석자들은 모두 약간 들떠 있었고, 앞서 조사를 진행할 때와는 분위기도 달라졌다. 우선 그들의 몸 동작이 완전히 이야기에 몰입했음을 보여주었다. 참석자들은 신나게 웃어댔는데, 특히 그 주인공(애런 버 전문가)이 말을 하려고 해도 할 수가 없는 상황일 때는 마치 참석자들도 (영화에 심취한 사람이 물에 빠진 극중 인물을 보면서 자신도 숨을 참는 것처럼) 자기 입을 잔뜩 부풀린 것처럼 보였다.

참석자들은 퍽퍽한 땅콩 버터로 입 안을 가득 채운 상태에서 음식을 쉽게 넘기게 해줄 우유 한 모금이 없을 때 어떤 기분인지에 대해 말했다. 또, 상금이 걸린 라디오 퀴즈의 답을 알고 있을 때의 흥분(그리고 답을 알면서도 말할 기회를 놓칠 때의 좌절감)에 대해서도 말했다. 그러니까 참석자들은 모두 그 황당한 상황을 즐겼다. 우리가 걱정했던 이야기 자체의 논리적 결함이 문제되기는커녕, 사람들은 본능적으로 이야기에 몰입했다. 우유가 모두 바닥난 상황에서 느낄 법한 짜증이나 낭패감이 잘 나타났기 때문이었다.

그 이야기가 사람들에게 전달하려는 메시지는 뭘까?

"경고로군요! 그런 일이 자신에게 생기지 않게 조심하라는 뜻 같아요." 참석자 한 사람이 말했다.

다른 참석자들도 이 대본 줄거리와 유사한 자신들의 경험담을 털어놓기 시작했다. 그들은 모두 그 상황에서 얼마나 낭패감을 느꼈는지 말했는데, 그런 상황은 쉽게 피할 수 있는 것이었다는 점에서 그들이 겪은 고통은 더욱 컸다. "미리 우유를 사놓았다면 그런 일을 겪지 않았을 겁니다." 참석자들은 그 원고가 전달하는 메시지에 모두 공감하고 있었다.

어떤 참석자들은 우유가 바닥났을 때 "최악의 상황"이 닥치면, 평소 전혀 생각지도 않았던 부끄러운 행동을 할 수밖에 없다고 털어놓았다. 한 남자는 일주일 전에 있었던 자신의 경험담을 말했다. 그는 평소와 마찬가지로 아침 일곱 시에 아래층에 내려가 시리얼을 먹으려고 했다고 한다. 그는 그릇에 시리얼을 붓고, 바나나를 썰어 그 위에 올려놓은 다음 우유를 가지러 냉장고로 향했다. 그런데 우유곽이 비어 있는 것을 발견했다. 이때 다른 참석자들이 서로 웅성대기 시작했다. 고개를 휘젓고 눈동자를 굴리던 참석자들은 모두 그런 경험을 겪어보았다는 표정이었다.

"누군가 우유를 다 마신 뒤 빈 우유곽만 넣어둔 거죠. 젠장, 전 미치는 줄 알았다니까요." 남자의 말에 고개를 끄덕이는 사람이 늘어났다. 집에는 항상 그런 짓을 하는 "누군가"가 있게 마련이다. 남자는 하는 수없이 바싹 마른 시리얼이 엉겨붙은 바나나만 먹고, 시리얼 그릇을 내던져버렸다. 그는 굶주린 채로 직장에 갔고, 아침부터 기분을 망친 것 때문에 그날 하루가 엉망진창이었다고 말했다.

다른 조사 집단의 참석자들에게 이 남자의 이야기를 들려주자 "그럴 때면 기분이 너무 나빠서 아이들이 먹는 우유라도 빼앗아 먹을지 몰라요."라고 말하는 사람이 있었다. 그 말에 참석자들은 모두 웃음을 터뜨렸다. 옳거니, 낭패감이 극에 달하면 어떤 일을 저지를지 모른다. 당신은 나쁜 짓도 할 수 있을 것이다. "아이들 우유쯤이야 뭐가 대수예요. 나라면 고양이한테 준 우유라도 빼앗을지 몰라요."라고 다른 참석자가 말을 받았다. (거울 뒤에서 이 과정을 지켜보던 크리에이티브 담당자들은 참석자들이 내놓은 의견들이 이야기의 줄거리로 꽤 그럴 듯하다는데 뜻을 같이 했다. 바로 그러한 아이디어를 바탕으로 유명한

TV 광고(그림 7-6)가 제작되었다.).

이후 나는 옥외 광고로 나올 아이디어 사진을 조사 참석자들에게 보여주었는데, 심각하리만치 구미가 당기는 모양이었다. 내가 사진에 나온 음식과 우유 한 잔을 먹을 수 있게 마련해주지 않은 것에 대해 원성이 자자할 정도였다.

TV용 아이디어와 지면 광고가 함께 어우러진 효과는 매우 강력했다. 대체로 첫 번째 광고를 본 참석자들은 자신들의 집에 우유가 바닥나지 않았는지 냉장고를 확인해보아야겠다는 반응을 보였다. 만일 우유가 충분하지 않으면 나가서 사오고, 충분히 있으면 당장 마시겠다는 식이었다. 만약 내가 미리 참석자들과 말을 맞춰서 좋은 말만 하게 하려고 했더라면, 감히 그렇게 우리의 전략을 잘 보충하는 토론을 끌어내지 못했을 것이다.

제프 굿바이는 광고가 효과를 발휘할 수 있게 하는 방식에 대해 다음과 같이 지적했다. "음식과 우유를 함께 제시하는 소재는 꽤 흥미로워요. 그런데 우유를 치워버리면 더 흥미로워지죠. 더 나아가 어떤 사람의 입에 음식은 물려주고 우유는 주지 않으면 정말로 사람들의 주목을 제대로 끌 겁니다."

포커스그룹 인터뷰를 끝내고 일주일이 지난 뒤, 우리는 당시 조사에 참석한 사람들을 대상으로 전화 설문 조사를 실시했다. 우리는 앞서 실시한 조사에 대해 그들이 어떤 점을 기억하는지 알고 싶었고, 그보다도 그들이 광고 아이디어를 처음 접하고 약 일주일이 지나는 동안 우유와 관련된 행동에 어떤 변화가 있는지도 궁금했다. 그런 후속 조사는 처음 실시한 것이어서 나쁜 선례를 남기긴 않을지 나는 약간 걱정했다 (그들의 반응은 단지 참고용일 뿐인데, 모두가 그런 식으로 받아들이지는 않을 것이라는 점이 염려스러웠다). 그런데, 전화로 이야기를 나눈 참석자들의 반응은 무척 놀랍고 고무적이었다. 우선 그들은 우리가 제시한 개별 광고 사례를 놀라우리만큼 명확하고 자세히 기억하고 있었다. 특히 "애런 버" TV 아이디어와 옥외 광고가 그랬다. 한편 전화 통화가 가능했던 사람들 중에서 3분의 2 이상은 지난 일주일 동안 우유와 관련된 행동 방식이 달라졌다고 대답했다.

한 여성은 자신도 놀랐다면서 이렇게 털어놓았다. "그 조사에 참석하기 전까지는 우유 한 잔을 제대로 마셔본 적이 없는 것 같아요. 아마 15년 동안 그랬을 거예요." 그녀는 평소 우유를 먹기는 했지만, 단지 커피나 시리얼을 먹을 때만 곁들일 뿐이었다. "그날 조사를 끝내고 집에 돌아가는 길에 저는 편의점에 들러 초코칩 쿠키와 우유 한 통을 사서 정말로 한 잔을 다 비웠어요. 그 이후로도 며칠 째 매일 밤 한 잔씩 마시는 게 습관이 되었어요." 그녀는 가장 크게 바뀐 사례였다. 한편 다른 참석자들은 가게에 들르면 "만약을 대비해서" 여분의 우유를 산다고 대답했고, 많은 참석자들이 그날 좌담회 이후 브라우니와 땅콩버터, 젤리 샌드위치 등 평소에 즐기지 않던 음식을 좋아하게 되었다고 말했다.

단지 전화 통화만으로 정확한 예상을 내놓기는 어렵지만 아무튼 한 가지 사실만은 분명했다. 즉 우리의 광고 아이디어가 소비와 구매 측면에서 모두 어떤 변화를 불러왔다는 점이었다. 제프 매닝과 협회 임원들은 이 조사 결과에 기뻐하며 계속해서 광고 제작이 순조롭게 진행되기를 바랐다. 광고를 제작하고 매체에 내보내는 비용은 첫해에만 2,500만 달러를 책정했는데, 그 금액은 부분적으로 광고대행사의 포커스그룹 인터뷰를 근거로 한 것이지만, 나는 그것이 그들의 진심을 반영한 것이

〈그림 7-5〉 캘리포니아 유가공 협회: 애런 버(TV)

〈그림 7-6〉 캘리포니아 유가공 협회: 아기와 고양이

328

〈그림 7-6〉 계속

라고 믿었다. 낙농업에 평생을 바쳤을 뿐만 아니라 지극히 가정적이기
도 한 그 사람들은 우리의 아이디어에 투자하는 것이 옳다고 생각했다.
무엇보다도 그들이 투자한 2,500만 달러는 바로 그들의 호주머니에서
나온 돈이라는 점도 의미가 깊었다.

옥외 광고는 컨셉대로 거의 정확히 제작되었으며, 음식을 좀더 구
미가 당기게 찍었다는 점만 달랐다. 또 퇴근 시간대에 맞춘 라디오 광
고를 추가했는데, 직장에서 집으로 가는 사람들에게 만일을 대비해 가
게에 들러 우유를 사야 한다는 점을 상기시키려는 것이었다.

한편 실제 매체 비용의 대부분은 TV 광고에 썼고, TV 광고는 모두
4편을 내보내기로 결정했다. 그 중 선두 주자는 "애런 버" 이야기였고
(그림 7-5), 마이클 베이Michael Bay 감독이 줄거리를 좀더 세밀하게 보강해
60초 길이로 제작했다. 또 다른 30초짜리 TV 광고인 '커플' 편은 한 젊
은 남자가 밤 늦은 시각 잠에서 깬 뒤, 주방에 있는 여자 친구를 발견
한다는 이야기다. "뭘 하는 거야? 여태 안 잤어?" 남자가 묻는다. 여자
는 남자에게 차가운 시선을 보내고 "내가 계속 모를 줄 알았어?"라며
싸늘하게 대꾸한다. 남자는 무엇인가 들통났음을 깨닫고, 재빨리 변명
을 해서 위기를 모면하려고 한다. 그런데 문제는 그가 무슨 이야기를
실토해야 할지 모른다는 점이다. "내가 준 반지 때문이야?" 묵묵부답.
"이봐, 큐빅은 겉보기에는 다이아몬드와 똑같아." 여자는 손에 긴 반지
를 들여다보고, 다시 남자를 바라본다. "그래, 난 감옥에 간 적이 있
어." 남자는 정말로 당혹해한다. 다시 침묵이 흐르고, 결국 여자가 입
을 연다. "한 방울도 안 남기고 우유를 다 비워버리면 어떡해." 남자는
여자 앞에 바싹 마른 시리얼 그릇이 놓여 있는 것을 본 뒤에야 엷은 미
소를 짓는다(마치 웃으면 문제가 해결되기라도 한다는 듯이). 이때 어디

선가 들려오는 목소리. "got milk?"

또 다른 오프닝 광고 "아기와 고양이" 편(그림 7-6)은 포커스그룹 참석자의 경험과 재치에서 나온 것이었다. 아직 졸음이 채 가시지 않은 남자가 아침을 먹으러 주방으로 들어온다. 식탁 옆 유모차에는 우유가 든 젖병을 물고 있는 아기가 있다. "아가, 잘 잤니!" 그릇에 담긴 우유를 먹던 애완용 고양이는 남자가 그릇에 시리얼을 붓는 것을 물끄러미 쳐다본다. 남자는 이제 우유를 붓기 시작하는데, 저런, 우유가 몇 방울밖에 흘러나오지 않는다. 남자는 다급해진다. 남자의 시선은 아기의 젖병을 향하고, 이때 서부극 '석양의 무법자' 결투 장면 음악이 울려나온다. 아기는 시선을 외면한다. 남자는 이제 고양이와 우유 그릇을 쳐다본다. 고양이는 남자를 되쏘아본다. 남자는 결심을 단단히 한 듯 아기의 젖병이 있는 쪽으로 팔을 뻗친다. 아기는 젖병을 꽉 움켜쥐고는 몸을 뒤로 기대며 속으로 "맘대로 안 될 걸!" 하고 중얼거린다. 곧이어 "got milk?"라는 음성이 나오면서 화면이 어두워지고, 고양이의 앙칼진 울음소리와 함께 광고는 끝이 난다.

후속 작업

우유와 우유에 함께 곁들이는 음식의 관계는 대중매체의 영역 밖에서 여러 가지 아이디어를 낳았고, 그 덕분에 단순히 광고 혼자서 성취할 수 있는 것보다 훨씬 더 큰 존재감을 광고 캠페인에 부여하게 되었다. 무엇보다도 광고가 도달하기 어려운 매장에까지 광고 메시지를 직접 전달할 수 있었다.

그것이 가능했던 첫째 이유는 우유에 어울리는 음식들을 이용한 판촉 캠페인 덕분이었는데, 이는 사람들이 그 음식을 많이 먹을수록 분명히 우유도 더 많이 소비할 것이라는 논리에 따른 것이었다. 미국 내의 많은 광고대행사들이 캘리포니아 유가공 협회와 합동 프로모션에 참여했고, 여기에는 제너럴 밀스General Mills, 크래프트 제너럴 푸드Kraft General Foods, 네슬레Nestle, 나비스코Nabisco, 마더스 쿠키즈Mother's Cookies 같은 기업들이 포함되었다. 제너럴 밀스와 나비스코는 "got milk?" TV 광고에 트릭스Trix와 오레오Oreo 등의 과자 제품을 참여시켰다(그림 7-7, 7-8). 한편 제너럴 밀스는 자신들의 제품 로고Wheaties가 들어가야 할 자리에 'got milk?' 문구를 넣었고(그림 7-9), 각종 시리얼 제품의 포장에 'got milk?'를 인쇄해 넣음으로써 그 제품을 구매하는 사람들이 우유도 함께 구입하게 하는 효과를 가져왔다.

판촉 활동과 더불어, 캘리포니아 주 매장 전역에 POP 광고가 설치되었다. 'got milk?'라는 문구가 적힌 광고는 우유가 진열된 통로뿐만 아니라 쿠키나 시리얼 같은 '우유에 어울리는 제품'들이 놓인 매대에도 부착되었다(그림 7-11). 작은 광고판을 매장의 쇼핑 카트에 붙이고(그림 7-10), 편의점의 내부 바닥에도 "got milk?" 광고물을 붙여 소비자들을 유제품 코너로 인도했다. 혹시라도 이 모든 POP 광고가 소비자의 눈길을 사로잡는데 실패할 경우를 대비해 쇼핑의 마지막 코스인 계산대에도 'got milk?'가 쓰여진 계산 분리용 막대를 배치했다.

〈그림 7-7〉 캘리포니아 유가공 협회: 트릭스

〈그림 7-8〉 캘리포니아 유가공 협회: 오레오 케인(Oreo Kane)

〈그림 7-9〉 캘리포니아 유가공 협회: 위티스 시리얼 박스

캠페인 확장

이 우유 캠페인은 1993년 11월에 처음 내보내기 시작해 1997년 6월까지 캘리포니아에서만 "got milk?" 지면 광고 23가지, TV 광고 25가지, 라디오 광고 25가지가 소비자에게 선을 보였다. 광고에서 우유가 결핍된 상황은 NYPD Blue라는 유명 드라마를 본따 악질 범죄자를 심문하는 수단으로 사용되었고, 성직자로 하여금 잠시 본분을 잊고 고장난 자판기를 주먹으로 치게 만들었다. 개인적으로 나는 '천국' 편(그림 7-13)이 가장 마음에 들었는데, 이때 우유는 사악한 여피족을 고문하는 수단으로 사용됐다.

〈그림 7-10〉 캘리포니아 유가공 협회: got milk?(쇼핑 카트 광고)

〈그림 7-11〉 캘리포니아 유가공 협회: got milk?(매대 광고)

〈그림 7-12〉 캘리포니아 유가공 협회: got milk?(계산 분리용 막대)

336

그 광고는 한 여피족이 거들먹거리면서 길을 걷다가 휴대폰에 대고 "톰, 내가 제안 하나 할까?"라고 말하는 장면에서 시작한다. "자넨 해고야!"라고 그는 이내 고함을 지르고는 건널목을 지나다가 나이든 여성을 부딪쳐 넘어뜨린다. 그리고도 모른 체하며 걷는데, 이때 거대한 트럭이 그를 향해 돌진한다. 그가 트럭을 보았을 때는 이미 너무 늦었고, 트럭의 경적 소리와 함께 화면이 검게 물든다.

흰 비둘기가 퍼덕이며 날아가고, 아름다운 한 여인이 나지막이 "저승에 온 것을 환영해요."라고 말한다. 여피족이 주변을 둘러보는 사이 부드러운 음악이 흘러나오고, 여인은 문을 닫는다. 여피족은 햇살이 비치는 넓고 환한 방에 있다. 주위에는 아름다운 흰 꽃들이 있고, 수조에는 흰 금붕어가 헤엄을 치며, 탁자 위에는 초콜릿 칩 쿠키가 가득 쌓인 큰 접시가 놓여 있다. 그는 쿠키를 한 입 베어물고 주위를 다시 한번 둘러본 다음 환하게 웃는다. "천국이다!" 그는 환호성을 지르며 냉장고가 있는 쪽으로 간다.

냉장고 문을 열자 그 안에는 우유가 수백 곽이나 들어있다. "옳커니!" 의기양양해진 그는 허공에 주먹을 내지른다. 우습게도... 첫 번째 우유곽은 비어 있다. 두 번째도 그렇다. 세 번째도 마찬가지. 그는 냉장고 선반에서 우유곽을 계속 집어내지만 빈 곽만 계속 나오고, 처음에는 마냥 어리둥절했지만 이내 조바심이 밀려들고, 그 조바심은 이내 혼란과 공포로 변한다. 결국 그는 냉장고 앞에 무릎을 꿇고 앉아 숨을 헐떡이며 묻는다. "잠깐! 도대체 여기가 어디지?" 그의 질문에 대답이라도 하듯, 화염 속에서 "got milk?"라는 문구가 떠오른다.

다른 옥외 광고판에서는 배고프고 목마른 아이들과 새끼고양이가 운전자들과 보행자들을 내려다보면서, 가게에 들러 우유를 사지 않으

〈그림 7-13〉 캘리포니아 유가공 협회: 천국

338

MILK
LOWFAT
MILK
The California Fluid Milk Processor Advisory Board

got milk?

〈그림 7-13〉 계속

면 가족들의 분노를 살 것임을 경고한다. 다른 라디오 광고에서는 '우유 없는 마을'의 무서운 전설에 대해 말하고, 그 마을 주민들이 얼마나 비참하게 살아가는지 묘사한다. 이 광고는 아주 부드러운 음성으로 "물론 댁의 냉장고에는 우유가 없지는 않겠죠. 그렇죠?"라는 말로 끝을 맺는다.

성과를 얻었는가?

캘리포니아 지역에서 "got milk?" 광고가 첫선을 보인 지 6개월이 지난 후인 1994년 5월, 브루스 호로비츠가 『로스앤젤레스 타임스』에 글을 기고했다. 그는 하품이 나올 만큼 평범한 제품인 우유가 아주 짧은 기간 동안에 거의 추앙받을 만한 광고 주제가 되었다는 사실을 언급하며 놀라움을 표시했다. "got milk?"라는 새 광고는 이미 오래 전부터 방송을 탄 "건강에 좋아요"라는 우유 광고의 인지도를 앞서기 시작했고, 캘리포니아 사람들이 가장 좋아하는 광고라는 사실이 정량조사와 정성조사 모두에서 드러났다. 사람들은 광고의 영향을 받았음을 스스로 인정했는데, 우유와 함께 먹는 음식들을 선호하게 되었을 뿐만 아니라, 혹시라도 우유가 떨어질까봐 서둘러 매장으로 달려간다는 것이었다.

그것은 매우 고무적이었는데, 한편 조사자들에게는 '현재보다 우유를 더 마시겠다'고 대답한 사람의 수가 늘어난 것이 더욱 고무적이었다. 한편 제프 매닝이 늘 재빠르게 지적하듯이, 사람들이 광고를 좋아하고 멋지다고 말해도, 그것이 그와 광고대행사가 처음 약속된 2년보다 더 오래 고용되게 하는 것은 아니었다.

아무튼 다행히도 캘리포니아 유가공 협회와 매닝, 우리들이 초기 조사를 하면서 들었던 개인 사례들은 단순히 말로만 그치지는 않았다. 우선 우유를 정기적으로 마신다고 응답한 캘리포니아의 가구수가 증가한 것으로 나타났다. 닐슨의 가구 패널 조사에 따르면 정기적으로 우유를 마시는 가구의 비율은 1993년 70퍼센트에서 1995년에 74퍼센트로 증가했다. 가구수를 늘리는 것이 처음부터 우리의 의도는 아니었기 때문에 우리는 그 결과를 다소 놀랍게 받아들였다. 아무튼 그 결과가 우유 소비의 증가를 뜻한다면 우리는 당연히 그 현상을 좋게 받아들일 수 있었다.

우리의 애초 목적은 이미 우유를 정기적으로 마시는 사람들이 우유를 더 많이 마시게 하는 것이었다. 따라서 광고의 효과를 알아보기 위해 광고를 내보내기 전에 미리 MARC를 통해 포커스그룹의 우유 소비량을 추적 조사할 준비를 갖춰두었다. 광고를 내보내기 전인 1994년 10월과 1995년 12월의 우유 소비 횟수를 비교한 결과, 응답자들의 하루 우유 소비 횟수는 94년 3.9회에서 95년 4.3회로 늘었다. 닐슨의 조사에서도 역시 광고를 내보낸 후 2개월이 지나면서부터 우유 소비량이 연중 지속적으로 상승했음을 보여주었다. 미국에서 1인당 우유 소비량과 가구당 우유 소비량이 가장 적었던 캘리포니아 주는 다른 주의 우유 소비량을 금세 따라잡았고, 곧 미국에서 우유를 가장 많이 소비하는 주가 되었다. 그뿐만이 아니었다. 다른 주에서는 우유 소비량이 계속 줄어드는데도, 캘리포니아 주만은 유독 우유 소비량이 늘어났다는 점 또한 특이한 현상으로 비춰졌다.

우유의 판매 규모와 관련해, 캘리포니아 유가공 협회의 처음 의도는 1993년 당시 전년도와 비교해 3.6퍼센트나 낮아진 우유 판매량의 추가적인 감소를 막으려는 것이었는데, 캘리포니아에서 우유 판매가 증가하면서 곧 광고 캠페인이 처음에 의도한 것 이상의 효과를 내고 있음을 알게 되었다. "got milk?" 광고를 처음 내보낸 1994년, 캘리포니아 식량 농업청의 발표에 따르면 우유 판매량은 전년도와 비교해 0.7퍼센트 증가했다는 결과가 나왔다. 0.7퍼센트는 우유 520만 갤런에 해당하고, 소매가로 환산할 때 1,300만 달러 어치의 우유가 더 팔렸다는 것을 뜻했다. 우유 판매량 증가는 지난 10년간 미국의 모든 주를 통틀어 한 번도 일어난 적이 없는 이례적인 일이었다. 1995년의 판매액은 전년도보다 1퍼센트 감소했고, 1996년에는 1995년보다 조금 더 높은 판매액을 기록했다. 캠페인 4년째인 1997년에 판매액은 다시 상승세를 탔다 (캘리포니아 식량농업청의 자료는 이후 일부 수정이 가해졌기 때문에, 몇몇 수치는 예전에 나온 것들과 비교할 때 차이가 있을 수 있다).

겉보기에 그 수치가 크게 확연하지 않다고 생각할지 모르나, 광고 이전까지 우유 판매량이 꾸준한 감소 추세였음을 감안해보면 1994년의 판매량은 실제로는 4.3퍼센트 증가했고, 3,300만 갤런의 우유가 팔려 8,300만 달러어치의 수입이 늘어난 것으로 추산할 수 있다. 캘리포니아 유가공 협회는 만일 우유 판매 감소가 계속되었다면 1998년에는 (연 3퍼센트의 판매 감소를 계산하면) 1993년에 비해 1억 7,000만 갤런의 우유가 덜 판매되었을 것으로 추정한다. 나는 그러한 예측이 다소 극단적이라고 생각하지만, 적어도 광고 덕분에 약 10퍼센트(약 7,500만 갤런) 이상의 판매 감소를 막았다고는 충분히 생각할 수 있다.

1995년 여름, 미국 낙농업자들의 대표 단체인 DMI는 연간 8,000만 달러의 매체 비용을 들여서 캘리포니아 주의 "got milk?" 광고를 전국에 확대하기로 결정했다. DMI는 캘리포니아 유가공 협회의 광고를 쓰는 대가로 로열티를 지불했고, 협회는 그 돈을 다시 광고에 투자했다. 마침 DMI는 "got milk?" 광고에 대해 대규모의 정량조사를 실시함으로써, 그보다 덜 과학적인(값도 더 싼) 우리의 정성조사에서 나온 광고 효과의 결과를 재차 확인해주었다. 그들은 "got milk?" 광고가 "기억하기 쉽고 재미있으며", "우유에 대한 관심과 인지도를 높이고", "우유에 대한 욕구"를 불러일으키며, "다음에 마실 우유에 대한 기대"를 높인다고 결론을 내렸다. 우리가 만든 광고는 여러 주요한 측정 수단들을 통해서 통제 표본이나 획기적인 우유 관련 자료들을 지속적으로 엄청나게 확보하게 해주는 성과도 거두었다.

"got milk?" 광고가 미국 전역에 나가기 시작한 첫해, 미국에서 우유 판매량의 증가율은 캘리포니아 주에서 처음 광고를 내보냈을 때와 비슷한 수준으로 증가했다.

"got milk?"는 미국에서 가장 인기 있는 광고 중 하나로 자리잡았으며, 『USA 투데이』의 애드트랙 조사에서 1996년 3월 당시 인기 순위에서 2위를 했다. 3장에서 대략적으로 설명했던 방법론적인 이유로, 나는 그것을 축하해야 할 일로 여기지는 않지만, 적어도 나의 아버지께서 늘 말씀하신 것처럼 최악의 상황보다는 훨씬 나은 것이었다. 또 조사에 참여한 표본이 전반적인 인구를 대표한다는 점을 고려해보면, 이스즈나 포르셰 같은 브랜드의 경우처럼 잘못될 가능성이 없다는 점에 대해서 안심할 수 있었다.

한편 광고의 성공 여부를 가장 확실하게 알 수 있는 증거로, 특정 광고가 대중 문화 속에 얼마나 침투했는지를 따져보면 된다. "got milk?" 광고는 사이빌Cybill, 매드 어바웃 유Mad About You, 코스비 쇼The Cosby Show, 제이 르노의 투나잇 쇼The Tonight Show with Jay Leno 같은 인기 텔레비전 쇼와 여러 만화에 자연스럽게 등장했다. TV 드라마 '로잔느 Roseanne' 에서 주인공이 여동생의 머리에 우유 한 통을 왕창 쏟아부은 다음 "got milk?"라고 묻는다. 또 샌프란시스코의 어느 섹스숍 간판에 는 "포르노 있니?Got porn?"라는 문구가 나왔고, 버스에 그려놓은 어느 여자 모델의 크고 어색한 가슴에 "got milk?"라는 글을 적어놓은 것도 보았다. 그 중에서 우리 카피라이터 중의 한 명이 어느 시골 장터의 광 고판에서 보았다는 커다란 염소 그림 아래에 쓰여진 "염소 젖?goat milk?"라는 문구는 무척 재미있었다.

이 광고는 상품화 측면에서도 대단히 성공적이었다. 우리집 아이들 은 "got milk?"라고 적힌 아동복을 입고 "got milk?"라고 적힌 컵을 사용 한다. 어른들 역시 "got milk?"라고 적힌 티셔츠를 입고, "got milk?"라 고 적힌 머그컵에 커피를 마신다. 때로는 너무 지나치지 않나 하는 생 각이 들 때도 있는데(아기에게 젖을 먹이는 엄마들을 위한 "got milk?" 티 셔츠는 특히 심한 것 같다), 어느 상점이나 사람들까지도 그 문구를 달 고 다니는 것을 보면 이제 그만 했으면 좋겠다는 생각이 들 때도 있다.

광고를 내보낸 지 3년쯤 지난 어느 날, 제프 매닝은 마텔Mattel 사에 서 전화 한 통을 받았다. 처음에 그는 잘못 걸려온 전화라고 생각했는 데, 알고 보니 정말 그에게 전화를 한 것이었다. 마텔 측은 "got milk?" 라는 바비 인형을 만들어도 되는지 물었다고 한다. 매닝이 결정을 하는 데는 2초도 채 안 걸렸다고 한다.(물론 그는 '예스' 라고 말했다).

정말 광고의 효과는 무궁무진했다.

종종 사람들은 내게 그 광고의 성공에서 무엇을 배울 수 있었는지 물어보는데, 내 생각에 그 질문은 어떻게 하면 광고주인 그들도 "got milk?" 같은 광고를 찍을 수 있는지를 묻는 것으로 들린다. 아마도 어떤

344

광고주도 "got milk?"처럼 효과가 큰 광고를 얻기는 어려울 것이다(캘리포니아 유가공 협회 역시 시기가 어긋났다면 성공을 거두기 어려웠을 것이다.). "got milk?" 광고의 기초가 된 결핍 전략은 특정한 제품이 없어서 난리가 날 법한 상황에서나 통할 수 있는데, 대부분의 제품은 그렇지 않다. 예를 들어, 화장실의 두루마리 휴지가 어느 순간 모두 동이 난다면, 그것은 다만 제대로 할당이 되지 않았기 때문일 것이며, 그 결핍 전략이 특정 브랜드의 두루마리 화장지 판매에 도움을 줄 가능성은 거의 없다. 또 아무리 강력한 광고 아이디어라도 모든 제품이나 카테고리, 소비자들에게 단순히 적용할 수는 없다. 광고 아이디어는 그 특정 제품의 내부에서 나와 효력을 발휘하는 것이기 때문이다.

"got milk?" 광고 캠페인에서 배울 수 있는 일반적인 교훈이 있다면, 그것은 해결책 자체의 특성 보다 광고에 '접근' 하는 방식이 더 중요하다는 점일 것이다. 나는 앞서 언급한 내용들이 내가 이 책 전체에 걸쳐 제시했던 몇가지 일반적인 요점들을 제대로 보여주었길 바란다. 즉 최고의 아이디어는 다양한 관점들이 합쳐졌을 때 나오며, 업계의 일반적인 지혜가 때로는 그다지 현명하지 않을 수도 있다는 것이다. 조사는 아무것도 없는 백지 상태가 아니라 가설에서부터 출발해야 한다. 그리고 제품, 혹은 제품 카테고리와 소비자의 관계에 관한 숨은 진실을 밝혀낼 수 있으려면 광고 아이디어를 개발하는 과정만큼이나 조사 역시 창조적이고 광범위할 필요가 있다. 끝으로 조사의 성공은 그것의 복잡한 정도나 비용 수준과는 직접 비례하지 않는다.

아무리 뛰어난 조사와 전략적 사고도 그와 비슷한 수준의 크리에이티브 실행이 없으면 무용지물이 될 수밖에 없다. 사실 "got milk?" 광고와 이 책에서 다룬 여러 훌륭한 광고 사례들에 대한 전략적 사고 역시

(플래너가 아닌) 누군가의 뛰어난 크리에이티브 실행이 없었으면 세상의 빛을 보지 못했을 것이다. 과거 런던에 있을 때 나의 상사는 "광고가 세상에 나오기 전까지는 전략이란 건 없는 거다."라고 입버릇처럼 말했다. 오직 인상적인 광고만이 추상적인 전략적 아이디어가 구체적이고 감성적인 실행과 반응을 불러일으킬 수 있는 능력을 가지고 있음을 증명할 수 있다.

결국 "got milk?" 광고의 미학은 그 단순성에 있으며, 단순하고 분명한 해결책은 절대 부끄러워할 것이 아니다. 노벨 생화학상 수상자인 알베르트 센트죄르지Albert Szent-Gyoegyi는 "발견은 남들과 똑같은 것을 보고도 다르게 생각하는 데서 이루어진다."라는 말을 남겼다. 이것이 바로 플래닝의 핵심이라고 할 수 있다.

| **감사의 말** |

이 책을 집필하는 데 있어 직접적으로 도움을 주신 많은 분들께 감사를 드립니다. 내가 이 책을 쓰게 된 이유는 바로 『애드위크』의 편집국장인 Andrew Jaffe와 John Wiley & Sons의 Ruth Mills 씨가 부탁을 했기 때문입니다. 이러한 부탁을 해주신 두 분께 감사드리고, 이러한 부탁을 한 것에 대해 후회하지 않기를 진심으로 바랍니다. 특히 많은 도움과 안내를 비롯해서, 책의 모든 과정에서 피드백을 해주신 Ruth에게 감사드립니다. 또한 John Wiley & Sons의 Linda Witzling과 Monika Jain, North Market Street Graphics의 Christine Ducker와 Christine Furry에게도 감사드립니다

표지를 디자인하고, 또 그것을 변경하고, 내가 책 제목을 바꾸었을 때, 또다시 디자인을 해야 했던 나의 친구 Adrian Morgan에게도 감사와 미안한 마음을 전합니다.

더불어 지난 4년간 내가 정상적으로 집필 활동을 할 수 있도록 도와주고, 이 책의 귀중한 자료들과 창의력을 제공해준 나의 비서 Lynn Rubenzer에게도 감사드립니다. 그녀의 도움이 없었다면 이 책을 완성시키지 못하고 포기했을지도 모릅니다.

Bess Cocke, Ron Urbach, Ruchele Eisenman, 특히 광고 이미지의 변형에 대한 허가와 관련된 복잡한 문제들에 대해 관심을 기울여주고

법률적 조언을 해준 Michelle Lamphere 씨에게 감사드립니다. 또한 시각적인 자료들을 제공해준 Greg Martinez, Max Fallon, Suzie Watson, Suzee Barrabee, Michael Stock, Beau Bouverat, Stacy Higgins, "got Milk?" 캠페인 사례의 재정리를 도와주고 원본을 구해준 Scott Burns, 내가 잘 모르는 부분과 정의하기 어려운 것들에 대해 조언을 해준 Maria Thomas와 Rachel Elgin, 그리고 방대한 이야기들로 나에게 끊임없는 도움을 준 Bruce Gifford에게도 감사드립니다. 많은 참고 자료들을 수집하는 데 도움을 주신 Lionel Carreon과 Stacy Higgins에게 다시 한번 감사드립니다.

또한 다양한 영역에서 나를 도와준 몇몇 친구들에게도 감사합니다. 출판 계약과 관련한 마지막 세부 사항들에 대해 아낌없는 조언을 해준 Roger Williams, 새로운 과학적 이론과 관련된 많은 재미있는 자료들을 추천해준 Mark Barden, Tim Hollins, Jerome Conlon, 초고를 읽고 수정해야 할 부분을 이야기하고 글이 끝나면 언제나 기꺼이 다시 읽어주던 Kevin Dundas에게도 감사를 표합니다. 그의 피드백과 일에 대한 열정이 없었다면, 나는 이 글을 끝맺지 못했을지도 모릅니다. 또한 내가 순진하게도 글이 완성되었다고 생각했을 때, 부족한 부분에 대해 조언을 해주었던 GS&P의 Jeff Goodby와 Sue Smith, Virginia Commonwealth 대학 Ad.센터의 Mary Carole Bahr 학생, 샌프란시스코 주립대학의 Kathy O'Donnel 교수, Hewlett-Packard의 Sheira Furse께도 감사드립니다.

이 책에 인용된 광고물들을 이용할 수 있도록 허락해주시고, 그 과정에서 많은 도움을 준 다음의 많은 분들에게도 감사 드립니다. 「브리티시 가디언British Guardian」의 Stephen Palmer와 Niall Murdoch, Drug-Free America 연합의 Sean Clarkin, UNUM 사의 Carol Eleazer와 Diane

Cantello, 북미 포르셰 자동차의 Joel Ewanick, Bell Helmets의 Mary George, American Isuzu Motors의 Dick Gillmore, Polaroid의 Ken Mills와 Julie Petrini, Foster Farms의 John Bartelme와Bob Fox, Chevy Fresh Mex의 Bruce MacDiarmid와 Tina Salem, KPMG Peat Marwick의 Jean Patterson, Norwegian Cruise Line의 Singe Bjorndal, California Milk Processors Advisory Board의 Jeff Manning, General Mills의 Rhonda Ihrke와 Pam Becker에게도 감사드립니다. 여기에 다 소개할 수는 없지만, 사진작가, 대행사, 배우, 모델 등 그들의 결과물과 사진을 사용할 수 있게 해주신 많은 분들과 각종 참고 자료를 제공해준 분들에게 감사드립니다.

이미 상당히 많은 사람들을 말씀드렸지만, 잠시만 책과 조금 떨어져서 이야기를 좀더 했으면 합니다. 대학을 졸업할 때까지 나의 유일한 야망은 나의 여생을 영국의 시골 학교에서 지리학을 가르치고, 크리켓 코치를 하면서 보내는 것이었습니다. 하지만, 나는 지금 끊임없이 나를 놀라게 하는 광고업계에서 일하고 있고, 이렇게 글을 쓰고 있습니다. 따라서 의도했건 하지 않았건 간에, 내가 이 책을 쓰기까지 일련의 이런저런 사건들을 만들어주신 다음의 분들께 감사 드립니다.

Toby Nash와 Ivan Pollard가 없었다면, 광고대행사에 지원을 하는 일도 일어나지 않았을 것입니다. 이러한 이유로 나는 이들에게 감사를 드리고 싶습니다. 이들에 대한 이야기는 더 많이 있지만, 다음 책을 위해 남겨두겠습니다.

또한 주식 중개인이 되기 위해 1984년 런던의 BMP 사에서 수습 사원을 그만둔 분에게도 감사 드립니다. 당시 나는 3명을 뽑는 합격자 명단에서 네 번째였다. 그가 아니었다면 나는 여전히 차를 몰고 다니며 개밥을 팔고 있었을지도 모릅니다. 당신이 누구이든 어디에 있든 간에, 1987년 증권시장 붕괴에서 살아남았기를 바랍니다.

운 좋게도 BMP에서 나는 정말 대단한 사람들과 같이 일할 수 있었습니다. Nick Hough는 광고대행사의 커리지 사업과 많은 기회의 문을 연 사람이고, Peter Field, Andrew Ockwell, James Best는 나를 훈련시켜 주었으며, Peter가 다른 광고대행사로 떠났을 때, 공석인 플래닝 업무를 나에게 해보라고 추천해준 사람도 Andrew와 James였습니다. 그렇게 나는 의도하지 않게 플래너가 되었습니다. David Cowan은 지리학과 출신인 내가 그의 부서로 올 수 있도록 허락해주었으며, Ross Bar, Chris Cowpe, Paul Feldwick은 그 후 몇 년간 내가 그곳에 있는 것을 잘 참아주었습니다. 내가 그 부서에서 일할 수 있는 기회를 준 모든 분들께 감사드립니다. Chris Cowpe과 Chris Powell께는 특별한 빚을 졌습니다. 그들은 내가 대행사에 들어온 지 2년 만에 새로운 사업에 대한 프리젠테이션을 할 수 있는 자신감을 심어주었고, 내가 그 일을 끝내자마자 다시 다른 일을 맡겼습니다. 나라면 내가 그런 일을 할 수 있게 하지 않았을 것입니다. 또한 광고는 단순히 광고일 뿐이고 유쾌한 모험이라는 것을 가르쳐줌으로써 너무 심각해지지 않도록 해준 Tom Rodwell에게도 감사드립니다. 이러한 관점에서 보았을 때, Bill Lea와 Derek Morris도 빼놓을 수 없을 것입니다.

앞서 이야기한 많은 분들은 내가 미국에 있는 자회사인 Goodby, Berlin & Silverstein으로 갈 때에도 많은 도움을 주었습니다. 처음에 그런 생각을 한 Andy Berlin, 회사 내 전임과 관련된 일을 도와준 Peter Jones, 지금까지 내가 국외 추방을 당하지 않도록 해준 믿음직한 이민 수속 대리인 Richard Pettler에게도 감사 드립니다.

350

Jeff Goodby, Rich Silverstein, Colin Probert는 나를 고용하였으며, Herold Sogard, Steve Simpson, Robert Riccardi 등과 같은 다른 GS&P의 파트너들은 지속적으로 나를 격려해주고 힘을 주었습니다. 그들 주변 사람들에 대한 진실한 존경과 열정, 최고에 대한 그들의 헌신과 같은 공동 철학은 이 업계에서는 매우 특별한 것입니다. GS&P에 고용된 사람들은 일에 대한 능력과 지식을 바탕으로 하고 있을 뿐만 아니라, 인간적으로도 샌프란시스코에서 뉴욕까지 그들과 함께 하는 6시간의 비행이 즐겁고 유쾌한 경험이 되었습니다. 이러한 환경은 나 스스로 일에 최선을 다할 수 있도록 했고. 함께 일했던 GS&P의 모든 분들에게도 감사의 마음을 전합니다.

내가 합류한 1989년 이후, GS&P에는 수백 명의 사람들이 거쳐 갔고, 그들의 방식대로 그곳을 변화시켰습니다. 특히 플래닝을 정착시키는 데 정말로 크게 기여한 네 분에 대해 이야기하고 싶습니다. Steve Simpson과 Tracy Wong의 Creative Team, Chevys의 David Page와 Dave O'Hare, 캘리포니아 북부 Honda 딜러들, Isuzu. 그들은 광고대행사와 외부 세상에 플래닝의 영감을 주고, 안내하고, 심지어 굉장한 광고 아이디어들을 만들어낼 수 있다는 것을 보여주었습니다. 끝으로 GS&P의 플래너인 Carole Rankin, Dan Baxter, Mary Stervinou, Irina Heirakuji, Jeffre Jackson, Kieran Darby, Linda Casey, Jo-Anne Fernando, Cathy Clift, Emily Reid, John Thorpe, Debbie Mobly, Laura Forman, Andrew Teagle, Kelly Evans-Pfeifer, Sue Smith, Barbara Borst, Diana Kapp, Josh Mandel, Pam Scott, Kari Marubbio, Rosemary Hallgarten, Maria Thomas, Rachel, Elgin, Margot Bogue에게 감사의 마음을 전합니다

이제 거의 다 되어 갑니다. 책이나 나의 일 훨씬 이전으로 돌아가서

나는 광고 일을 하는 데 있어서 유용하게 활용되는 읽기와 쓰기, 그리고 연기에 대해 가르쳐주신 세 분의 선생님에게 감사 드리고 싶습니다. 내 인생에서 동시에 두 분의 뛰어난 선생님에게 영어를 배울 수 있었던 것은 큰 행운이었습니다. 최고의 표준어를 구사했던 John Charlesworth 선생님이 이 책을 읽으신다면, 그의 믿음직한 펜으로 수정을 하면서, 아마도 머리를 흔들며 나에게 가르쳤던 모든 문법들에 어떤 일이 생겼는지 궁금해하실 것입니다. 그리고 나에게 『Electric Kool-Aid Acid Test』를 빌려주고, 나의 첫 무대 작품에서 주연으로 발탁해 준 Robin Gracey 선생님. 선생님은 저의 영감이셨습니다.

이들 선생님들 중 세 번째는 나의 초등학교 교장이시면서 여덟 살에서 열 한 살때까지 개인 교습을 해준 나의 아버지 David입니다. 선생님이 네 분밖에 없는 작은 시골 학교였다는 점을 제외하면 그 학교는 매우 훌륭했습니다. 선생님들 중 나머지 한 분은 나의 어머니 Bridgett였습니다. 어머니는 보조 교사였지만, 같은 건물에 어머니와 아버지가 함께 계시다는 것은 언제나 어떤 학생에게 문제가 발생했다는 것을 의미했습니다. 나는 운동장으로 끌려나가 두들겨 맞았을 수도 있었습니다. 그러나 그러한 일은 나에게 싸움의 더러움을 가르쳤고, 이 또한 광고 일에서 매우 유용한 지식이었습니다.

부모님은 나에게 독립된 영혼을 고취시키는 것과 더불어 성실, 겸손, 타인에 대한 존경을 가르쳐주었습니다. 나에게 주신 모든 기회들에 대해 두 분 모두에게 감사드립니다.

끝으로, 가장 중요한 감사의 마음을 나의 아내이자 가장 좋은 친구인 Lynda에게 바칩니다. 그녀는 나와 같은 직업의 동반자로서 가족으로부터 5,000마일이나 떨어져야 하고, 긴 여행과 부족한 수면, 그리고 열악한 환경을 불평 없이 견뎌주었습니다. 불만이 전혀 없다면 거짓말이겠지만, 나에게는 과분한 사람입니다. 한때는 나도 타이핑보다는 냅킨을 갈아주거나 식탁 정리와 같은 일들을 많이 했던 적이 있었습니다. 하지만 아내는 이 책을 쓰는 동안, 두 살짜리 아들 Cameron과 6개월 된 딸 Hannah까지 있었음에도 불구하고, 내가 충분한 시간을 가질 수 있도록 배려해주었습니다.

독자 여러분이 보시기에 위의 명단이 너무 과하다고 생각되더라도 너무 언짢게 생각지는 않았으면 좋겠습니다. 정말 삶에서 많은 차이들을 만들어준 수많은 사람들에게 '고맙습니다' 라는 말을 전할 수 있는 기회는 매우 적습니다. 그리고 나는 지금 이러한 기회를 가질 수 있게 되어 몹시 기쁩니다.

| 참고문헌 |

Alexander, Christopher, et al. A Pattern Language: Towns; Buildings; Construction. New York: Oxford University Press, 1977.

Bendinger, Bruce, ed. The Book of Gossage. Chicago: The Copy Workshop, 1995.

Bendinger, Bruce, ed. The Copy Workshop Workbook. Chicago: The Copy Workshop, 1993.

Bernbach, William. "Facts Are Not Enough." Paper from the 1980 AAAA Annual Meeting. New York: American Association of Advertising Agencies, 1980.

Bronowski, Jacob. The Ascent of Man. Boston: Little, Brown & Company, 1973.

Brown, Gordon, et al. How Advertising Affects the Sales of Packaged Goods Brands. Leamington Spa: Millward Brown, 1991.

Butterfield, Leslie, ed. Excellence in Advertising: The IPA Guide to Best Practice. Oxford: Butterworth-Heinemann, 1997.

Caples, John. Tested Advertising Methods: How to Profit by Removing Guesswork. New York: Harper & Brothers Publishers, 1947.

Capra, Fritjof. The Tao of Physics. Boston: Shambhala, 1991.

Capra, Fritjof. The Turning Point: Science, Society and the Rising Culture. New York: Bantam Books, 1983.

Channon, Charles. "The Difference Between Effectiveness and Efficiency." Speech delivered at the ADMAP/Campaign seminar. London: March 1990.

Collins, James C., and Jerry I. Porras. "Building Your Company' s Vision." Harvard Business Review 74, no. 5 (September-October 1996): 65-77.

Cowley, Don, ed. How to Plan Advertising. London: Cassell Educational Ltd./Account Planning Group, 1987.

Cowley, Don, ed. Understanding Brands: By Ten People Who Do. London: Kogan
Page Ltd., 1991.

Delaney, Tim. "Planning: Are We in Need of a Reformation?" Speech delivered at
the UK Account Planning Group, July 1988.

Feldwick, Paul. A Brief Guided Tour through the Copy Testing Jungle. London: The
Account Planning Group, n.d.

Fortini-Campbell, Lisa. Hitting the Sweet Spot. Chicago: The Copy Workshop,
1992.

Gladwell, Malcolm. "The Tipping Point." The New Yorker (June 3, 1996): 32-38.

Hedges, Alan. Testing to Destruction: A Critical Examination of the Uses of Research
in Advertising. London: Institute of Practitioners in Advertising, 1974.

Hopkins, Claude. Scientific Advertising. New York: Lord & Thomas, 1923 (Crown,
1966).

Jaworski, Joseph. Synchronicity: The Inner Path of Leadership. San Francisco:
Berrett-Koehler Publishers. Inc., 1996.

Jungk, Robert. Brighter Than a Thousand Suns: A Personal History of the Atomic
Scientists. New York: Harcourt, Brace & World, Inc., 1958.

Lodish, L. "The How Advertising Works Project." Preceedings of ARF Key Issues
Workshop on Marketplace Advertising Research. New York: November 1991.

Machiavelli, Niccolo. The Prince: And Other Political Writings. London: Everyman/J.
M. Dent, 1995.

Maclean, Norman. A River Runs Through It. Chicago: The University Of Chicago
Press, 1976.

March, Robert H. Physics for Poets. New York: McGraw-Hill, 1996.

Morita, Akio. Made in Japan. London: William Collins Sons & Company Ltd., 1987.

Ogilvy, David. Ogilvy on Advertising. New York: Random House, 1983.

Ogilvy, David. Confessions of an Advertising Man. New York: Atheneum, 1963.

Ohmae, Kenichi, The Mind of the Strategist: The Art of Japanese Business. New
York: McGraw-Hill, 1982.

Peters, Tom. Thriving on Chaos: Handbooks for a Management Revolution. New
York: Harper Perennial, 1991.

Pollitt, Stanley. "How I Started Account Planning in Agencies." Campaign, (April 20, 1979): 30.

Popcorn, Faith. The Popcorn Report. New York: Doubleday, 1991.

Reeves, Rosser. Reality in Advertising. New York: Alfred A. Knopf, 1961.

Rosenblatt, Roger. The Man in the Water: Essays and Stories. New York: Random House, 1993.

Strean, Herbert, ed. The Use of Humor in Psychotherapy. Northvale, NJ: Jason Aronson, 1994.

Toobin, Jeffrey. "The Marcia Clark Verdict." The New Yorker (September 9, 1996): 58-71.

Watson, James D. The Double Helix. New York: Mentor, 1968.

Wheatley, Margaret. Leadership and the New Science: Learning about Organizations from an Orderly Universe. San Francisco: Berrett-Koehler Publishers, Inc., 1992.

Wings, R. L. The Art of Strategy: A New Translation of Sun Tzu' s Classic The Art of War. New York: Dolphin/Doubleday, 1988.

Wright, Frank Lloyd. An Autobiography. New York: Horizon Press, 1977.